普通高等院校经济管理类"十二五"应用型规划教材
经济管理类专业基础课系列

重庆市精品课程配套教材

PLANNING THEORY AND PRACTICE
策划原理与实践
第2版
强海涛 著

机械工业出版社
China Machine Press

图书在版编目（CIP）数据

策划原理与实践 / 强海涛著 . —2 版 . —北京：机械工业出版社，2015.9（2021.12 重印）
（普通高等院校经济管理类"十二五"应用型规划教材·经济管理类专业基础课系列）

ISBN 978-7-111-51344-5

I. 策… II. 强… III. 商务 – 策划 – 高等学校 – 教材 IV. F710

中国版本图书馆 CIP 数据核字（2015）第 210105 号

　　本书将策划的中国实践与西方管理科学相结合，在前人的基础上力图构建一个全新的策划理论体系。本书共包括四篇。第一篇"策划导论"，阐述策划的基本概念、策划的要素、策划的功能和本质、策划活动的哲学思想以及策划活动的伦理与操守。第二篇"策划思维"，主要从策划思维、策划问题、策划设计和策划项目等角度详细阐述策划的理论体系。第三篇"策划方法"，详细阐述策划的主要形式。第四篇"策划管理"，阐述策划活动的组织、流程与营销管理。

　　本书的着眼点和重点是有效地为客户解决问题，采用的是解决问题导向而非传统的创意导向，即强调为客户解决问题是策划活动的终极目标，而创意思维只是策划人在解决问题时用到的思维形式之一。解决问题导向为策划人提供了全新的视角，按照这一思路，策划思想既有哲学的高度，同时也强化了策划活动的操作性。

　　本书适合作为市场营销专业和相关专业的教材，也适合作为策划营销人员的参考用书。

出版发行：机械工业出版社（北京市西城区百万庄大街 22 号　邮政编码：100037）
责任编辑：程　琨　　　　　　　　　　　　责任校对：董纪丽
印　　刷：北京捷迅佳彩印刷有限公司　　版　　次：2021 年 12 月第 2 版第 5 次印刷
开　　本：185mm×260mm　1/16　　　　　印　　张：15.25
书　　号：ISBN 978-7-111-51344-5　　　　定　　价：35.00 元

凡购本书，如有缺页、倒页、脱页，由本社发行部调换
客服热线：（010）88379210　88361066　　　投稿热线：（010）88379007
购书热线：（010）68326294　88379649　68995259　　读者信箱：hzjg@hzbook.com

版权所有·侵权必究
封底无防伪标均为盗版
本书法律顾问：北京大成律师事务所　韩光 / 邹晓东

Preface 第 2 版前言

当今世界的技术变革日新月异，国内、国际竞争日益加剧，策划已经成为极度竞争时代企业取胜的第一要务。无数的企业实践活动已经表明，对策划的高度重视，对于提高长期竞争力、培养和保持可持续的竞争优势，都是必不可少的。此外，毋庸置疑，将对策划的高度重视转变为成功的实践操作，也是极为重要的。

《策划原理与实践》是《商务策划原理与实践》的第 2 版。为了更好地适应高等院校策划原理与实践课程的教学需要，本次修订对第 1 版进行了大幅度的调整，重新撰写了大部分章节，也包括更换书名。本书分四篇共 15 章，篇章结构更紧凑、更精炼。

《策划原理与实践》是策划类及相关专业最重要的专业课程之一。在本书的写作过程中，一种想法始终激励着我，那就是要帮助中国企业提高策划活动的有效性。为此，要解决一连串关于策划活动的关键问题，这些问题是：

策划在中国产生和应用的背景是什么？
策划作为一种思维活动，有哪些主要的思维方式和工具？
有哪些更为有效的策划方法、策划模式与策划技术？
如何进行策划创新？
如何提升策划提案的通过率？
策划团队如何管理？策划人才如何培养？

本书的内容编排将引导读者一一研究这些问题。本书的论述是循序渐进的，帮助读者在战略性框架内组织有效的策划活动。

与第 1 版相比，本书有几项重大的改进：

(1) 删减了第 1 版较为"艰深"的理论部分，以策划能力的提升和策划实践本位为写作主线，理论内容突出"够用""实用"，体现了理论实践一体化思想。

(2) 由第 1 版的强调解决问题导向的框架结构，升级为强调策划过程的战略性思考和技术。本书的第二篇用三章的篇幅阐述策划的战略性方法和技术。

(3) 第 2 版更加贴近今天的现实，包含了来自学术界和业界的最新思想，同时也用大量的例证进行了阐释说明。

第 2 版旨在提供一部以策划实践为导向，突出本土企业策划活动实践，侧重策划基础理论，反映策划新理念、新趋势，尽量吸取国外策划领域诸多著作之精华，侧重实践应用能力的训练，理论体系合理完善的策划原理教科书。

本书适合于攻读与商务策划、市场营销、广告学、传播学、工商管理有关学位的学生、企业或其他组织的策划人员，以及对策划感兴趣的相关人士。

第1版前言 Preface

随着我国市场化进程的不断加快以及全球经济一体化的影响不断扩大，企业策划逐渐成为影响各行各业、各类组织的一门应用学科，随着时代的发展，其理论和方法已经成为波及全社会的最实用、最灵活、最前卫的学科。无论是在理论研究领域，还是实践领域，商务策划的理论与方法都得到了空前的发展和验证。

策划从中国古代的军事和政治领域进入现代意义上的企业管理领域，前后不过几十年的历史，但是发展较为迅速。从20世纪80年代开始，中国出现了策划公司、策划协会、策划师协会等专业机构和团体。越来越多的企业建立了独立的策划部门。1999年，世界商务策划师联合会的规范知识体系被引入我国。2002年6月，国家人事部、劳动和社会保障部决定在全国范围内开展商务策划师（CBSA）认证培训工作。2004年12月，劳动和社会保障部颁布第二批10种新职业，商务策划师位列第一。2005年12月，国家商务部批复了国家行业标准《商务策划行业评价体系规范》。策划师成为一种专门的社会职业，以这种新的社会职业作为研究对象，必然顺理成章地形成新学科的生长点，教育部也在2006年批准高考增设"商务策划管理"本科专业。

策划是所有商业活动的基础，无论是发展新的业务、开发新的产品或者是开拓新的销售模式等，都需要进行策划活动。策划指引着公司运营的方向，并且是有效提升企业竞争力的重要途径。策划也是一种哲学思想，这种思想通过确定问题、分析问题、解决问题以及向企业（客户）提供解决方案来创造价值。企业策划从战略上讲是关于一个组织或个人为另一组织解决问题所从事的商业活动的方向和范围。

20世纪90年代开始，理论界、企业界逐渐开始重视策划研究。召开了几次全国性的"策划创新"学术研讨会，最近的一次于2008年5月在苏州国际博览中心召开。中国企业策划实践、策划学科的发展、古代策划思想与现代策划观念的差异、谋略思想与现代企业策划的关系等成为关注的焦点。除发表了一批研究论文外，先后出版有岳兴录《孙子兵法与企业公共关系策划》（1991）、张绍学等《企业策划和策划科学》（1995）、肖传林《策划谋略库》（1996）、郜振廷等《企业创新策划新思维》（1999）、陈放等《策划思想库丛书》（2000）、雷鸣雏《顶尖策划：中国企业著名策划全案》（2000，2002，2003，2006）、李宝山等《企业策划学》（2003）、吴灿《策划经济学》（2005）、周培玉《商务策划原理》（2007）、蒋泓峰《策划与发展》（2007）、周鸿等《企业策划理论与实务》（2007）、任俊义《现代企业策划》（2008）等专著。这表明中国现代企业的策划研究与实践正在深入。然而总体来看，研究策划的人几乎都是先有经验而后有思考，其著作也大都是以实用为主，较少关注理论的深度和广度。同时，商务策划研究以传统谋略文化和创意思维为主，而与西方现代管理科学的结合度不够。

本书的着眼点和重点是策划人怎样才能有效地为企业解决问题。尽管企业在日常运营中无时无刻不在解决问题，然而，把一些重大问题或者疑难问题交给专门的策划部门或者外包给专业的策划公司却是一种趋势。

本书采用的正是解决问题导向而非传统的创意导向，即强调为客户解决问题是策划活动的终极目标，而创意思维不过是策划人在解决问题时用到的思维形式之一而已。解决问题导向为策划人提供了全新的视角，按照这一思路，策划思想既有哲学的高度，同时也强化了策划活动的可操作性。

实际应用本书的原理、方法及技术需要相当的毅力和功夫。但是，如果能通读本书或者精读其中的一部分，你的策划能力肯定能够得到很大的改善。

教学建议 Suggestion

教学目的

策划是一门以策划活动为研究对象的新兴学科,它把科学的认真严谨和艺术的创意创造巧妙地统一起来。策划也是一门综合性的学科,它与许多学科有紧密的联系,特别是与运筹学、决策学、预测学、系统论、控制论、信息论以及古代的谋略学说和现代的市场竞争理论等有更密切的关系。该课程是在总结企业商务活动一般运行规律基础上的理论总结,对于企业创造性地解决各种问题具有重要现实意义。对于其他课程如策略规划与设计、策略实施与管理、广告策划、项目策划、公共关系策划、促销策划等具有重要指导作用。该课程作为专业核心课程之一,正越来越发挥其枢纽作用。

通过本课程的学习,要求学生理解策划的实质和在商务活动中的作用与价值,掌握商务策划的基本理论和基本技巧。本课程教学过程中要理论联系实际,培养学生积极思考、分析问题和解决问题的能力。

在理论知识方面,要求学生将策划的基本理论应用于企业领域;在实际能力方面,通过较多实例解剖,培养学生分析和解决企业实际问题的能力。

先修、后续课程及关系

本课程的先修课程是"管理学""西方经济学""市场营销学",后续课程是"项目策划""公共关系策划""企业品牌策划""市场研究""整合营销传播""策略规划"等。先修课程是学习商务策划理论的基础,后续课程是策划活动的深化和细分。

教学方式方法及手段建议

策划是理论与实践紧密结合的活动,策划原理与实践课程教学要求教师大量采用项目推演教学、案例教学、课堂讨论教学、现场模拟教学、情景再现教学、实战专家现场讲解教学、课外科技创新活动等行之有效的教学方法与模式,培养学生积极思考、分析问题和解决问题的能力。在教学手段上,注重现代化教学手段与传统教学手段相结合,大量采用多媒体教学、实训教学、现场观摩、小组讨论等手段，使教学过程丰富多彩，既提高教学效果，同时也大大提升学生的知识应用能力。

本书学时分配表如下。

章号	教学内容	建议课时	备注
第1章	策划应用引论	2	
第2章	策划基础概念	3	
第3章	基本思考方法	4	课内案例训练
第4章	结构化思考方法	4	课内案例训练
第5章	辩证思考方法	2	课内案例训练
第6章	问题原理与策划实践	3	课内案例训练
第7章	定位原理与策划实践	5	课内案例训练
第8章	品类原理与策划实践	4	课内案例训练
第9章	差异化原理与策划实践	5	课内案例训练
第10章	战略配称	2	
第11章	方案通关与销售	3	企业参观实践
第12章	策划创新管理	3	
第13章	策划团队与知识管理	2	
第14章	策划人员精力管理	2	
第15章	策划组织与流程	2	
合计		**46**	

目 录 Contents

第2版前言
第1版前言
教学建议

第一篇　策划导论

第1章　策划应用引论 /2

学习目标 /2
1.1　策划产生和应用的背景 /2
1.2　策划是一门应用的学问 /4
实践技能训练 /7
本章小结 /8
核心概念 /8
思考与练习 /8

第2章　策划基础概念 /9

学习目标 /9
2.1　策划的定义 /9
2.2　策划的几个关键词 /11
2.3　策划的本质与现实要求 /13
2.4　策划的类型 /13
实践技能训练 /15
本章小结 /17
核心概念 /17
思考与练习 /17

第二篇　策划思维

第3章　基本思考方法 /20

学习目标 /20
3.1　策划过程及其思维方式与工具 /20
3.2　策划常用思考方法 /30
3.3　创意思考法 /39
3.4　策划中的思维陷阱 /44
实践技能训练 /52
本章小结 /52
核心概念 /52
思考与练习 /52

第4章　结构化思考方法 /53

学习目标 /53
4.1　理论背景 /53
4.2　基本原理 /54
4.3　思维工具 /57
4.4　假设思考力 /62
实践技能训练 /64
本章小结 /65
核心概念 /65
思考与练习 /65

第5章　辩证思考方法 /66

学习目标 /66

5.1 理论背景 /66

5.2 基本原理 /66

5.3 相关工具 /70

5.4 应用流程 /72

实践技能训练 /77

本章小结 /77

核心概念 /77

思考与练习 /77

第三篇 策划方法

第6章 问题原理与策划实践 /80

学习目标 /80

6.1 理论背景 /80

6.2 基本原理 /81

6.3 相关工具 /84

实践技能训练 /89

本章小结 /90

核心概念 /90

思考与练习 /90

第7章 定位原理与策划实践 /91

学习目标 /91

7.1 理论背景 /91

7.2 基本原理 /92

7.3 定位方法 /96

7.4 应用流程 /101

实践技能训练 /102

本章小结 /103

核心概念 /103

思考与练习 /103

第8章 品类原理与策划实践 /104

学习目标 /104

8.1 理论背景 /104

8.2 基本原理 /105

8.3 开辟新品类 /107

8.4 为新品类定位 /114

8.5 推出并发展品牌 /119

实践技能训练 /122

本章小结 /127

核心概念 /127

思考与练习 /127

第9章 差异化原理与策划实践 /128

学习目标 /128

9.1 三种差异化类型 /128

9.2 三种差异化策略 /130

9.3 建立差异化的九种方法 /134

9.4 提炼差异化创意概念的29种途径 /139

实践技能训练 /144

本章小结 /145

核心概念 /145

思考与练习 /145

第10章 战略配称 /146

学习目标 /146

10.1 理论基础 /146

10.2 配称的种类 /148

10.3 配称与可持续性 /149

实践技能训练 /152

本章小结 /159

核心概念 /160

思考与练习 /160

第11章 方案通关与销售 /161

学习目标 /161

11.1 策划提案通关 /161
11.2 策划方案销售 /166
实践技能训练 /172
本章小结 /172
核心概念 /172
思考与练习 /172

第四篇 策划管理

第12章 策划创新管理 /174

学习目标 /174
12.1 作为创新者的策划人所需的能力 /174
12.2 策划人的创新生态系统 /179
本章小结 /184
核心概念 /185
思考与练习 /185

第13章 策划团队与知识管理 /186

学习目标 /186
13.1 策划团队炼金术 /186
13.2 策划人才辅导与培养 /190
13.3 建立组织"知识场" /193
13.4 从失败中学习 /196

本章小结 /201
核心概念 /201
思考与练习 /201

第14章 策划人员精力管理 /202

学习目标 /202
14.1 策划人员时间管理 /202
14.2 精力管理是策划人员高效能的基础 /209
14.3 策划人员管理精力的途径 /212
本章小结 /219
核心概念 /219
思考与练习 /219

第15章 策划组织与流程 /220

学习目标 /220
15.1 商务策划组织 /220
15.2 策划流程 /225
本章小结 /230
核心概念 /230
思考与练习 /230

参考文献 /231

后记 /232

第一篇

策划导论

第1章 策划应用引论

第2章 策划基础概念

Chapter 1

第 1 章

策划应用引论

策划是一门应用的学问,策划理论是在实践的基础上总结、提炼出来并反过来指导策划实践活动。真正的策划人不可能存在于大学校园,而是存在于企业的实践中。

学习目标

1. 了解策划产生和应用的背景
2. 了解中国古代策划思想的内涵
3. 了解策划应用的范畴

1.1 策划产生和应用的背景

1.1.1 中国古代策划活动与策划思想

策划活动在春秋战国时期已经十分兴盛。自几千年前的《书经·大禹谟》始,策划活动散见于诸子百家、三教九流的各种典籍、著述、记载之中,而又以兵家、纵横家为最盛。

古代策划活动的内涵极其丰富且形式多样。虽然有学者认为,策划活动在古代表现为一种谋略思想,但这只是大略而言,并不精确。首先,"谋略"这两个字并不是一开始就被合并在一起使用的,"谋"和"略"在中国文化中有它们的独特意义与历史发展环境。"谋"比"略"早出现约千余年,"谋略"作为一个完整概念使用,最早出自于我国公元3世纪《三国志·魏书·明帝纪》。其次,策划在古代除了体现为"谋""略"及"谋略"等含义外,还有更为丰富的意指。在《孙子兵法》《司马法》《吴子》《六韬》《虎钤经》等典籍中,策划被分别称为"计""智""权""策""虑""韬""图""决""筹"等。比如刘邦称赞张良"运筹帷幄之中,决胜千里之外",这里的"运筹"就是策划行为。

大致而言,策划源于劳动,源于战争,源于思维。中国古代尤其是先秦时期,从思想观念上的百家争鸣，到政治利益上的争权夺利，加之生产力落后，资源缺乏，所以产生了层出不穷的斗智斗勇的谋略故事，"策划"的思想与概念由此而来。正如孙中山所言，人类为了生存，和兽争，和天争，和地争，最后人类自己相争。为了求生存，就会用许多方法和计谋来获取有利生存发展的存活空间。也因此，人类的智慧不断被开发，于是有了分工合作，有了组织活动等，人类的发展史，可以说是人类求生存的策划史。

古代的策划所指的活动模糊宽泛，从敌对的军事战略、治国洪范韬略、外交权谋到驯臣御民之术、帝王之道及为人处世都有涉及，具体方式从宏大的深远智谋到各种权术、阴谋诡计都有。但是，古代策划思想主要针对国家治理、外交事务与军事战略。

二十五史是一部战争史，而《孙子兵法》等兵家策划思想则直接为军事战争服务。在古代诸侯争霸中，军事战争的频繁直接促进了军事策划活动的发展。传统军事策划活动在诸家策划思想中的影响最大。在先秦治国、争霸等各项事务中，军事战争与外交政治的对抗性最强，同策划的内在特征与气质最为接近，其内容成为我们今天研究策划活动的样本。

中国历史的早期特别是春秋战国时期战争频仍，加之各诸侯国频繁的外交活动，促使大量以谋划（策划）为职业的食客、谋臣和策士产生。策划制度及其机构在我国古代早就成形，如养士、谋士、策士、幕僚、幕宾、谏议大夫以及翰林院等。这些谋臣和策士将策划思想直接变成了可以操作使用的谋术，由于直接针对统治者的现实需求，所以在当时影响相当大，对后世策划的发展也影响深远。中国古代策划活动虽然集中在政治、军事和外交领域，但它对整个人类社会的影响是广泛而深刻的。

策划是对中国智慧的运用，同时也为中国智慧提供了给养和来源。作为重要的思想流派并对后世有巨大影响力的策划思想主要集中在春秋战国时期，概略可分为儒家策划思想学派、法家策划思想学派、道家策划思想学派、兵家策划思想学派与纵横家策划思想学派。在中国文化典籍中，各种散见的中国古代策划思想和策划智慧比比皆是。人们熟知的《孙子兵法》《三十六计》《战国策》《法经》《管子》《老子》《鬼谷子》《资治通鉴》《三国演义》等经典著作中蕴含着极为丰富的策划思想。

1.1.2 现代企业的策划实践

策划从军事和政治领域进入现代意义上的企业管理领域，前后不过几十年的历史。国内学者主要从预期目标、问题解决、创意思考、策略规划等方面研究企业的策划行为，并从流程、组织、构想等方面界定企业策划的概念。虽然国内学者从不同角度研究企业策划行为，但是学者大都认为，策划是个人或者组织为了达成预期目标或者解决某一问题而进行的一系列活动，包括构思、分析、归纳、判断、拟定策略、方案实施、效果追踪与评估的整个过程。

随着我国市场化进程的不断加快，以及全球经济一体化的影响不断扩大，企业策划逐渐成为影响着各行各业、各类组织的一门应用学科，其理论和方法随着时代的发展，成为波及全社会的最实用、最灵活、最前卫的学科，无论是在理论研究领域，还是实践领域，策划的理论与方法都得到了空前的发展和验证。

中国从 20 世纪 80 年代开始，出现了策划公司、策划协会、策划师协会等专业机构和团体，越来越多的企业建立了独立的策划部门。1999 年，世界商务策划师联合会的规范知识体系被引入我国。2002 年 6 月，国家人事部、劳动和社会保障部决定在全国范围内开展商务策划师（CBSA）认证培训工作。2004 年 12 月，劳动和社会保障部颁布第二批 10 种新职业，商务策划师位列第一。2005 年 12 月，国家商务部批复了国家行业标准《商务策划行业评价体系规范》。策划师成为一种专门的社会职业，以这种新的社会职业作为研究对象，必然顺理成章地形成新学科的生长点，教育部也在 2006 年批准高考增设"商务策划管理"本科专业。

综观人类历史，人们自古以来都在为达到某些特定目标而不断努力，在这一努力过程中，一定的策划能力总能找到用武之地。策划对组织的作用可以总结归类如下：

（1）策划可以使组织、企业或者品牌获得最科学、有利的定位或地位。

（2）策划有助于组织以管理者认为最适当的方式取得进步。

（3）策划有助于每一位管理者思考、决策并更有效地付诸行动，以及朝着预期的方向发展前进。

（4）策划有助于保持组织的灵活性。

（5）策划向管理层指明，如何进行评估并检查预计目标的实现进程。

（6）策划可以使组织达成社会意义和经济意义上的有益结果。

1.2　策划是一门应用的学问

1.2.1　来自于日常生活中的例子

当你打算开展一项新事业或者其他筹谋时，策划活动就开始了。或者说，任何一件事情，在开始行动之前的筹划就是策划的开始。

即使一个看似简单的同学聚会，在聚会之前也要制订较为周密的聚会活动策划方案，才能保证同学聚会的成功。以下是一个同学聚会活动需要思考的要点，这些要点的具体化就是一个活动策划方案：

- 活动目的：为什么要制订这个同学聚会策划方案？
- 活动对象：这个活动有哪些参与者？
- 活动时间：活动在什么时间举行？
- 活动地点：活动在什么地点举行？
- 活动内容：活动的具体内容有哪些？
- 活动流程：活动的具体步骤、程序是什么？
- 预算经费：活动花多少钱？
- 所需物品：活动需要什么物资、用品或者道具？

- 注意事项：成功举办此活动需要注意的事情有哪些？

国家自 2014 年以来密集出台了各种扶持小微企业的政策，包括财政政策和税收政策等。李克强强调："金融是经济发展的支撑、血液，金融的稳健运营要靠经济的平稳运行。在实体经济面临困难时，金融机构要加大对实体经济，特别是中小微企业的支持力度。"李克强在 2014 年 1 月 22 日主持召开国务院常务会议，会议确定了以市场为主导，鼓励创意、设计类中小微企业成长，引导民间资本投资文化创意、设计服务领域，设立创意中心、设计中心。而策划公司就归属于文化创意类产业，假如你想开一个小微策划公司，那么在开设之前，应该做哪些工作呢？下面是你应该思考的入手点：

- 公司概况，包括公司名称、依托的项目、核心资源与能力、业务范围等。
- 项目背景，包括拟议中公司所依托的项目的产业背景和产品的大致构想。
- 市场机会，包括市场特征、市场容量、销售渠道分析、市场销量预估、竞争分析等。
- 市场营销，包括销售渠道、价格策略、产品策略等。
- 管理体系，包括公司性质、组织结构、部门职责、管理团队等。
- 公司战略，包括公司总体战略、公司职能战略等。
- 投资分析，包括股本结构与规模、资金来源与运用、投资收益与风险分析等。
- 财务分析，包括会计报表、报表分析等。
- 机遇与风险，包括机遇、风险与对策等。
- 风险资本的退出，包括退出方式、退出时间等。

1.2.2　来自于企业的例子

较为正式的策划活动更多来自于企业，企业面临越来越激烈的竞争格局，消费者也越来越挑剔，即使是曾经非常出色的产品或品牌，也有可能在今天这个变化越来越快的时代面临诸多困境。比如手机业，从模拟时代摩托罗拉称雄、2G 时代诺基亚独尊，到 3G 时代苹果的超越，全球手机业一浪推一浪。手机业城头变幻大王旗，未来几年谁主沉浮谁都无法判断。当人们认为摩托罗拉手机不可战胜时，诺基亚超越了摩托罗拉；当诺基亚手机被认为不可战胜时，苹果手机超越了诺基亚。而如今，诺基亚手机已经被微软购并，未来这个品牌是否存在都未可知。在这样快速变换的市场格局下，策划就成为企业竞争成败的关键，具备策划思维和策划能力的企业将在竞争中胜出。

苹果的平板电脑可以说是市面上最出色的平板电脑，2014 年 10 月，苹果刚刚更新了其平板电脑产品。苹果公司 CEO 蒂姆·库克称，iPad 自上市以来累计销量已经达到 2.25 亿台，成为苹果史上销售最快的产品。库克认为，最新上市的 iPad Air 2 将把当前用户带入"升级周期"，并且得益于与 IBM 的合作，iPad 还将在企业领域有所作为。作为 2010 年首批推出的平板电脑之一，iPad 在面世初期迎来了爆棚式的增长。然而，如今的用户对于 iPad 的需求却日渐衰退。过去五个季度，iPad 有四个季度的营收较去年同期出现下滑。市场调研机构 Gartner 预计，今年全球平板电脑出货量只增长 11%，较 2013 年的 55% 大幅减速。虽然 iPad Air 2 较前代机型薄了 18%，并且搭载了性能更强大的处理器和图像引擎，首次加入了 Touch ID 指纹识别功能和金色版本。但是，由于用户兴趣的衰退，以及大屏 iPhone 的"竞争"，新 iPad 的前景并不明朗。市场调研机构 Kantar Worldpanel Comtech 的数据显示，近 50% 的 iPad 用户仍在使用第一代 iPad 和第二代 iPad，这两款平板电脑还是在 2010 年和 2011 年发布的。目前，配备大尺寸屏幕和高性能处理器的智能手机销量正在不断增长，而且能够越来越多地处理原本平板电脑才能完成的任务。笔记本也越来越轻、越来越便携，满足了市场部分对于轻薄、移动计算设备的需求。这些情形都令平板电脑陷入了一个尴尬的境地。苹果平板将如何应对这种市场趋势呢？

如果策划是一个人，那么这个人将是一位高明的"医生"或者是聪明的"问题先生"。这是因为策划关注的是如何创造性地解决各种各样的问题——各种疑难杂症。策划人的策划过程，恰如医生的诊断与开药方的过程。在这个过程中，令人感兴趣的问题有：

- 为什么一个前景看起来很好的产品会失败？
- 在进行市场调查时，消费者为什么会言不由衷？
- 市场上每年会涌现出几万种新的消费品，但其中 90% 以上都以失败告终。这还是策划人员花费巨资了解顾客需求以后的结果。问题出在哪儿？
- 每年有这么多的产品失败，策划人员的智商不够高？策划人员的创意不吸引人？消费者的心思难以捉摸？
- 王老吉成功的秘诀是什么？
- 大家好像都讨厌脑白金的广告，可是脑白金为什么大获成功？
- 微软的 Surface RT 为什么会失败？
- 香飘飘奶茶如何用定位打败巨头？
- 淘宝上销售精油产品的商家很多，但阿芙精油为什么能在淘宝上取得销量第一的好成绩？
- 在市场中，你必须不断地推出新产品，如果仅仅靠着以前的旧产品一路走下去，那就只有死路一条，但是根据统计，新产品上市的成功率却非常低，对于不同的企业、不同的产品，实行的营销策略都是不同的，那么新产品上市失败的原因有哪些呢？
- 你打算开一家快餐店，该如何着手？
- 你开了一家快餐店，该如何树立自己的形象？
- 一种新的保健产品即将上市，如何设计它的价格体系？
- 为什么无用的产品也畅销？
- 在 2005 年之前的创可贴市场，邦迪是当之无愧的老大，市场份额将近 90%。到了 2008 年，云南白药取代强生公司，拿下中国创可贴市场第一大市场份额（云南白药创可贴占 40%，强生公司邦迪占 30%，其余份额为其他品牌所有）。云南白药为什么能够反超？

- 2012年，就在红罐凉茶迅速成长的时候，加多宝集团突然遭遇品牌地震，被迫放弃使用和推广了17年的王老吉品牌。加多宝精心培育十几年的品牌，一夜之间成为竞争对手，当时绝大多数人都认为加多宝从此将一蹶不振。但是，加多宝成功地进行了"换头手术"，实现了从0到200亿的神奇增长。加多宝是如何做到的？
- 2012年饮料行业乃至整个营销行业最津津乐道的一件事莫过于加多宝与王老吉之争。随着商标权官司的落幕，两者之间的法律之争已演变成为激烈的营销对抗。经过近一年如火如荼的争夺，加多宝完美收官，而王老吉则疲于应付。王老吉有哪些战略失误？

实践技能训练

技能训练：欧陆风情如何重振雄风？

【实训性质】 专业基础素质训练。

【实训目标】 通过技能训练，初步了解策划活动涉及的概念范畴，为接下来的章节学习埋下伏笔。

【案例内容】 2014年10月，毕勇接任风华公司总经理。作为男性浴用品的新贵，风华公司在前几年取得了平均10%增长的不凡战绩，但是2012年和2013年销售额却勉强持平，同时各个大公司积极介入，刚上任的毕勇感觉面前困难重重。风华是2005年无意打入男性浴用品市场的，当时一个推销员无意将当时还是为女性研制的"欧陆风情"系列香水、洗面奶和香波在一个男性洗浴用品展销会上展出，没想到获得了不俗业绩。风华公司立刻将产品稍稍改进，进军男性浴用品市场并取得巨大成功。

2012年公司的营业额已经高达83 000万元。

公司产品分三部分：①面部用品，包括洗面奶、须后水、护肤霜等；②洗头用品，如香波、护发素等；③身体用品，如香水、浴液、香皂等。所有产品都采用同一系列包装，并印明"欧陆风情"字样。

风华一直采取成本加40%利润的策略定价，由于产品设计全部采自欧洲，因此售价在市场上一直处于高档品的行列，在消费者心目中被认为是能和进口产品抗衡的唯一国货。全部产品均通过颁发许可，在全国的近400家护肤品专卖店以及其他连锁店和高档用品商场发售，另一个重要销售渠道是各个省会城市的最主要大型百货商店，通常每个城市只选择一家。

公司在近年开始面对强大竞争，主要是大公司开发的男性浴用品，如上海家化的"旧忆"系列就成为"欧陆风情"的最有力竞争者。

毕勇上任后首先对市场做了彻底调查，结果发现：①男性浴用品市场一直以每年两位数的比例不断扩大；②在所有的销售额中，专卖店和连锁店占了超过50%，大型百货商场占据30%，销售食品日杂的超市占据剩下的不到20%，但是这部分增长最快。其中"欧陆风情"在专卖店和连锁店上销售占有优势，但是"旧忆"在大型百货商场与超市里占据主导地位；③"欧陆风情"的主要消费者来自18～34岁，月收入在5 000元以上的顾客群，其中女性占了很大比例，她们大多为自己的男性亲友购买，并且希望它们同富于欧陆风情的服饰同时使用。

这个顾客群也被认为是最容易在品牌之间转换的一群,他们非常愿意尝试新品牌;④在对购买者的随机调查中,发现他们首先想起的两个品牌是"旧忆"和"欧陆风情"。在谈到对这两个品牌的印象时,他们多数认为"欧陆风情"让人想起受过高等教育、文质彬彬、善解人意的中青年男性形象,而"旧忆"则让他们想起和蔼从容的长辈。

【实训要点】 面对这样的调查报告,毕勇觉得风华需要明确最佳的目标市场并为此展开一系列工作。

如果你是毕勇,从策划的角度,应该思考以下几个问题:

风华公司面临的是哪种类型的问题?

风华公司面临的问题的解决框架该如何构造?

如何确定"欧陆风情"的目标市场?

"欧陆风情"的参照系是什么?

"欧陆风情"如何进行竞争性定位?

"欧陆风情"如何设计市场战略?

"欧陆风情"如何设计营销策略?

本章小结

策划思想在春秋战国时期已经十分兴盛。自几千年前的《书经·大禹谟》始,策划思想散见于诸子百家、三教九流的各种典籍、著述、记载之中,而又以兵家、纵横家为最盛。政治家、军事家与外交家在长期的政治与战争实践中,把那些诡诈、虚实、奇正、用间、造势、示形等各种施计用谋的手段经过高度抽象,概括而成"谋略"的概念。企业经营管理中运用谋略,或者说传统谋略思想进入企业经营管理之中,是中国企业面对的一个具有普遍性的问题。处于强烈传统文化氛围下的中国,有着与西方截然不同的文化背景、哲学传统和社会制度。

策划从军事和政治领域进入现代意义上的企业管理领域,前后不过几十年的历史。随着我国市场化进程的不断加快,以及全球经济一体化的影响不断扩大,企业策划逐渐成为影响着各行各业、各类组织的一门应用学科,其理论和方法随着时代的发展,成为波及全社会的最实用、最灵活、最前卫的学科,无论是在理论研究领域,还是实践领域,商务策划的理论与方法都得到了空前的发展和验证。

核心概念

古代策划活动　　策划思想　　企业策划　　策划应用

思考与练习

1. 试举例说明中国传统谋略如何体现在现代的企业组织之中。
2. 以一企业为例,试发掘和提炼其策划思想,并说出其利弊。
3. 请列举生活中策划应用实例。

Chapter 2

第 2 章

策划基础概念

策划是所有商业活动的基础，无论是发展新的业务、开发新的产品或者是开拓新的销售模式等，都需要进行策划活动。策划指引着公司运营的方向，并且是有效提升企业竞争力的重要途径。策划也是一种哲学思想，这种思想通过确定问题、分析问题、解决问题以及向企业（客户）提供解决方案来创造价值。企业策划从战略上讲是关于一个组织或个人为另一组织解决问题所从事的商业活动的方向和范围。

学习目标

1. 掌握商务策划的概念
2. 掌握策划活动关键要素
3. 掌握商业环境对策划的要求
4. 了解常见策划的类型与相关概念的联系与区别

2.1 策划的定义

策划又称企划，包含有谋划、计划、打算之意。策划活动，在本质上是人类特有的一种理性行为，它是人们对自己所要进行的活动，事先在观念中做出打算，也就是预先做出计划、安排，对要达到什么目的，如何来达到目的，依靠什么来进行，具体步骤怎样安排等一系列问题，进行具体的设计、计划、筹划。

策划也是人的一种脑力活动或智力活动，即策划是一种创造性的智力活动。它一方面是一种针对未来的构想、谋划、计划、决策和实施方案；另一方面也是一种运用各种工具及手段改变现状的实施过程。

有学者认为，策划就是策略、谋划，是为达到一定目标，在调查、分析有关材料的基础上，遵循一定的程序，对未来某些工作或事件事先进行系统、全面的构想、谋划，制订和选择合理可行的执行方案，并根据目标要求和环境变化对方案进行修改、调整的一种创造性的社会活动过程。

也有学者认为策划就是企业的策略规划，是组织整体性与未来性的策略，它包括从构思、分析、归纳、判断一直到拟定策略、方案实施、事后跟踪与评估过程。简言之，它是企业完成目标的一套程序。

策划被视为一种方法，是思考结果所呈现的方案，在英文中常以 Plan、Planning、Program、Design 等词汇加以表达。关于策划的定义可以说是众说纷纭，经整理归纳如下。

1. 程序型策划定义

程序型是指包括从构思、分析、归纳、判断，一直到拟定策略、方案实施、事后追踪与评估等的一个完整的过程，简言之，策划就是企业完成目标的一套程序。程序型策划定义系指策划着重整个执行的实践过程，但其中有单纯的程序性与强调目标性的不同，目标性注重企业欲实现的目的，并且可以细分为计划目标、期望目标、预定目标及组织目标等。

2. 构想型策划定义

能有效地运用手中有限资源，激发出创意，选定可行的方案，达成某一目标或解决某一难题，就是策划。能否拥有新颖、绝佳的创意构想将是促成策划成功的关键。而构想型企划定义依其构想的着重点不同而有不同的类别，分为新构想、良好构想、奇特构想、创意构想及未来构想等。

3. 策略规划型策划定义

策划就是在考虑现有资源的情况下，激发创意，制定出有目标的、可能实现的、解决问题的一套策略规划。策略规划型策划强调策划的策略性思考过程，把策划看作是策略设计、策略规划与策略实施的过程。

4. 思考型策划定义

策划需要全面性的深思熟虑，因此思考也是策划的重点，由思考出发的策划，强调其是一系列的思考行为与过程，通过脑力激荡寻求解决对策的方法，进而完成未来行动目标。

5. 问题解决型策划定义

策划的根本目的是消除企业在经营中的困惑与疑难，即解决企业的疑难杂症。策划人员所从事的大量工作，都是分析和规划的工作，主要针对企业各类问题的解决。

尽管策划的各种概念简单明了，让人一目了然，但是要完成一个成功的策划，却包括许多复杂的、相互依存甚至是互相矛盾的工作，而且这些工作是在充满变化、竞争及资源有限的环境下完成的。更具挑战性的是，策划人员通常无法掌握所需的全部信息，也无法控制突发性的事件，而且策划人员还要经常面对不断变换想法的客户。一个考虑周到并能有效实行的策划方案，应该通过某种途径减少上面提到的障碍因素，并降低商业活动的复杂性。策划人应当帮助企业解决急迫而复杂的经营管理问题，而且应该具备高超的管理艺术。实际上，策划是一系列为企业解决各种问题的方法、工具和技术，它通过了解和满足客户（策划需求方）的需求来获得成功。

需要指出的是，除非特别说明，本书中策划与商务策划含义相同。

2.2 策划的几个关键词

1. 解决问题

毋庸置疑,策划是一门解决问题的学问,无论企业请外部机构还是内部策划部门进行策划,无非是要解决企业面临的问题。没有问题就没有策划。

需要特别指出的是,商务策划解决的不是一般的管理问题,而是企业难以解决或者企业寻求更好解决方案的疑难问题。企业往往为了达成某一策略性目标而寻求外部智力支持。

因此,从某种意义上来说,策划就是一门解决问题的学问。

2. 策划目标

策划是一项帮助组织或者个人达成某种目标的活动,衡量策划好坏的重要标准之一就是策划是否达成了企业和策划方的约定目标。

第一,策划人必须与策划委托方共同确定目标。策划人与策划需求方就策划活动所需达成的目标取得共识并达成一致意见是非常重要的。如果策划人不清楚企业具体想要达到什么目的,那么策划活动就没有方向。策划人理解企业所要达成目标的过程也是理解策划活动的边界、范围和难易程度的过程。

第二,目标是策划人员解决问题的方向,是实现策划方案的手段。有了清晰的目标,策划人才有了具体实现目标的方向,接下来策划人要做的就是规划策略,确定为了达成目标所需采取的各种方法、手段和措施,如图 2-1 所示。

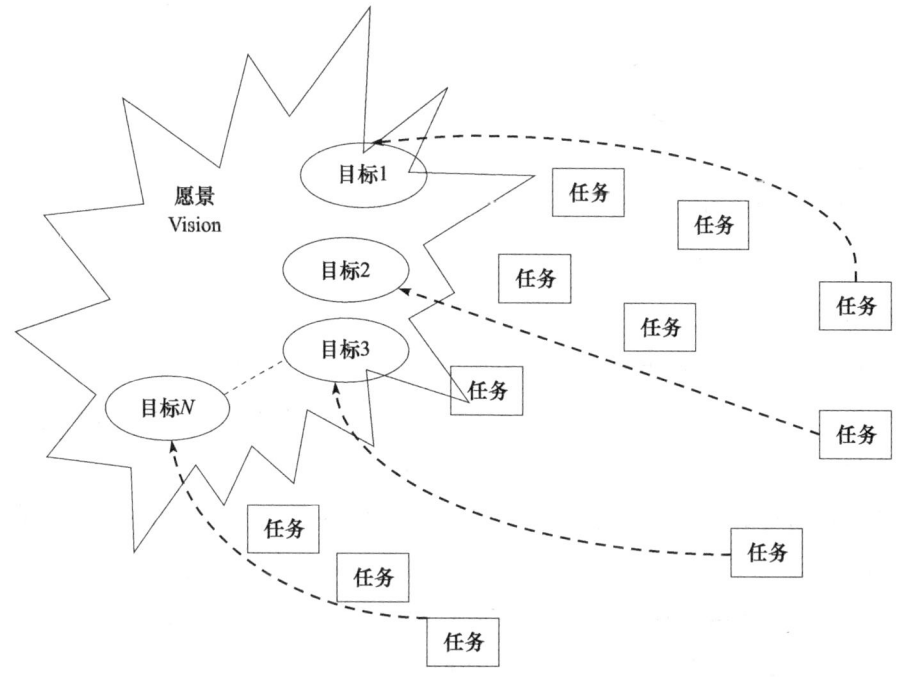

图 2-1 达成目标示意图

第三，目标是用来衡量策划人员绩效的标准。策划委托人如何衡量策划方案的优劣好坏呢？当然是看策划活动是否达到了双方的约定目标。例如目标定为赢利增加20%，则期满时赢利增加20%就是衡量策划人员绩效的标准。

第四，目标是策划方对策划委托方的一种承诺。约定的预期目标是一个庄严的承诺。策划人员心中要时刻牢记策划活动要达成的预期目标，策划人员要集中资源和精力实现自己的承诺。

第五，目标会使策划人集中资源和精力。时间和精力资源对于策划人是至为宝贵的。目标能够使策划人员舍弃一些细枝末节，全身心投入到比较重要的事项上。

3. 专业人士

策划是一项专业行为，策划必须是专业人士所为。当然，这里的专业人士不一定必须是策划专业毕业，每个人通过一定的训练和持续的学习，都能够成为专业人士。对于策划行业来讲，专业人士有以下几个特点。

- 专业人士凭借专门的知识和技能获得报酬；
- 专业人士具有较高的专业水平；
- 专业人士从基础知识开始进行系统学习，亲身实践，对事物反复消化并不断积累经验；
- 专业人士不仅具备较强的专业知识和技能以及较强的伦理观念，而且无一例外地将顾客放在第一位，具有用之不竭的好奇心和进取心，并严格遵守纪律；
- 专业人士与其他人相比，更能够适应所处的环境，在现有的环境中采用有效方法正确、迅速、出色地完成任务；
- 无论前提条件发生多大的变化，都能够认清深层变化的本质，比别人发挥出更大的能力。

策划是专业行为，那些仅靠运气和点子进行策划工作、只追求利润第一、不在乎顾客价值的人，不能算作策划专业人士。

4. 创意

策划是一项需要运用智力解决企业问题的创造性活动。这种智力活动不同于一般的人类智力活动，策划的智力因素体现在策划人员运用专业策划知识和技能创造性地为企业解决问题。具体而言，策划活动的创造性表现在以下几点。

- 创造性活动由三个部分组成：专业知识，灵活的、富于想象力的思考技能，以及动机。
- 策划是运用思考与共同讨论等方法发现问题与解决问题的过程。
- 策划要有创意和可行性，卓越的策划是：

$$有创意的构想 + 实现可能性 = 预期的效果$$

2.3 策划的本质与现实要求

2.3.1 策划的本质特性

策划有以下几个本质特性。

- 领先性：策划是预测、判断未来的主要基础。
- 抉择性：策划的本质之一即是选择，选择最佳方针将有助于后续行动的进行。
- 指向性：明确的目标将能帮助策划过程更周详、更趋具体化。
- 逻辑性：策划是合理思维的程序，运用分析综合的方法进行策略规划。
- 整体性：策划注重策略过程的全面性与完整性，上下一体、左右一致。
- 普遍性：企业的各级职能都需要策划。
- 效率与效果性：每一次的策划都投入相当的人力、物力与财力，因此在时间的掌控与最后的成效上，都是很重要的课题。
- 管理与管制性：策划需具备能统筹规划与管制执行的功能。策划具备的因素除包括未来性与具体化的行动之外，资源条件也是一项重要因素，如果没有适当的资源配合也将无法促使策划实现与成功。

2.3.2 现代商业环境对策划的要求

现代商业环境对商务策划活动提出了更高的要求，策划人员必须在时间、准确及可行性等方面满足客户需求。

（1）时间。企业需要策划人员及时、有效地解决问题，而解决问题的机会可能稍纵即逝，所以策划人员要争取在尽可能短的时间内拿出最佳方案。

（2）准确。首先，这里的准确有两层含义：策划人员要对企业需要解决的问题准确把握；其次，策划人员要对企业的资源、能力以及企业面临的外部环境准确把握。

（3）可行性。再完美的策划方案，如果企业没有办法具体实施，也只是梦想而已。因此，策划方案不仅要具有创意性，更要考虑可行性。

（4）效益。策划在某种程度上是企业进行的一次智力投资，而投资回报率是衡量策划优劣的标准。

（5）创意。策划是一项创造性的智力活动，创意能够带来效益。好的创意可以以最少的成本获得最大的产出。

2.4 策划的类型

策划活动可谓包罗万象，大至国家目标与政策的实行，小至个人生涯规划等均需策划。很多学者以不同的视角对策划进行了分类，具体如下。

1. 苏伯显（1982）的策划分类法

（1）可按业务的性质区分，如经济策划、社会策划、军事策划。

（2）可以按高低层次区分，如中央政府策划、地方政府策划。

（3）按时间区分，如长期策划、中期策划、近期策划。

但不论哪一类，都含有目标、政策、预算、计划、方案、预测、研究与判断等不同表达的形态。

2. 王郁洁（2003）的策划分类法

将策划按委托人、策划范围、策划对象、策划频度、战略阶段等加以分类；委托对象可以是国家机关、企业、非营利组织或个体客户，且随着委托人的不同，工作的流程与步骤也有所差异，而策划的范围不同，如分为全体、部分与个人，则在工作量上就会产生变化；策划对象因有着针对企业或开发产品的分别，在所需要的专业知识上有所差异；策划的频度有年度、持续性与单次策划等区分，因此在思考的范围和深度中会有差别；同时，战略与战术的高低不同，也使得策划工作的复杂程度有所不同。

3. 梅泽庄亮与星野匡（2001）的策划分类法

梅泽庄亮与星野匡认为，若以处理对象所属的领域来区分策划，"可以说有多少领域就产生多少策划种类"，但在各领域中策划的很多性质与最后运用的方法都趋于类似，总结各策划领域模式，大致可分为制造产品的策划与制定体系的策划两大类，而由于处理对象的不同，二者在运用的技术和知识上产生差异，相异点主要在专业调查、舆论调查和市场调查等方面，但在主要内容上，其过程和技术运用方式是大抵相似的，且特别在制定体系策划中，其分别是以创造构想、机能设计和操作（测试）等三阶段来思考的。

4. 大川耕平的策划分类法

（1）根据策划主体分类，包括国家、自治体、企业、团体、个人。

（2）以策划方向分类，可分为开发新事物的策划与改良现状型策划。

（3）根据部门的不同，可分为开发、制造、营销、销售、人事、总务、宣传等部门的策划。

（4）策划还可分为单独策划和复合策划，单独策划为在一个部门内所实施的策划，复合策划则是联合共享于数个部门中。

5. 郭泰（2001）的策划分类法

郭泰将策划分为：①一般策划；②营销策划；③新产品开发策划；④广告策划；⑤零售店广告策划；⑥员工培训策划；⑦销售员训练策划；⑧公共关系（PR）策划；⑨年度经营策划；⑩企业长期经营战略策划。

6. 陈定国（1981）的策划分类法

陈定国从企业功能的角度将策划分为11大类：①公司策划；②营销策划（或称业务、

销售、营业等策划）；③生产策划；④采购策划；⑤扩充修护策划；⑥研究发展策划；⑦人力发展策划；⑧合作经营策划；⑨收购公司策划；⑩财务策划；⑪管理革新策划。

7. 戴国良（2002）的策划分类法

戴国良将策划分为：①经营（策略）策划；②业务策划；③财务策划；④投资策划；⑤营销策划；⑥组织与人力资源策划；⑦研发策划；⑧生产策划；⑨管理策划；⑩法规策划；⑪信息策划等。

8. 陈惠君（2003）的策划分类法

陈惠君将策划分为以下几类：

（1）改善型策划：主要以改善与革新经营环境状况为主。

（2）开发型策划：其与开发新产品或成立新事业等业务拓展相关。

（3）营销型策划：注重营运扩展与产品营销。

（4）商品型策划：强调策划就是商品本身。

实践技能训练

技能训练1：策划眼光和策划素养训练

【实训性质】 专业技能训练。

【实训目标】 通过技能训练，初步了解企业策划的思路及方法，培养学生运用策划思想指导具体策划活动的能力。

【实训内容】 ①通过实地调查或者资料查阅对自己熟悉的某企业或者某品牌的经营活动进行分析；②根据该企业的某个市场活动，对其策划行为进行分析；③综合上述资料为该企业或者该品牌提出策划思路和市场行为的改进建议。

【实训准备】 学生事先通过各种渠道对目标企业或目标品牌进行了解，教师事先设计实训详细操作方案，讲解训练要求和目标。

【实训流程】 ①学生分组；②小组成员分工；③资料收集与分析；④小组集中讨论；⑤以小组为单位提交总结报告。

【操作要点】 教师注意控制时间及课堂氛围，考核重点关注资料分析和处理的质量、总结报告的完善性、小组分工及任务完成时间等。

技能训练2：情景模拟训练

【实训性质】 专业基础技能训练。

【实训目标】 通过实训使学生掌握策划中的一些重要概念；提高学生针对不同企业进行策划活动的思维能力；通过课堂讨论锻炼学生的表达能力、逻辑思维能力和应变能力。

【实训内容】 依据特定素材或者课后案例进行分析。

【实训准备】 学生事先按小组为单位选取案例素材；教师事先设计实训详细操作方案、准备打分记录表、情景范例和引导点评等。

【实训流程】 ①教师确定模拟情景；②场地布置；③确定角色；④情景模拟；⑤教师点评。

【操作要点】 ①知识点：构思、计划与策划的联系与区别，策划目标；②能力点：逻辑思维能力、表达能力、信息分析能力；③控制点：时间及课堂氛围；④考核点：资料分析和处理情况，策划思维的逻辑性和系统性，表达的完整性和清晰性，创新性和差异性。

情景模拟参考素材：网店策划

互联网在中国历经短短十年，却发生了天翻地覆的变化。从起初的单一通信手段，渐渐演变为信息获取、工作娱乐手段，而如今已经全面渗透并融入了都市人的生活方式之中，变化如此之大，却又显得如此顺理成章。

中国互联网络信息中心（CNNIC）于2014年1月在北京发布第33次《中国互联网络发展状况统计报告》。《报告》显示，截至2013年12月，中国网民规模达6.18亿，其中手机网民达到5亿，互联网普及率为45.8%。

2013年中国网络购物市场继续保持快速发展的态势，店庆、节假日促销、双十一等活动进一步刺激了网购用户的消费热情，促使全年网购交易额达到1.84万亿元，增长39.4%，在社会零售品总额中的占比为7.9%。2013年其占网购整体的比例达到36.2%，B2C亦成为未来网购市场发展的主要推动力。

艾瑞咨询统计数据显示，从年度数据来看，2013年中国电子商务市场交易规模突破10万亿，同比增长24.9%；从季度数据来看，2014年第二季度中国电子商务市场整体交易规模达到2.83万亿元，同比增长19.9%，环比增长7.1%，增速较上个季度进一步提升。

艾瑞分析认为，2014年第二季度，世界经济继续缓慢复苏，中小企业国际环境逐渐好转，我国政府继续增强财政政策与金融政策对中小企业的扶持力度。国内外环境均利好于我国企业间电子商务的发展，进而推动电子商务整体市场增长。

根据艾瑞咨询近期发布的《2014年中国网络购物用户行为研究报告》，2013年中国网络购物市场中，超过三成的网络购物用户全年网络购物频次在40次以上，且超过六成的中国网络购物用户累计购物金额在3 000元以上，用户网络购物习惯在逐渐深化，其中女性网络购物频次及金额整体上均高于男性，是中国网络购物市场的主力人群。

中国互联网时代是在"80后""90后"的大背景下才得以快速发展的，正是新一代中国青年特有的成长经历与价值观造就了今日网络的无处不在、百家齐鸣的盛况。与此同时，网络沟通的便捷性、广泛互动性以及各种新奇创意更是让年轻一代的影响力得以最大程度的发挥。两者之间，与其说是谁成就了谁，不如说彼此相得益彰更为贴切。可以预见，随着"80后"成为职场主流，"90后"迈入大学校门，网络营销的发展仅仅是拉开了序幕，其未来发挥的影响力将随着中国年轻一代生活方式的巨大变迁而日益凸显。

请根据本章所学内容，以小组的形式讨论开一个网店，要求明确网店的名称、网店的目标、网店的主要业务以及网店的开店时间计划表。

本章小结

策划是所有商业活动的基础，无论是发展新的业务、开发新的产品或者是开拓新的销售模式等，都需要进行策划活动。策划指引着公司运营的方向，并且是有效提升企业竞争力的重要途径。策划也是一种哲学思想，这种思想通过确定问题、分析问题、解决问题以及向企业（客户）提供解决方案来创造价值。企业策划从战略上讲是关于一个组织或个人为另一组织解决问题所从事的商业活动的方向和范围。

结合企业的实际状况，对于商务策划或者策划组织而言，通常要重点关注以下事项：解决问题、策划目标、创意。现代商业环境对策划活动提出了更高的要求，策划人员必须在时间、准确性、可行性、效益、创意性等方面满足客户需求。

核心概念

策划   策划目标   创意   策划的本质   策划类型

思考与练习

1. 以某一品牌或者产品为例，研究其策划过程中的目标设定。
2. 试分析策划过程中的抉择性的含义。
3. 以某一品牌或者产品的策划方案为例，指出其策划类型。

第二篇

策划思维

第3章　基本思考方法

第4章　结构化思考方法

第5章　辩证思考方法

Chapter 3

第 3 章

基本思考方法

策划人员所从事的大量工作，都是分析和规划的工作，主要针对问题的解决和决策分析，其专业技能主要是思考方法。

学习目标

1. 了解策划过程中的思维陷阱
2. 掌握商务策划活动常见的思考方法
3. 掌握创意思考法

3.1 策划过程及其思维方式与工具

3.1.1 策划思维图示

整个策划活动的过程，可以分为发现问题、界定问题、分析问题、方案设计和方案撰写等几个阶段，不同的阶段需要不同的思维方式和思维工具相配合。图 3-1 是完整的策划思维模式图，总结了整个策划活动需要的主要思维方式和主要工具。

3.1.2 有效地发现与界定问题所需的思维方式与工具

1. 发现与界定问题的本质

如图 3-2 所示，发现问题与界定问题是策划人创造性解决问题的第一步。小说中人物福尔摩斯对每个案件皆细心揣摩分析，故常能见人所未见，知人所不知，一草一木都不放过，别人认为平凡甚至奇笨无比的做法，福尔摩斯往往能从人所忽略之处找到关键所在。据说他每当心里有未解决的问题时，常数日甚至一周不眠不休，反复对事实求证，直到他自认已了解全案或已能控制案情的数据为止。策划活动与侦探办案的共同点，都是为解决问题的行动，也就是说，在他们还没有开始工作前就有一个问题存在。然后，就必须先了解问题，做类似的实验与设想，找出问题的线索与症结。

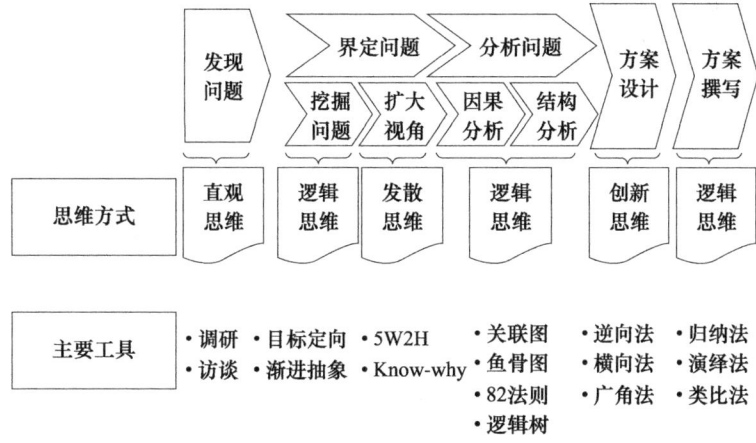

图 3-1　策划思维模式图

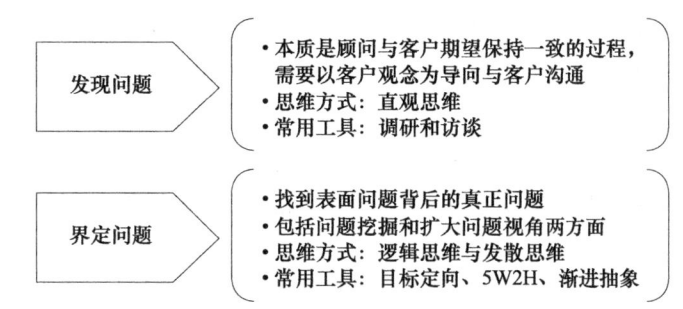

图 3-2　发现与界定问题思维方式图

很多情况下，客户对自己企业经营管理中存在的问题是比较清晰的，但是也有不少企业不清楚自己的真正问题所在。这就需要策划人通过面对面的访谈或者其他调研工具对企业需要解决的问题进行剖析。发现问题的本质是策划人与客户期望保持一致的过程，也就是说，策划人必须知道客户真正要解决的问题是什么，以及其期望标准。这需要策划人以客户导向的观念而不是内部资源导向的观念与客户充分沟通。在沟通的过程中，有经验的策划人往往能够通过直觉思维敏锐地捕捉企业的问题点。

初步发现的问题，往往只是一个大概的方向，此时，问题的内涵与边界并不十分明晰，有待于进一步对问题从深度和广度两个方面进行界定。如果接受最初对问题的定义，只能获得有限的总量视角。考虑问题与其他因素的关系，将会获得新的视角。界定问题的本质是找到表面问题背后的真正问题。这时用到的思维方式主要是逻辑思维与发散思维，常用的思维工具有目标定向、渐进抽象及 5W2H。

2. 目标定向

目标定向技术是深入挖掘问题的有用方法。如图 3-3 所示，这项工具包括如下内容：首先，对问题进行一般性的描述，确保其涵盖了所有相关的信息。其次，确认要实现的目标或者要求,以及实现这样的目标可能会遇到的障碍或者阻力。此外还需要说明,为了解决问题,还需要接受什么限制条件。最后,根据以上所获信息,对原始的问题陈述进行重新定义,并将各种可能的新定义写下来。

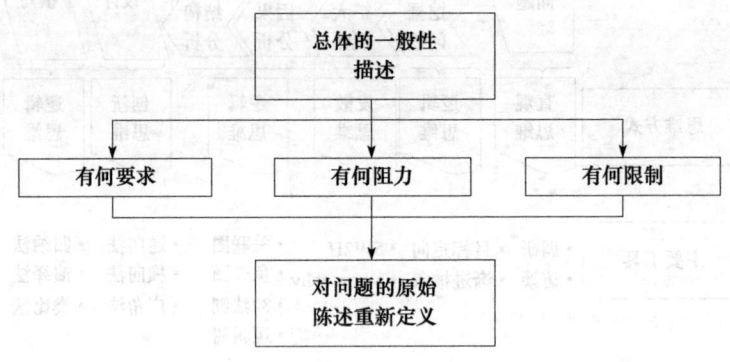

图 3-3　目标定向

例如,通过发现问题,得知客户要解决的原始问题是"提高 40 寸液晶电视的市场占有率",通过运用目标定向工具,发现客户要解决这个问题,其面临的阻力是消费者等待观望持币待购。客户的要求是在 3 月份提高 5% 的市场份额,而限制条件是促销成本为 100 万元。通过对原始问题的深入挖掘,可以得出更为清晰的问题新定义:在消费者等待观望的条件下,3 月份要用 100 万元的促销费用提高 5% 的市场份额。如图 3-4 所示。

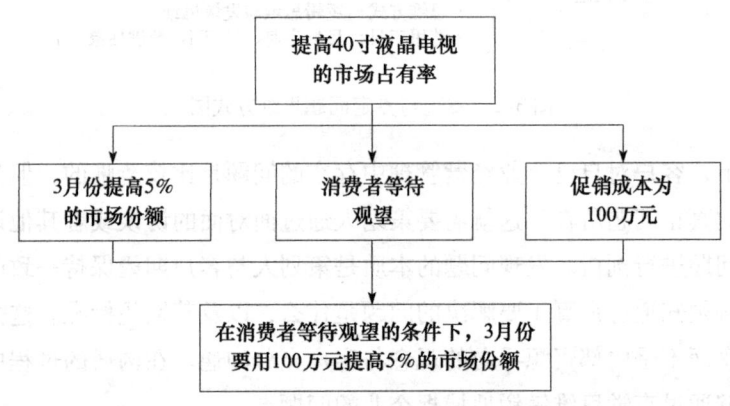

图 3-4　目标定向案例

3. 渐进抽象

渐进抽象的用途是寻求不同的问题定义。其方法是不断对问题进行抽象,直到获得对问题的满意定义为止(见图 3-5)。问题的抽象水平是逐级升高的。这种方法的要旨是:一次又一次地确认基本问题,最终获得满意的定义。

渐进抽象的具体步骤如下:

(1) 写出问题的一般性陈述。

(2) 通过提出如下问题来探寻对问题的可能性解答:什么是最为基本的问题?

(3) 通过回答第2步所提出的问题,升华出新的问题定义。
(4) 重复第2步和第3步。
(5) 选择满意的问题定义,并用作激发创意的基础。

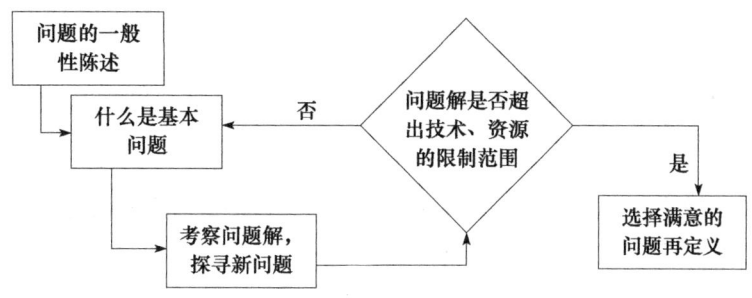

图 3-5　渐进抽象

例如,所涉及的问题是提高销售的效率。在每次抽象的过程中,也许会有不止一种可能的问题解或问题定义(见图3-6):

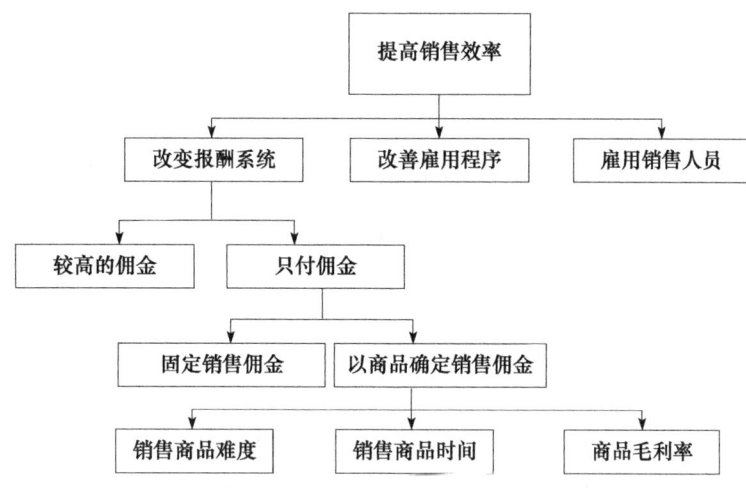

图 3-6　渐进抽象案例

(1) 提高销售效率。
(2) 通过什么样的方法可以提高销售效率?
1) 雇用更多的销售人员。
2) 改变报酬系统。
3) 在雇用销售员时改善选择程序。
(3) 通过什么样的方法可以改变报酬系统?
1) 较高的佣金。
2) 只付佣金。
(4) 通过什么方式可以采取只付佣金的报偿办法?
1) 固定的销售佣金。

2）根据不同的商品来确定固定的销售佣金。
（5）通过什么方式可以把销售佣金与商品联系起来？
1）销售商品的难度。
2）销售商品所需的时间量。
3）商品的毛利率。
就这样不断进行抽象，直到找到一种可行的解决方案或更为精确的问题描述。

4. 5W2H法

5W2H分析法又称"七何分析法"（见图3-7），任何事情都可用这七大问题去思考，即使对于不善分析问题的人，也很容易掌握。

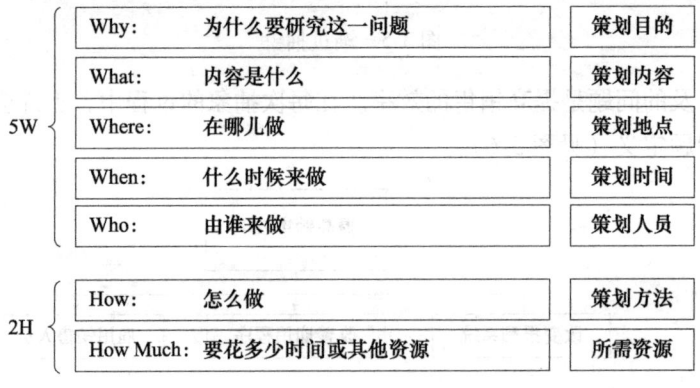

图3-7　5W2H法

销售成绩为什么一直无法提升？产品为什么卖不出去？为什么每次提的计划总是不被主管采纳……碰到问题时，许多人脑海中浮现的第一个疑问就是"为什么"，老是想不透，到底是哪里出了问题。

然而，策划专家或问题解决专家告诉我们，与其不断自问"为什么"，倒不如先学会如何提出对的问题。诚如福特汽车前总裁彼得森所说："多问一些对的问题，就不必花费许多气力去找寻所有的答案"。

在职场中，头脑清楚、逻辑思维清晰的大有人在，但是，也有些人说话老是抓不到重点，讲了老半天，大家还是听不懂。碰到后者，就算是提醒他们说得"更聚焦一点、更具体一些"，也没什么用。因为所谓的"具体"，并非只要改变措辞或提升表达能力就能做到，而是要看当事人对于议题了解多深入，能够分析到多细。对问题不够敏感，或是根本看不出毛病，与平时不善于提问大有关联。

大多数人之所以不知道如何问问题，最主要的原因就是缺乏训练，而在所有逻辑思考法中，"5W2H"可以说是最容易学习和操作的方法之一。"5W2H"是在第二次世界大战时，由美国陆军兵器修理部所提出，之后广泛应用于企业决策和管理议题上，以帮助工作者在思考问题时不致有所疏漏。它简单、方便，易于理解、使用，富有启发意义，广泛用于策划活动，尤其是产品策划活动中。

(1) 5W2H 的含义
- Why——为什么？为什么要这么做？理由何在？原因是什么？
- What——是什么？目的是什么？做什么工作？
- Where——何处？在哪里做？从哪里入手？
- When——何时？什么时间完成？什么时机最适宜？
- Who——谁？由谁来承担？谁来完成？谁负责？
- How——怎么做？如何提高效率？如何实施？方法怎样？
- How much——多少？做到什么程度？数量如何？质量水平如何？费用产出如何？

人们用 5 个以 W 开头的英语单词和 2 个以 H 开头的英语单词进行设问，发现解决问题的线索，寻找发明思路，进行设计构思，从而设计出解决方案，这就叫作 5W2H 法。

(2) 5W2H 法的应用程序

第一步，检查原产品的合理性，提出 "5W2H"。

- 为什么（Why）。为什么采用这个技术参数？为什么不能有响声？为什么停用？为什么变成红色？为什么要做成这个形状？为什么采用机器代替人力？为什么产品的制造要经过这么多环节？为什么非做不可？
- 做什么（What）。条件是什么？哪一部分工作要做？目的是什么？重点是什么？与什么有关系？功能是什么？规范是什么？工作对象是什么？
- 何地（Where）。何地最适宜某物生长？何处生产最经济？从何处买？还有什么地方可以作为销售点？安装在什么地方最合适？何地有资源？
- 何时（When）。何时要完成？何时安装？何时销售？何时是最佳营业时间？何时工作人员容易疲劳？何时产量最高？何时完成最为适宜？需要几天才算合理？
- 谁（Who）。谁来办最方便？谁会生产？谁可以办？谁是顾客？谁被忽略了？谁是决策人？谁会受益？
- 怎样（How）。怎样做省力？怎样做最快？怎样做效率最高？怎样改进？怎样得到？怎样避免失败？怎样求发展？怎样增加销路？怎样达到效率？怎样才能使产品更加美观大方？怎样使产品用起来方便？
- 多少（How Much）。功能指标达到多少？销售多少？成本多少？输出功率多少？效率多高？尺寸多少？重量多少？

第二步，找出主要优缺点。如果现行的做法或产品经过 7 个问题的审核已无懈可击，便可认为这一做法或产品可取。如果 7 个问题中有一个答复不能令人满意，则表示这方面有改进余地。如果哪方面的答复有独创的优点，则可以扩大产品这方面的效用。

第三步，决定设计新产品。我们可以克服原产品的缺点，扩大原产品独特优点的效用。

5. Know-why 法

"Know-why" 法是再定义问题的最为简单的途径之一。如图 3-8 所示，变换问题的抽象水平，就会获得新的问题视角。反过来，这些新视角又可能会导致对问题的可行性解答。

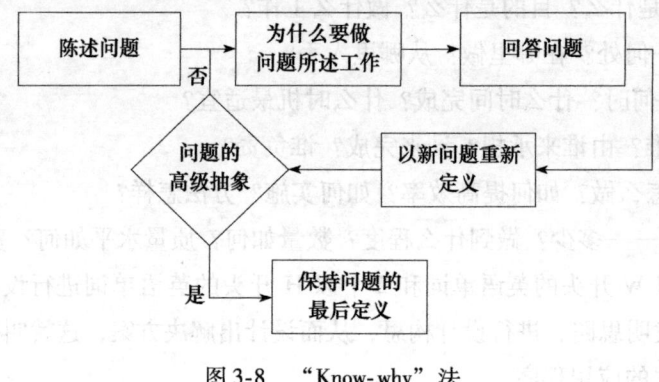

图 3-8 "Know-why"法

"Know-why"法包括以下步骤：
（1）问题作为最初定义被陈述出来。
（2）提出如下问题：为什么要做问题所述的工作？
（3）回答第 2 步中所提的问题。
（4）作为一个新提出的问题，对问题再定义。
（5）重复第 2 步、第 3 步，直到获得满意的问题为止。

3.1.3 对问题进行因果分析所需的思维方式与工具

对问题进行结构分析将在第 4 章详细阐述。这里主要阐述对问题进行因果分析的思维方式与工具。发现与界定问题只是解决问题的第一步，我们需要探寻隐藏在问题背后的根源，这是解决问题的根本所在。因果分析是一种典型的逻辑思维方式，其常用的思维工具有鱼骨图、关联图、82 法则等（如图 3-9 所示）。

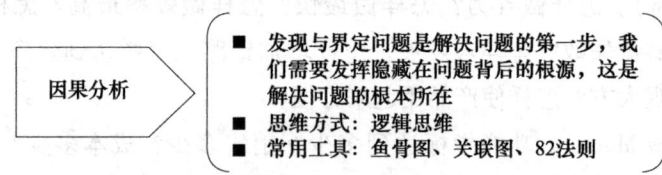

图 3-9 因果分析思维方式图

1. 鱼骨图

鱼骨分析法，又名因果分析法，是一种发现问题"根本原因"的分析方法。鱼骨图可以划分为问题型、原因型及对策型鱼骨分析等几类先进技术分析（如图 3-10 所示）。

问题的特性总是受到一些因素的影响，通过头脑风暴找出这些因素，并将它们与特性值一起，按相互关联性整理而成的层次分明、条理清楚的图形，因其形状如鱼骨，所以叫鱼骨图。鱼骨图有三种类型：①整理问题型鱼骨图（各要素与特性值间不存在原因关系，而是结构构成关系）；②原因型鱼骨图（鱼头在右，特性值通常以"为什么……"来写）；③对策型鱼骨图（鱼头在左，特性值通常以"如何提高/改善……"来写）。

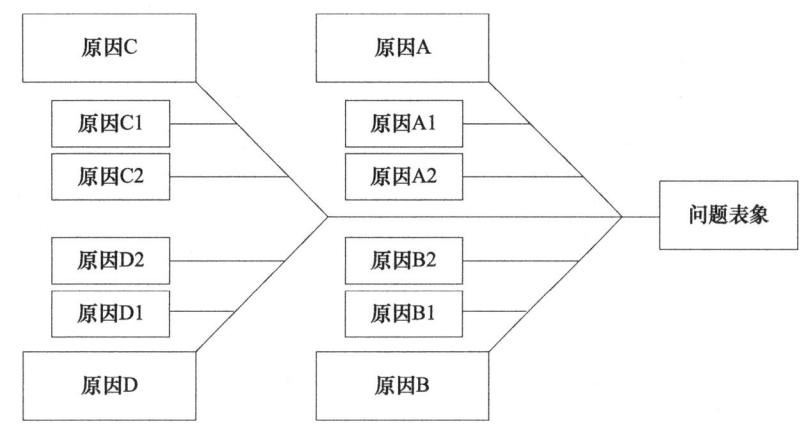

图 3-10　鱼骨图

鱼骨图的分析结构如下：

（1）针对问题点，选择层别方法。

（2）按头脑风暴分别对各层别类别找出所有可能原因（因素）。

（3）将找出的各要素进行归类、整理，明确其从属关系。

（4）分析选取重要因素。

（5）检查各要素的描述方法，确保语法简明、意思明确。

鱼骨图的分析要点主要有：

（1）确定大要因（大骨）时，管理类问题一般从"人事时地物"层别着手，视具体情况决定。

（2）大要因必须用中性词描述（不说明好坏），中小要因必须使用价值判断（如……不良）。

（3）脑力激荡时，应尽可能多而全地找出所有可能原因，而不仅限于自己能完全掌控或正在执行的内容。对人的原因，宜从行动而非思想态度面着手分析。

（4）中要因跟特性值、小要因跟中要因间有直接的原因—问题关系，小要因应分析至可以直接下对策。

（5）如果某种原因可同时归属于两种或两种以上因素，应以关联性最强者为准（必要时考虑三现主义：即现时到现场看现物，通过相对条件的比较，找出相关性最强的要因归类）。

（6）选取重要原因时，不要超过 7 项，且应标识在最末端原因。

鱼骨图的绘制过程为：①填写鱼头（按为什么不好的方式描述），画出主骨；②画出大骨，填写大要因；③画出中骨、小骨，填写中小要因；④用特殊符号标识重要因素。注意：绘图时，应保证大骨与主骨成 60 度夹角，中骨与主骨平行。

鱼骨图的使用步骤如下：

(1) 查找要解决的问题。
(2) 把问题写在鱼骨的头上。
(3) 召集同事共同讨论问题出现的可能原因，尽可能多地找出问题。
(4) 把相同的问题分组，在鱼骨上标出。
(5) 根据不同问题征求大家的意见，总结出正确的原因。
(6) 拿出任何一个问题，研究为什么会产生这样的问题。
(7) 针对问题的答案再问为什么，这样至少深入五个层次（连续问五个问题）。
(8) 当深入到第五个层次后，认为无法继续进行时，列出这些问题的原因，而后列出至少 20 个解决方法。

2. 关联图

关联图，是用来分析事物之间"原因与结果""目的与手段"等复杂关系的一种图表，它能够帮助人们从事物之间的逻辑关系中，寻找出解决问题的办法。关联图是把关系复杂而相互纠缠的问题及其因素，用箭头连接起来的一种图示分析工具，从而找出主要因素和项目的方法。它是解决关系复杂、因素之间有相互关联的原因与结果或目的与手段的单一或多个问题的图，是根据逻辑关系理清复杂问题、整理语言文字资料的一种方法。关联图又叫关系图。

例如，如图 3-11 所示，现有 8 个因素，已知其中 1 影响 4、5，2 影响 1、3、6，3 影响 4，5 受 4、1 的影响，6 影响 2、8，7 影响 3、4、8。若想明了哪几个是主要因素，哪些是主要问题，利用关联图就能一目了然。由图 3-11 可知：2 和 7 是主要因素，由于它们的存在，影响了诸多因素，5 和 8 是问题，它们只受其他因素的制约，而无影响其他因素的能力。在工作中遇到的问题要比因素 1～8 等具体得多、实际得多，如用这种方法原理，就能分析很多错综复杂的问题和因素。

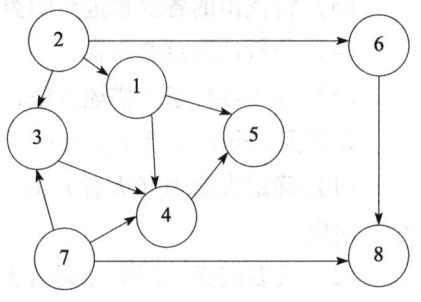

图 3-11 关联图

关联图的制作流程如下：
(1) 决定主题，并依主题决定动作成员。
(2) 列举原因，预先由组长定义主题，并要求成员预先思考，收集资料。
(3) 整理卡片。
(4) 集群组合，以推理将因果关系相近之卡片加以归类。
(5) 以箭头联结原因结果，尽量以为什么发问，回答寻找因果关系。
(6) 检讨整体的内容，可以再三修正，并将主题放于中间。
(7) 粘贴卡片，画箭头。
(8) 明确重点、将重要原因加以着色。
(9) 写出结论、作总结。

3. 帕累托分析

帕累托分析法应用了"柏拉图法则"（关于做20%的事可以产生整个工作80%的效果的法则）。通俗地说，柏拉图分析的结果得出80%的后果是由占20%的主要原因造成的，因此帕累托分析法又称80/20原则。帕累托法则告诉我们：少数原因应为大量结果负责。我们可利用这一工具来分析事情发生的主要原因。

80/20关系提供了一个较好的基准。一个典型的模式表明，80%的产出源自20%的投入；80%的结论源自20%的起因；80%的收获源自20%的努力。帕累托法则包含在任何时候对原因的静态分析，而不是动态的。使用80/20原则的艺术在于确认哪些现实中的因素正在起作用并尽可能地被利用。80/20这一数据仅仅是一个比喻和实用基准。真正的比例未必正好是80%:20%。帕累托法则表明在多数情况下该关系很可能是不平衡的，并且接近于80/20。

帕累托法则极其灵活多用。它能有效地适用于任何组织、任何组织中的功能和任何个人工作。它最大的用处在于：当你分辨出所有隐藏在表面下的作用力时，你就可以把大量精力投入到最大生产力上并防止负面影响的发生。

那么，如何运用帕累托法则分析呢？

（1）根据信息的可用性，使用头脑风暴法或检查表，收集问题的事实，如表3-1所示。

实例：重复录入工作

表3-1 重复录入工作的原因

重复录入工作的原因	次数
作者笔误	12
录入不正确	2
设计不合理	5
内容改进	15
信息过时	3

（2）按照频数的多少将问题的成因排序，如表3-2所示。

表3-2 按照频率排序

错误	频数
内容改进	15
作者笔误	12
设计不合理	5
信息过时	3
录入不正确	2
总计	37

（3）把（错误、事实等）数值绘制成条形图。

（4）在每项类别都被加上以后，加一条线表示累计错误比率。

（5）审核图表：如果80/20法则并不明显，可能需要重新定义分类方法，然后回到第

1 或者第 2 阶段。

帕累托分析经常与头脑风暴法以及鱼骨图等一起使用。

3.1.4 开发和设计有效的方案所需的思维方式与工具

开发设计有效的解决方案，需要创造性思维观念和合理逻辑顺序。方案设计部分，需要创造性思维的集中迸发，才能策划出既富有创意同时又切实可行的方案。而在方案撰写部分，则需要合理的逻辑顺序，以便方案可以完美地呈现出来。

方案设计部分的创造性思维方法将在后面阐述。方案撰写部分的思维方法如归纳法、演绎法等参见第五章"辩证思考方法"的相关内容。

3.2 策划常用思考方法

思考方法是策划人职业价值的根本。策划思维与经理人思维有着较大的区别。经理人通常从公司内部考虑问题、分析问题，部门经理通常以本部门的角度思考，容易看见眼前或局部的问题；而策划人的工作总是在提供总经理层面所需关注的管理问题建议，经常需要从整个公司、整个行业角度去考虑问题，自然策划人需要大视角视野去思考问题。另外，经理人考虑问题容易受公司内部已有的定式所限制，而策划人不受公司内部的习惯所限制，所以策划人需要更加开放的思维形式。

下面我们介绍几种常用和有效的策划思考方法：

3.2.1 头脑风暴法

头脑风暴法是最为人所熟悉的策划思考方法，该方法是强调集体思考，注重互相激发，鼓励参加者于指定时间内构想出大量的意念，并从中找出新的构思的方法。头脑风暴法大多以团体方式进行，也可于个人思考问题和探索解决方法时运用。该法的基本原理是：只专心提出构想而不加以评价；不局限思考的空间，想出越多主意越好。

商务策划活动是典型的群体决策活动。在群体决策中，群体成员由于心理相互作用影响，易屈于权威或大多数人意见，形成所谓的"群体思维"。群体思维削弱了个人的批判精神和创造力，会损害决策的质量。为了保持群体决策的创造性，提高决策质量，管理上发展了一系列改善群体决策的方法，头脑风暴法是较为典型的一个。

头脑风暴法可分为直接头脑风暴法（通常简称为头脑风暴法）和质疑头脑风暴法（也称反头脑风暴法）。前者是让专家在群体决策中尽可能激发创造性，产生尽可能多的设想的方法；后者则是对前者提出的设想、方案逐一质疑，分析其现实可行性的方法。

采用头脑风暴法组织群体决策时，要集中有关专家召开专题会议，主持者以明确的方式向所有参与者阐明问题，说明会议的规则，尽力创造融洽轻松的会议气氛使专家们自由提出尽可能多的方案。

1. 头脑风暴法的机理和原则

头脑风暴之所以能激发人的创新思维，主要原因有以下几点：

（1）联想反应。联想是产生新观念的基本过程。在集体讨论问题的过程中，每个新的观念，都能引发他人的联想。联想又创造出新观念，产生连锁反应，形成新观念堆。这就为创造性地解决问题提供了更多的可能性。

（2）热情感染。在不受任何限制的情况下，集体讨论问题能激发人的热情。人人自由发言、相互影响、相互感染，能形成热潮，突破固有观念的束缚，最大限度地发挥创造性思维的活力。

（3）竞争意识。在团体讨论中，人们容易产生竞争意识，会不断开动思维机器，力求有独到见解，提出新奇观念。心理学的原理告诉我们，人类有争强好胜心理，在竞争意识下，人的思维活动效率可提高50%或更多。

（4）自由表达。讨论解决问题的过程中，每个人都有表达的自由，不受任何干扰和限制，这是非常重要的。头脑风暴法有一条原则，不得批评他人的发言，甚至不许有任何怀疑的表情、动作、神色。这就使得每个人都能畅所欲言，提出大量新的观念。

实施头脑风暴法应遵守如下原则：

（1）庭外判决原则。对各种意见、方案的评判必须放到最后阶段，此前不能对别人的意见提出批评和评价。认真对待任何一种设想，而不管其是否适当和可行。

（2）欢迎各抒己见，自由鸣放。创造一种自由的气氛，激发参加者提出各种新奇的想法。

（3）追求数量。意见越多，产生好意见的可能性越大。

（4）探索取长补短和改进办法。除提出自己的意见外，鼓励参加者对他人已经提出的设想进行补充、改进和综合。

2. 头脑风暴法的组织实施

（1）专家小组。为提供一个良好的创造性思维环境，专家的人选应严格限制，便于参加者把注意力集中于所讨论的问题。头脑风暴法专家小组应由下列人员组成：方法论学者——专家会议的主持者；设想产生者——专业领域的专家；分析者——专业领域的高级专家；演绎者——具有较高逻辑思维能力的专家。具体应按照下述3个原则选取：

①如果参加者相互认识，要从同一职位（职称或级别）的人员中选取。领导人员不应参加，否则可能对参加者造成某种压力。

②如果参加者互不认识，可从不同职位（职称或级别）的人员中选取。这时不应宣布参加人员职称，不论成员的职称或级别的高低，都应同等对待。

③参加者的专业应力求与所论及的决策问题相一致，这并不是专家组成员的必要条件。但是，专家中最好包括一些学识渊博，对所论及问题有较深理解的其他领域的专家。

头脑风暴法的所有参加者，都应具备较高的联想思维能力。在进行头脑风暴（也称思维共振）时，一些最有价值的设想，往往是在已提出设想的基础之上，经过思维共振发展起来的。因此，头脑风暴法的成果，应被当作专家们集体创造的成果。

(2) 组织形式和会议类型。

参加人数一般为10~15人，最好由不同专业或不同岗位者组成。

会议时间控制在1小时左右。

设主持人1名，主持人只主持会议，对设想不作评论。设记录员1~2人，要求认真将与会者每一设想不论好坏都完整地记录下来。

会议类型有两种：设想开发型和设想论证型。

设想开发型是为获取大量的设想、为课题寻找多种问题的解决思路而召开的会议。因此，要求参与者要善于想象，语言表达能力要强。

设想论证型是为将众多的设想归纳转换成实用型方案而召开的会议。要求与会者善于归纳、善于分析判断。

(3) 会议流程和会前准备工作，具体如下：

会议流程为：

- 对所有提出的设想编制名称一览表；
- 用通用术语说明每一设想的要点；
- 找出重复的和互为补充的设想，并在此基础上形成综合设想；
- 提出对设想进行评价的准则；
- 分组编制设想一览表。

会前准备工作包括：

- 会议要明确主题。会议主题提前通报给与会人员，让与会者有一定准备；
- 选好主持人。主持人要熟悉并掌握该技法的要点和操作要素，摸清主题现状和发展趋势；
- 参与者要有一定的训练基础，懂得该会议提倡的原则和方法；
- 会前可进行柔化训练，即对缺乏创新锻炼者进行打破常规思考、转变思维角度的训练活动，以减少思维惯性，从单调紧张的工作环境中解放出来，以饱满的创造热情投入激励设想活动。

(4) 会议原则。为使与会者畅所欲言，互相启发和激励，达到较高效率，应严格遵守下列原则：

①禁止批评和评论，也不要自谦。对别人提出的任何想法都不能批判、阻拦。即使自己认为是幼稚的、错误的，甚至是荒诞离奇的设想，也不得予以驳斥；同时也不允许自我批判，在心理上调动每个与会者的积极性，彻底防止出现一些"扼杀性语句"和"自我扼杀语句"。诸如"这根本行不通""你这想法太陈旧了""这是不可能的""这不符合某某定律"以及"我提一个不成熟的看法""我有一个不一定行得通的想法"等语句，禁止在会议上出现。只有这样，与会者才可能在充分放松的心境下，在别人设想的激励下，集中全部精力开拓自己的思路。

②目标集中，追求设想数量，越多越好。在智力激励法实施会上，只强制大家提设

想，越多越好。会议以谋取设想的数量为目标。

③鼓励巧妙地利用和改善他人的设想。这是激励的关键所在。每个与会者都要从他人的设想中激励自己，从中得到启示，或补充他人的设想，或将他人的若干设想综合起来提出新的设想等。

④与会人员一律平等，各种设想全部记录下来。与会人员，不论是该方面的专家、员工，还是其他领域的学者，以及该领域的外行，一律平等；各种设想，不论大小，甚至是最荒诞的设想，记录人员也要认真地将其完整地记录下来。

⑤主张独立思考，不允许私下交谈，以免干扰别人思维。

⑥提倡自由发言、畅所欲言、任意思考。会议提倡自由奔放、随便思考、任意想象、尽量发挥，主意越新、越怪越好，因为它能启发人推导出好的设想。

⑦不强调个人的成绩，应以小组的整体利益为重，注意和理解别人的贡献，人人创造民主环境，不以多数人的意见阻碍个人新的观点的产生，激发个人追求更多、更好的主意。

（5）会议实施步骤。

①会前准备：参与人、主持人和课题任务三落实，必要时可进行柔性训练。

②设想开发：由主持人公布会议主题并介绍与主题相关的参考情况；突破思维惯性，大胆进行联想；主持人控制好时间，力争在有限的时间内获得尽可能多的创意性设想。

③设想的分类与整理：一般分为实用型和幻想型两类。前者是指目前技术工艺可以实现的设想，后者指目前的技术工艺还不能完成的设想。

④完善实用型设想：对实用型设想，再用脑力激荡法去进行论证，进行二次开发，进一步扩大设想的实现范围。

⑤幻想型设想再开发：对幻想型设想，再用脑力激荡法进行开发。通过进一步开发，就有可能将创意的萌芽转化为成熟的实用型设想。这是脑力激荡法的一个关键步骤，也是判断该方法质量高低的明显标志。

（6）主持人。

头脑风暴法的主持工作，最好由对决策问题的背景比较了解并熟悉头脑风暴法的处理程序和处理方法的人担任。头脑风暴主持者的发言应能激起参加者的思维灵感，促使参加者感到急需回答会议提出的问题。通常在"头脑风暴"开始时，主持者需要采取询问的做法，因为主持者很少有可能在会议开始5~10分钟内创造一个自由交换意见的气氛，并激起参加者踊跃发言。主持者的主动活动也只局限于会议开始之时，一旦参加者被鼓励起来以后，新的设想就会源源不断地涌现出来。这时，主持者只需根据"头脑风暴"的原则进行适当引导即可。应当指出，发言量越大，意见越多种多样，所论问题越广越深，出现有价值设想的概率就越大。

①主持人应懂得各种创造思维和技法，会前要向与会者重申会议应严守的原则和纪律，善于激发成员思考，使场面轻松活跃而又不失脑力激荡的规则。

②可轮流发言，每轮每人简明扼要地说清楚一个创意设想，避免形成辩论会和发言

不均。

③要以赏识激励的词句语气和微笑点头的行为语言，鼓励与会者多出设想，如说"对，就是这样""太棒了""好主意，这一点对开阔思路很有好处"，等等。

④禁止使用下面的话语，如"这一点别人已说过了""实际情况会怎样呢""请解释一下你的意思""就这一点有用""我不赞赏那种观点"，等等。

⑤经常强调设想的数量，比如"平均每3分钟要发表10个设想"。

⑥遇到人人都才穷计短以致出现暂时停滞时，可采取一些措施，如休息几分钟，自选休息方法，散步、唱歌、喝水等，再进行几轮脑力激荡。或发给每人一张与问题无关的图画，要求讲出从图画中所获得的灵感。

⑦根据课题和实际情况需要，引导大家掀起一次又一次脑力激荡。如课题是某产品的进一步开发，可以从改进产品配方思考作为第一波、从降低成本思考作为第二波、从扩大销售思考作为第三波等。又如，对某一问题解决方案的讨论，引导大家掀起"设想开发"的激波，及时抓住"拐点"，适时引导进入"设想论证"的激波。

⑧要掌握好时间，会议持续1小时左右，形成的设想应不少于100种。但最好的设想往往是会议要结束时提出的。因此，预定结束的时间到了可以根据情况再延长5分钟，这是人们容易提出好的设想的时候。在1分钟时间里仍然没有新主意、新观点出现时，智力激励会议可宣布结束或告一段落。

3. 质疑头脑风暴法阶段

在决策过程中，对上述直接头脑风暴法提出的系统化的方案和设想，还经常需要采用质疑头脑风暴法进行完善。这是头脑风暴法中对设想或方案的现实可行性进行估价的一个专门程序。这一程序包括3个阶段：

第一阶段，就是要求参加者对每个提出的设想都要提出质疑，并进行全面评论。评论的重点是研究有碍设想实现的所有限制性因素。在质疑过程中，可能产生一些可行的新设想。这些新设想，包括对已提出的设想无法实现的原因的论证，存在的限制因素，以及排除限制因素的建议。其结构通常是："某某设想是不可行的，因为……如要使其可行，必须……"。

第二阶段，是对每一组或每个设想，编制一个评论意见一览表，以及可行设想一览表。质疑头脑风暴法应遵守的原则与直接头脑风暴法一样，只是禁止对已有的设想提出肯定意见，而鼓励提出批评和新的可行设想。在进行质疑头脑风暴法时，主持者应首先简明介绍所讨论问题的内容，扼要介绍各种系统化的设想和方案，以便把参加者的注意力集中于对所论问题进行全面评价上。质疑过程一直进行到没有问题可以质疑为止。质疑中抽出的所有评价意见和可行设想，应专门记录。

第三阶段，是对质疑过程中抽出的评价意见进行估价，以便形成一个对解决所讨论问题实际可行的最终设想一览表。对于评价意见的估价，与对所讨论设想质疑一样重要。因为在质疑阶段，重点是研究有碍设想实施的所有限制因素，而这些限制因素即使在设想产生阶段，也是放在重要地位予以考虑的。

由分析组负责处理和分析质疑结果。分析组要吸收一些有能力对设想实施做出较准确判断的专家参加。如果须在很短时间就重大问题做出决策,吸收这些专家参加尤为重要。

> **策划实践** 　　　　　　　　　　头脑风暴不等于胡说八道

头脑风暴是各个策划公司经常进行的群体创意会议,策划公司的成功创意几乎全部来自于头脑风暴。不过,不少公司的头脑风暴会议,往往都是七嘴八舌,看似简单的群体创意会议,却被很多公司做变了味儿,结果是效果不佳,会议一开就是几个小时甚至几天,不但把参会人员搞得精疲力竭,还无法真正产生精品创意。策划实践当中,可以采取如下的步骤进行头脑风暴:

1. 向头脑风暴参与者提前下通知

公司需要进行头脑风暴群体创意会议,基本上都是尽量提前足够的时间下通知,把项目情况和创意需求等告知参会人员。头脑风暴前的准备工作,对于提高头脑风暴效率相当重要。

一些聪明的、善于捕捉灵感的创意人员很可能会在平时的工作过程中很快积累一定的创意要素,待到创意会开始时,所有参会人员会将自己过去的思考拿出来供大家头脑风暴。策划公司不允许参与创意会的人员只听不说、只表态不提观点,这样会保证更多的创意元素呈现出来,为接下来大家的思想碰撞做足铺垫。

2. 头脑风暴组织者提前做好理论标准

肯定有人会怀疑,既然是头脑风暴,还要树立什么框框之类的理论标准,岂不是让思维碰撞受到限制?其实不然。大家知道,在营销策划或者品牌策划的过程中,大家所要寻找的创意点往往会有相应的标准可循,比如,目标消费群、传播渠道、传播时间、成本费用、传播受众、细分市场等一系列的要求标准,这需要头脑风暴组织者提前进行标准设定,这对头脑风暴过程中参与者评估具体创意提供了依据。举例来说,大家为某小企业进行快消食品广告脚本创意,其广告制作成本不超过 20 万元,明星代言之类的创意可能就会远远超过公司的承受能力。

3. 头脑风暴过程中的发言要有论点、有论据

很多人理解的头脑风暴就是大家通过语言的碰撞产生创意灵感的火花儿,最终达到推出最佳创意的目的。实践当中,我们发现,一旦头脑风暴演变成无序混乱的激荡式的发言,其效率就会极大地下降,甚至演变成言之无物的伪辩论,对于创意的推出毫无意义。于是,我们要求头脑风暴参与者按照"参会必发言,发言必有点,有点必有据"的要求发言,这样,可以避免伪命题、伪创意的出现,避免浪费参会者的时间和精力。

曾经有一次公司的头脑风暴没有按照这 15 字要求进行发言讨论,结果在讨论过程中一个伪创意占据头脑风暴的上峰,虽然几位资深的专家坚决反对,但由于人数上的劣势,使得伪创意成为结论。在我们对于这个创意策略进行评估时,发现其弊端严重,因此,不得不重新进行头脑风暴。在对这次失败的创意进行总结时,发现讨论没有按照"发言必有点,有点必有据"的方针来进行,导致提出伪创意命题的人没有提出论据,大家在接下来的讨论中,又只从表层论据当中寻求支撑论点,结果造成伪创意占据上风。

4. 头脑风暴切忌跑偏

每次头脑风暴的中心议题一定要明确,切不可模棱两可,这会使得参会者在讨论过程中出现跑偏的现象。

5. 头脑风暴的参与者即决策者

一些企业的领导或者专家开始不参与头脑风暴，对于创意的产生过程不清楚，却要对头脑风暴的结果进行决策，这简直是天方夜谭。我们常常会看到一些企业领导在未参与头脑风暴整个过程的情况下，突然闯进头脑风暴会场，向大家询问头脑风暴结果，并对一些结果妄自做出好或不好的评论。个别领导甚至在其他员工进行了长时间头脑风暴之后，进入会议室，推翻大家建立起来的创意，生硬地"推销"自己的创意。这是非常伤害头脑风暴参与者热情的，同时，这样的做法也是极为不科学的。

头脑风暴是一种科学的创意方法，参与者一定要严肃对待，把头脑风暴会议开成科学而高效的会议，而不是毫无章法的七嘴八舌，甚至胡说八道。

3.2.2 逆向思维法

逆向思维法是指为实现某一创新或解决某一用常规思路难以解决的问题，而采取反向思维寻求解决问题的方法。实践证明，逆向思维是一种重要的思考能力。个人的逆向思维能力，对于全面人才的创造能力及解决问题能力具有非常重大的意义。

逆向思维法，不是一种培训或自我培训的技法，而仅仅是一种思维方法或发明方法，然而要挖掘人才的能力，就有必要了解这一方法。因为在实践中使用这一方法，可能取得惊人的效果。人类的思维具有方向性，存在着正向与反向的差异，由此产生了正向思维与反向思维两种形式。

正向思维与反向思维只是相对而言的，一般认为，正向思维是指沿着人们的习惯性思考路线去思考，而反向思维则是指悖逆人们的习惯路线去思维。正反向思维起源于事物的方向性，客观世界存在着互为逆向的事物，由于事物的正反向，才产生思维的正反向，两者是密切相关的。

人们解决问题时，习惯于按照熟悉的常规的思维路径去思考，即采用正向思维，有时能找到解决问题的方法，收到令人满意的效果。然而，实践中也有很多问题利用正向思维却不易找到正确答案，一旦运用反向思维，常常会取得意想不到的功效。这说明反向思维是摆脱常规思维羁绊的一种创造性的思维方式。

逆向思维法的形式包括以下几种：

1. 反转型逆向思维法

这种方法是指从已知事物的相反方向进行思考，产生发明构思的途径。

"事物的相反方向"常常从事物的功能、结构、因果关系、状态4个方面进行反向思维。①功能反转：是指从已有事物的相反功能去设想或寻求解决问题的新途径、新方法。比如热水瓶原来是为了保持高温液体不变冷而设计制造的，而它对于低温物体也有保持温度的功能，也能用于冷藏。②结构反转：是指从已有事物的相反结构形成去探求规律，寻找解决问题的途径。如厨房里切菜时刀动菜不动，而车床切削是工件动而刀具不动。③因果反转：是指改变已有事物的因果关系，来发现新的现象和规律，引发新的设想和思路。奥利特在 1820 年发现了电流的周围有磁作用，法拉第就从反面探求，使磁产生电，发明了世界上第一台发电机。④状态反转：是指把人们以往关于事物和现象的动静观念进行了反转来引发创造发明的一种方法。比如自动扶梯的发明就是动静倒置的结果，它将原来的"人走路"反过来成了"路在走而人不走"。

2. 转换型逆向思维法

转换型逆向思维法是指在研究问题时，由于解决这一问题的手段受阻，而转换成另一种手段，或转换思考角度思考，以使问题顺利解决的思维方法。如历史上被传为佳话的司马光砸缸救落水儿童的故事，实质上就是一个用转换型逆向思维法的例子。由于司马光不能通过爬进缸中救人的手段解决问题，因而他就转换另一手段，破缸救人，进而顺利地解决了问题。

3. 缺点逆用思维法

缺点逆用思维法是一种利用事物的缺点，将缺点变为可利用的东西，化被动为主动，化不利为有利的思维发明方法。这种方法并不以克服事物的缺点为目的，相反，它是将缺点化弊为利，找到解决方法。例如金属腐蚀是一种坏事，但人们利用金属腐蚀原理进行金属粉末的生产，或进行电镀等其他用途，无疑是缺点逆用思维法的一种应用。

4. 原理逆向思维法

原理逆向思维法是从事物原理的相反方向进行思考。例如温度计的诞生，意大利物理学家伽利略曾应医生的请求设计温度计，但屡遭失败。有一次他在给学生上实验课时，注意到水的温度变化引起了水的体积的变化，这使他突然意识到，倒过来，由水的体积的变化不也能看出水的温度的变化吗？循着这一思路，他终于设计出了最初的温度计。

5. 功能逆向思维法

功能逆向思维法是按事物或产品现有的功能进行相反的思考。例如风力灭火器。现在我们看到的扑灭火灾时消防队员使用的灭火器中有风力灭火器。风吹过去，温度降低，空气稀薄，火被吹灭了。一般情况下，风是助火势的，特别是当火比较大的时候。但在一定情况下，风可以使小的火熄灭，而且相当有效。

6. 结构逆向思维法

结构逆向思维法是从已有事物的结构方式出发所进行的反向思考，例如结构位置的颠倒、置换等。日本曾有一位家庭主妇对煎鱼时总是会粘到锅上感到很恼火，煎好的鱼常常是烂开的，不成片。有一天，煎鱼时她突然产生了一个念头，能不能不在锅的下面加热，而在锅的上面加热呢？经过多次尝试，她想到了在锅盖端安装电炉丝这一从上面加热的方法，最终制成了令人满意的煎鱼不糊的锅。

7. 属性逆向思维法

属性逆向思维法是从事物属性的相反方向所进行的思考。例如，1924 年，法国青年马谢、布鲁尔产生了用空心材料代替实心材料做家具的设想,成为新型建筑师和产品设计师的杰出代表。

8. 程序（或方向）逆向思维法

程序（或方向）逆向思维法是颠倒已有事物的构成顺序、排列位置而进行的思考。例如,变仰焊为俯焊。最初的船体装焊时都是在同一固定的状态进行的,这样有很多部位必须做仰焊。仰焊的难度大,质量不易保障。后来改变了焊接顺序,在船体分段结构装焊时将需仰焊的部分暂不施工,待其他部分焊好后,将船体分段翻个身,变仰焊为俯焊,这样装焊的质量与速度都有了保证。

3.2.3 综摄思考法

综摄思考法（Synectics Method）又称类比思考法、类比创新法、提喻法、比拟法、分合法、举隅法、集思法、群辨法、强行结合法或科学创造法。综摄法是指以外部事物或已有的发明成果为媒介,并将它们分成若干要素,对其中的元素进行讨论研究、综合利用激发出来的灵感来发明新事物或解决问题的方法。综摄法是由美国麻省理工大学教授威廉·戈登于1944年提出的一种利用外部事物启发思考、开发创造潜力的方法。戈登发现,当人们看到一件外部事物时,往往会得到启发思考的暗示,即类比思考。而这种思考的方法和意识没有多大联系,反而是与日常生活中的各种事物有紧密关系。

事实证明：我们的不少发明创造、文学作品都是由日常生活的事物启发而产生的灵感。这种事物,从自然界的高山流水、飞禽走兽,到各种社会现象,甚至各种神话、传说、幻想等,比比皆是,范围极其广泛。戈登由此想到,可以利用外物来启发思考、激发灵感解决问题,这一方法便被称为综摄法。

1. 综摄法的思考原则

（1）异质同化。异质同化简单说来是指把看不习惯的事物当成早已习惯的熟悉事物。在发明没有成功前或问题没有解决前,他们对我们来说都是陌生的,异质同化就是要求我们在碰到一个完全陌生的事物或问题时,要用所具有的全部经验、知识来分析、比较,并根据这些结果,做出很容易处理或很老练的态势,然后再去用某种方法,才能达到这一目的。

（2）同质异化。同质异化就是指对某些早已熟悉的事物,根据人们的需要,从新的角度或运用新知识进行观察和研究,以摆脱陈旧固定的看法的桎梏,产生出新的创造构想,即将熟悉的事物化成陌生的事物看待。

2. 综摄法的操作步骤

综摄法的具体操作步骤包括以下几个：

（1）准备阶段：

①确定会议室和会议时间。

②确定参加人员约 10 名,参加者可以为不同专业的研究人员,但要求是内行。

③指导员应具备使用本方法的一切常识及细节问题,如两大思考原则、4 种模拟技

巧、实施要点等。

（2）实施阶段：

①主持人向与会者介绍本方法的大意及实施概要以及 4 种模拟技巧、两大思考方式等。

②主持人先不公开议题，而介绍与研究课题有关的更广泛的资料，引导与会者进行讨论，启发他们的灵感。

③当讨论涉及解决问题时，主持人再明确提出来，并要求参加者按两条原则和 4 种模拟法积极构思解决问题的方案。

④整理综合各种方案，寻找出最佳方案。

3. 综摄法的模拟技巧

为了加强发挥创造力的潜能，使人们有意识地活用异质同化、同质异化两大原则，有 4 种极具实践性、具体性的模拟技巧可以借鉴：

（1）人格性的模拟。这是一种感情移入式的思考方法。先假设自己变成该事物以后，再考虑自己会有什么感觉，又如何去行动，然后再寻找解决问题的方案。

（2）直接性的模拟。它是以作为模拟的事物为范本，直接把研究对象范本联系起来进行思考，提出处理问题的方案。

（3）想象性的模拟。它是指充分利用人类的想象能力，通过童话、小说、幻想、谚语等来寻找灵感，以获取解决问题的方案。

（4）象征性的模拟。它是指把问题想象成物质性的，即非人格化的，然后借此激励脑力，开发创造潜力，以获取解决问题的方法。

4. 综摄法的实施要点

（1）讨论时最好开始先不公布议题，到有人涉及时再提出来，以有利于与会者灵感的相互激发。

（2）这种方法不追求设想的数量，重点在于设想的质量和可行性。

（3）人格性的模拟一般不易做到，因此必须集中精力。我们以要改善机器的状况为例，通常我们不但无法将自己完全想成一台机器，更不用说用人的思想去感受机器的状况了，这是由于"人是人，机器是机器"的观念已在我们头脑中根深蒂固了。那么，我们如何才能真正地将机器人格化呢？首先，必须抛弃"人与机器不一样"的观点，而把机器的外壳想象成人的皮肤，去想象"这样它表面一定很痛"等新的创意出来。

（4）想象性和象征性的模拟方式。这两种模拟的思考方式要从"问题在童话、科幻小说中，会变成什么样？"的疑问开始寻求答案，这样才能符合两大原则。

3.3 创意思考法

3.3.1 创意思考（或水平思考）与分析性（或垂直思考）思考的区别

创意，创意思考，创造性思考，指同一件事。在应用创造性方法前，首先要彻底了解阻碍创造力的障碍及排除障碍的方法。我们首先针对创造性思考的定义进行讨论，以厘清及区别"创造性思考"（Creative Thinking）与"分析性思考"（Analytical Thinking）的不同之处，并认清可能阻碍创造力的主要障碍。对于策划咨询活动而言，一般将思考的方法简单区分为分析性与创造性思考两大类，这两类思考方法的特性及差别如表3-3所示：

表3-3 分析性思考与创造性思考差异表

分析性思考	创造性思考
逻辑的	想象力
单一答案（或答案较少）	有许多可能的答案或构想
收敛性的（Convergent）	发散性的（Divergent）
垂直的（Vertical）	水平的（Lateral）

其中分析性思考是收敛性的，通常都产生一个单一的答案或仅产生少数几个构想，而且这些构想可再予分析与实现；而创造性思考则是发散的，自描述问题开始，引申出许多解决的构想或可能的答案。

事实上，分析性思考产生解决的方案，而创造性思考则是产生构想——从大量的构想中可以选择解决的方案。以分析性思考方法解决问题时，必须力求深入，且要尽可能的切入问题点，试探所有可能的解决方案，这就是垂直的思考方法。相反地，创造性思考方法给思维一个广阔的空间，以测试所有的构想，包括可能想到的天真的构想或被认为愚不可及的想法，甚至与问题没有关联的题外之想，这就是水平思考法。

3.3.2 创意的概念

所谓"创造性思考"是指"以前互不相关的事物或构想的关联"。创造性思考是一种"偶联性思考"（Bisociative Thinking），所谓偶联性思考是假设一个人在处理问题时，其心智是在一个平面上或一个矩阵（Matrix）内运作。如果我们完全以"分析性思考"的方式或习惯进行思考，则会被局限在单一的平面上思考，得不到可行的答案。我们假设有另一个平面或矩阵，当心智进入第二个平面或矩阵以寻求问题的解决方案前，上述这两个平面或矩阵是互不相关的。然而在某个偶然的片刻及状态下，这两个平面或矩阵发生了某些关联，"创造性思考"或曰"灵光乍现"就产生了。此刻，通常都紧跟着一阵紧张的松弛——"啊"的反应，或有如曙光乍现般的欣慰感，显现出具有创意的解决方案。这种关系或关联的建立，即称为"偶联性关系"（Bisociation）。

偶联性思考有许多现成的实例，尤其是在科学领域上。例如海洋潮汐的涨落与月球运转各自独立的概念，数千年来即为人所知的自然现象，直到17世纪由德国科学家开普勒（Keppler）将两者间的关系予以联结，同一时期的意大利科学家伽利略（Galileo）则讽刺这个构想只不过是一种迷信罢了。另一个例子是德国化学家柯库勒（August Von Kekule）教授，有一次他在马车上打盹时，梦到一条蛇，头咬着自己的尾巴，形成一个圆环，他因而悟到苯分子中六个碳原子的环形构造。此外，首先发现血液循环的英国医生及解剖学家哈维（William Harvey）则是观察到一条活生生的鱼的心脏在鱼贩的砧板上跳动的情况，了解到那只不过是一种心脏的跳动罢了。这些偶联性关系的例子，强调了知识或信息能够以不同且又崭新的形式予以结合，只有具有创造力的人能洞察其关系，而有所发现。

思考过程有五个主要的阶段，分别是准备（Preparation）、努力思考（Effort）、孕育（Incubation）、顿悟（Insight）以及评估（Evaluation）。只有中间的努力思考、孕育以及顿悟三个阶段是真正发展创造力的阶段，在这三个阶段里必须做到绝不批评，同时将所有的障碍搁置一旁。这三个阶段需要有一个近乎梦想的、自由奔放的环境。

另外，心理学家约翰·达利（John Darley）等人针对创造性的问题解决，提及"许多创造性的发现似乎在四个阶段中发生：准备（Preparation）、孕育（Incubation）、顿悟（Insight）、验证（Verification）"。并以德国人古登堡（Gutenberg）发明印刷机的例子来解释这四个阶段。

在古登堡发明印刷机的过程中，准备（Preparation）阶段又可细分为几个子阶段。首先在第一子阶段中，他的目的是为了更经济、快速地再制圣经。接着在第二个子阶段中，他学习了数种印刷字体的方法，如木砖印刷是将纸在有墨色的木砖上摩擦。木砖印刷的方法，既慢又费力，于是他接着又研究了多种以木头雕刻个别字体的方法，以及从制造铁钉及钱币的过程中，得到模型的观念。至此，古登堡获得最初的顿悟是："你没有注意到你可以重复多次地使用你所需要的符号或特征的铅版"。

然而，主要的顿悟并未使得古登堡立即发明出印刷机，但是顿悟的个别元素却在他的脑中形成：印刷圣经的目的、字体能以铁铸的观念以及所有字体可以重复使用的观念。但古登堡有一个负性心向（Negative Set），他仍旧认为摩擦才能产生字迹，就像木砖印刷一样。在最后数月的孕育（沉思）阶段中，他仍旧困在这样的心向中。然后有一天，关键性的顿悟发生了，他在参加一个葡萄酒成果发表会中，在庆祝酒会上，他看到压葡萄酒的机器，意外地开窍了："在酒的收获期，我看到酒浮着，想起了制酒的前因后果，我学到这种压力的力量"，在这个时候，古登堡将所有的铅字放在一起，在他脑中的酒的压挤使他发现了均匀印刷的解决方案，并制造出新的产品：印刷机。接下来，唯一的工作便是验证：这个想法行得通吗？

古登堡发明印刷机事件的过程是典型的创造性问题解决的例子。首先设定目标，然后相关的信息被收集，有时是靠深思熟虑而获得的，有些则是意外。这个准备工作完成后，另一个不活动的阶段"孕育期"开始建立。孕育期包含数种无意识的心智活动，或只是简单的等待阶段，等待某些重要节点的联结，就像古登堡观察酒的挤压一样。顿悟阶段，也称启明作用（Illumination），是将相似的元素以新的方法集结。最后一步是验证，其目的是告知新的组合事实上是有效的。

富有创造性的人有两种特征，拥有清楚的目的意识是他们的第一个特征，第二个标准特征是他们能够储存知识及技术。"创造力"或"创意"几乎是某种神秘的联结，因此我们很容易遗忘最初必要的"目的"和"知识"为何。最重要的一点，"创造性的观念不可能造访未准备的意识"。

3.3.3 激发创意的常见方法

除了前述所讲的头脑风暴法、逆向思考法、综摄法等思考方法外，常用的创意思考方法还有检核表法、特性列举法、缺点列举法、希望点列举法、形态分析法、戈登法等。

(1) 检核表法。所谓的检核表法：是根据需要研究的对象之特点列出有关问题，形成检核表，然后逐个核对讨论，从而发掘出解决问题的大量设想，它引导人们根据检核项目的一条条思路来求解问题，以力求比较周密的思考。最负盛名的是奥斯本的检核表法，奥斯本的检核表法是针对某种特定要求制定的检核表。奥斯本检核表法引导主体在创造过程中对照9个方面的问题进行思考，以便启迪思路、开拓思维想象的空间、促进人们产生新设想、新方案。这9个问题是：有无其他用途、能否借用、能否改变、能否扩大、能否缩小、能否代用、能否重新调整、能否颠倒、能否组合。奥斯本检核表法是一种产生创意的方法。在众多的创造技法中，这种方法是一种效果比较理想的技法。由于它突出的效果，被誉为创造之母。人们运用这种方法，产生了很多杰出的创意，以及大量的发明创造。

(2) 特性列举法。特性列举法就是将研究对象的全部特性一一列举出来，然后探讨能否改革，以获得发明成果的方法。特性列举法首先确定研究对象并加以分析，特性列举属于对已有事物进行革新的方法，在确定研究对象后，应分析了解其现状，熟悉其基本结构、工作原理及使用场合等。所选择的对象应具体、单一，宜小不宜大。当研究对象是一个大的课题时，应分成若干小课题进行。其次，特性列举并进行归类整理，将研究对象的全部特性列举出来，按名词、形容词、动词分类整理其特性。名词特性是指零部件、原材料、加工方法等。形容词特性是指形状、色彩、重量等。动词特性主要指功能、作用、性质等。再次，依据特性项目进行创造性思考，这一步的关键，是充分调动创造思维的参与，针对列举出的特性大胆思考能否改变，能否用其他特性代替，从而引出新的创见、设想和改进方案。最后评价筛选方案，各种方案提出后，应进行评价筛选，使改进的产品更能符合社会的需要。

(3) 缺点列举法。缺点列举就是发现已有事物的缺点，将其一一列举出来，通过分析选择，然后针对缺点找出改进方案。缺点列举的实质是一种否定思维，唯有对事物持否定态度，才能充分挖掘事物的缺陷，然后加以改进。因此，运用缺点列举，必须克服和排除由习惯性思维所带来的创造障碍，培养善于对周围事物寻找缺点、追求完美的创新意识。使用缺点列举，一般可按以下步骤进行：首先，尽量列举研究对象的缺点；其次，将列出的缺点加以整理，或按缺点的性质归类，或按缺点的严重程度排出次序，或选出一些主要缺点；最后，寻求改善缺点的设想并评价筛选出最佳方案。

(4) 希望点列举法。与缺点列举法类似，前者从反面启发，本法从正面启发，针对研析对象的缺点而提出要求，再寻求改进方案。希望点列举法在形式上与缺点列举法都是将思维收敛于某"点"而又发散思考，最后又聚集于某种创意。但是，希望点列举法的思维基点比缺点列举法要宽，涉及的目标要广。缺点列举法基本上是围绕现有问题的缺点而提出各种改进设想，这种设想不会离开问题的原貌。而希望点列举法则是从策划者的主观愿望出发而提出各种新的设想，它可以不受原有问题的束缚。

（5）形态分析法。形态分析法就是把需要解决的问题分解成若干基本因素（构成此问题的基本组成部分），并分别列出实现每个因素的所有可能的形态（技术手段），然后用网络图解方式进行排列组合，以产生解决问题的解决方案或发明设想。

（6）戈登法。戈登法是一种由会议主持人指导并进行集体讲座的技术创新技法。其特点是不让与会者直接讨论问题本身，而只让讨论问题的某一局部或某一侧面；或者讨论与问题相似的另一问题；或者用"抽象的阶梯"把问题抽象化后向与会者提出。主持人对提出的构想加以分析研究，一步步地将与会者引导到问题本身上来。戈登法是由头脑风暴法衍生出来的，适用自由联想的一种方法。但其与头脑风暴法有所区别：头脑风暴法要明确提出主题，并且尽可能地提出具体的课题。与此相反，戈登法并不明确地表示课题，而是在给出抽象的主题之后，寻求卓越的构想。例如，在寻求烤面包器的构想时，按照头脑风暴法就是提出一个新的烤面包器的构想的课题。但是，就同一个课题而言，由于戈登法受到传统方法的限制，新颖的构想就难以提出，故采取以"烧制"作为主题，寻求有关各种烧制方法的设想的方式。在这种技法中，有关的成员完全不知道真正的课题。只有领导人知道，采用从成员的发言中得到启示的方法，推进技法的实施。

3.3.4 阻碍创意的因素

阻碍创意发挥的原因是某些因素或情境会阻碍人们有效地发挥其创造力，因此要从确认与了解这些阻碍着手，并进而在创意阶段或创造力发展会议上消除这些阻碍。对于策划人来讲，可能阻碍创意的因素主要包括"负性心向""固着性"及"习惯与心态"。

（1）负性心向（Negative Set）。心向是指做某事的倾向，负性心向是指以相同方式持续做某事的倾向。负性心向可能十分不易打破。无疑地，人们在新情境中行为的方式与他们在先前情境中行为的方式有关，人们曾经学习过的方式在新情境中也许有用，但它也可能干扰问题的解决。策划人旧的、先前习得的方法与经验也许不再适用新的问题或情景，甚至会阻碍策划人的创新。

（2）固着性。固着性是一种特殊的心理定式。定势是指心理活动的准备状态，它影响着解决问题时的倾向性。这种倾向性，有时有助于问题的解决，有时会妨碍问题的解决。由于定势导致思维活动刻板化，妨碍了问题的解决。一种特殊类型的思维定式是功能固着（Functional Fixedness）。这个概念是由德国心理学家邓克（Duncker. K，1935）首先提出来的，它指一个人见到某个物品有一个惯常的用法后，就很难看出其他新用途。针对人们习惯性思考及行为背后的运作机制，著名行为心理学家马思洛（Abraham Maslow）有一句名言："如果你只有一把锤，你常会把所有问题看成钉子"。如果你只有一把锤子的话，即使别的工具可能更适合，但你第一个反应仍然会是锤下去。

（3）习惯与心态。习惯对策划者而言，有一种常见的现象，通常习惯会使策划者一再模仿以前的策划方案。然而，习惯或惯例常常会蒙蔽一个人的想象力。和习惯相关的是心态问题，策划者通常不太愿意改变策划习惯，依据习惯进行策划，也许会比重新思考新方法稳妥。也就是说，心态会支持既有的习惯，使之成为创意的绊脚石。每个人对事物所抱持的心态，经常在决策时扮演重要的角色。习惯常常使一个新观念没有机会发展就遭到封杀。

3.4 策划中的思维陷阱

3.4.1 思维陷阱的含义

制定决策是每位策划人员的重要工作，也是最艰难和风险最大的工作。糟糕的决策会给企业或个人的职业发展造成危害，有时甚至是无法挽回的危害。那么，错误的决策究竟是怎么产生的呢？在很多情况下，错误决策的根源都可以追溯到做出决策的方式上——没有清楚地界定备选方案、没有收集到适当的信息、没有准确地权衡成本和收益。但有些时候，毛病并不是出在决策过程上，而是出在决策者的思维方式上。人类大脑的运作方式可能会妨害我们的决策。

半个世纪以来，研究者们一直在研究大脑在做决策时的运作方式。无论是实验室研究还是实地研究都揭示出，人们在做出复杂的决策时会不自觉地采用例行程序。这些例行程序，也就是所谓的"经验法则"，在大多数情况下都能够很好地满足我们的需求。例如，在判断距离时，我们的大脑常常会依赖于一种经验推断，将清晰程度等同于临近程度。一个物体看起来越清晰，我们就判定它离我们越近；看起来越模糊，我们就判定它离我们越远。这个简单的思维捷径帮助我们在这个世界行走时不断做出必需的距离判断。

但是，与大多数经验法则一样，这种方法并非完全可靠。在迷雾天，我们的眼睛就会愚弄我们的大脑，让我们误以为各种物体比它们实际所处的位置更远。由于这种视差对大多数人并不构成什么危险，我们忽略它倒也无妨。然而，对于飞机驾驶员来说，视差则可能造成灾难性的后果。这也就是为什么要训练飞行员使用客观的距离测量仪来辅助主观目测的原因。

研究人员已经发现了一系列人们在决策时大脑思维方式中存在的缺陷。其中一些缺陷，就像对清晰度的经验推断一样，属于感官错觉，有些表现为偏见，还有一些干脆就是非理性的反常思维。这些陷阱之所以危险，是因为它们无影无形，不易察觉。这些陷阱深深地隐藏在我们的思维过程中，以致我们无法识别，有时甚至我们已掉进了陷阱还不自知。

策划人的成功依赖于他们所制定解决企业问题的决策，所以各种心理陷阱对于他们来说特别危险。这些心理陷阱可能会对企业带来彻头彻尾的危害，从新产品开发到收购和撤退战略等。尽管谁也不能够在大脑中彻底根除这些根深蒂固的缺陷，但是我们都可以效仿飞行员，尝试了解这些陷阱并相应地进行补救。

3.4.2 策划人常见的思维陷阱

1. 参照点陷阱

参照点就像船锚之于船一样影响策划者思考路径的起点或参考点，以致最后的抉择围绕着参照点调整打转。参照点的产生可能是过去发生的事件，或是问题被陈述时刻意的设定。之所以会发生参照点陷阱是因为当我们考虑一项决定时，我们的大脑会对最先接收到的信息赋予过高的权重。最初的印象、估计或数据"锚定"了随后的思考和判断。

参照点有多种外部表现形式。它们可能非常简单，看似没有大碍，比如某位同事的一句评论或者晨报上公布的某个统计数据。它们也可能颇具隐蔽性，对于某人肤色、口音或衣着的成见。

在企业里，最常见的"参照点"就是过往的事件或趋势。营销人员在预测下一年度的产品销售情况时通常会先参考前几年的销量。这时，过往数据就成了"参照点"，预测者在这个参照点基础之上再根据其他因素做出适当调整。这种方法虽然可能让决策者做出相当准确的估计，但弊病是对过去的事件赋予了太多权重，而对其他因素重视不够。在瞬息万变的市场环境下，以历史数据、历史事件为参照可能会导致预测结果与实际情况相差万里，进而误导我们的决策。

由于"参照点"可构成决策所依据的基础条件，因此它常被精明的谈判者当作讨价还价的手段。让我们看看一家正在旧金山寻找新办公场所的大型咨询公司的经历。这家公司的合伙人与一位商业地产经纪人共同圈定了一幢完全符合他们标准的商务楼，于是他们安排与业主会谈。业主非常精明，在谈判一开始就亮出了他们提议的合同条款：租期10年；起始租金为每平方英尺2.5美元/月，每年按通货膨胀率调高租金；所有的内部改装由承租人自己负担；承租人可按照同样的条款续租10年。业主提出的这些条件成为制约咨询公司做出决策的"参照点"。所以，尽管业主要价按当时的市场价格来看属于比较高的，咨询顾问们却并没有大幅度地还价。他们提出了一个处于市场中等水平的起始价格，并且要求出租方分担装修费用，但是他们接受了其他全部条款。其实，咨询顾问们在还价时可以更大胆、更有创造性一些，例如把起始租金压到市场低端的水平、要求每两年调整一次房租而非每年一次、给租金增幅设定一个上限、要求续约时签订不同的条款等。但是，他们的思维被业主最初的提议左右了。这些咨询顾问们陷入了"参照点"陷阱，结果他们的租金费用比实际必须支付的多了很多。决策中的"参照点"效应已经得到了数千次实验的证明。"参照点"不仅会影响策划人的决策，也会影响会计师和工程师、银行家和律师、咨询顾问和股票分析师的决策。事实上，没有人能够不受它的影响，因为它实在太普遍了。不过，意识到"参照点"陷阱危害性的策划人可以采用以下方法来减轻其影响：

- 经常从不同角度思考同一个问题。尝试采取不同的出发点和方法，而不要死抱着最初想法不放。
- 先进行独立思考，然后再向其他人咨询，以免被别人的想法左右。

- 保持开放的思维。向不同的人了解信息和意见，以拓宽你的参照系，将你的思路推向新的方向。
- 注意不要给你要寻求信息和忠告的其他人设"参照点"——尽可能少对他们讲述你自己的想法、估计和初步决定。如果你告诉他们太多，他们反馈给你的意见可能正是你自己事先的构想。

2. 维持现状陷阱

我们都愿意相信自己会做出理性、客观的决定。但事实上，我们都有偏见，而这些偏见会影响我们的选择。例如，决策者们会对维持现状的备选方案表现出强烈的偏爱。凡是一种具有革新意义的产品出现时，我们都可以看到这一倾向。第一辆汽车——据说被叫作"没有马的马车"，它的外形看起来非常像它们所取代的轻型马车；而因特网上出现的第一份"电子报纸"，看起来则和印刷的报纸非常相似。

从人们更熟悉的方面来讲，每个人都可能曾在个人理财决策中屈从于维持现状陷阱。例如，人们有时会继承到一些股份，而这些股份是他们自己根本就不会去买的。尽管一种简单又不费钱的做法是把这些股份卖掉再把钱转向其他投资，可是大多数人都不会把这些股份卖掉。他们觉得现状挺安稳的，不愿意采取任何行动去打破它。他们会说："可能我以后会再考虑一下。"不过"以后"通常意味着"永远不会"。

维持现状陷阱的根源存在于我们的灵魂深处——我们极力想避免"自我"受到伤害。与现状决裂意味着要采取行动，而当我们采取行动时，我们就要承担责任，因此会使自己面临受批评和后悔的风险。所以不足为奇，我们会去寻找什么也不做的借口。在大多数情况下，维持现状象征着一条更加安全的道路，因为这样我们面临的心理风险更小。

许多实验都说明了维持现状那磁石般的吸引力。在一次实验中，实验者向一群人随机发放了两种价值大体相等的礼品。一半人得到的是大杯子，另一半人得到的是瑞士巧克力，然后告诉这些人可以随意用手中的礼品去交换另一种礼品。也许你认为大约会有一半的人想换礼物，可实际上只有十分之一的人这么做。想一想，手中持有的礼品这个现状不过是在几分钟之前才随便形成的，但也同样表现出了强大的影响力。

还有实验表明，你面临的选择越多，现状的吸引力就越大。例如，当人们面临两项选择而不是一项选择的时候——有 A 和 B 可供选择，而不是只有 A 可供选择——更多人会选择维持现状。为什么会这样呢？这是因为在 A 和 B 之间做选择需要付出额外的努力，而维持现状就不用付出这种努力。

在企业里，"积极的罪"（做了些什么）一般比"消极的罪"（什么也没做）受到的惩罚要严厉得多，因此维持现状的吸引力也就尤其强烈。例如，许多企业合并之所以失败，就是因为收购者不愿立即采取行动在被收购公司里建设一种新的、更合适的管理结构。典型的推理过程是这样的："我们现在先不要去'捣乱'，等局面稳定下来再说吧。"但是随着时间推移，现有的结构会变得更加根深蒂固，改变它变得更困难而不是更容易。在员工普遍预期会有变革出现的时候，管理层没有抓住机会。最终，管理层发现自己被困在现状之中动弹不得。

策划人在各种可供选择的备选方案中进行抉择时，也会受到维持现状陷阱的困扰。策划人在做决策时，首先要记住，维持现状的确可能是最好的选择，但是你不能只是为了贪图安逸就选择它。一旦意识到了维持现状的陷阱，你就可以利用下面的技巧来减轻它的影响：

- 时刻提醒自己目标是什么，并考察维持"现状"是否能达到这一目标。你可能会发现，当前的局面实际上已成为实现目标的障碍。
- 千万不要把"现状"作为自己唯一的选择。要找出其他的选择并对比现状进行权衡，仔细地评估各方面的利弊得失。
- 问问自己，如果当前现状并没有既成事实的话，你会不会选择代表当前现状的那个方案。
- 不要夸大为了改变现状所需投入的努力或成本。
- 记住，"现状"令人满意的程度会随着时间改变。在与其他选择进行比较的时候，不仅要比较它们在当前的情况，还要比较它们将来的情况。
- 如果你有比"现状"更好的其他若干个选择，不要仅仅因为很难挑选出其中的最优方案而默认了现状，你应该强迫自己做出选择。

3. 寻求有利证据的陷阱

设想你是一家成功的中型制造企业的总裁，这家企业正在考虑是否取消一个已经计划好的工厂扩建项目。当时，你所关心的问题是公司将无法保持出口的快速增长。你担心人民币在未来几个月内会升值，这样你的产品对海外消费者来说就会更加昂贵从而导致销量减少。但是在你停止工厂扩建项目之前，你决定打电话给一个熟人，听听她的意见。她是一家类似公司的首席执行官，她的公司最近刚刚将一座新工厂封存不用。她举出了有力的证据来证明其他货币对人民币的比价将要大幅走弱。这个时候，你会怎么做？你最好不要让你们之间的谈话成为你做出最终决策的决定性因素。毕竟，除了支持她自己决策的有力论据之外，你还能指望你的熟人告诉你什么呢？如果你不幸让你们之间的谈话左右了你的决定，你就掉进了寻求有利证据的陷阱。寻求有利证据的偏见会使我们去寻找那些支持我们直觉或观点的信息，而回避同我们的直觉或观点相抵触的信息。寻求有利证据的偏见不仅会影响我们到哪里去寻找证据，还会影响我们如何解读我们搜集到的证据，以致我们过于重视支持性信息，而忽视冲突性信息。在一项有关这种现象的心理学研究中，两组被测试者——一组反对死刑，而另一组支持死刑——都阅读了两份关于死刑在阻止犯罪方面的威慑力的详细研究报告。其中一份报告认为死刑是有效的，而另一份报告则认为死刑没什么威慑力。尽管每组被测试者都读到了支持对方观点的可靠的科学信息，但是他们在阅读了两份报告之后都更加确信自己立场的正确性。他们自动接受了支持性信息，对冲突性信息视而不见。

这里有两种基本的心理力量在起作用。第一种心理力量是我们有一种倾向，在弄清楚为什么要做某事之前，在潜意识里实际已经决定了要做这件事。第二种决策心理力量是，与我们不喜欢的东西相比，我们更容易被我们喜欢的东西所吸引——这是一种连婴儿也明显具有的倾向。于是，我们自然会被支持我们潜意识偏好的信息吸引过去。

对此你能做些什么？需要明确的是，并不是说你不应该选择你的潜意识里想要做的事情，只不过你应该确定那是否是一个明智的选择。你需要对此进行检验，下面就是检验的方法：

- 要不断检查，看看自己是否对所有证据都给予了同样严格的考察。要避免不经质疑就接受有利证据的倾向。
- 去请一些你尊重的人来唱反调，反对你正在考虑制定的决策。当然，如果你能自己提出一些反对意见那就更好了。开放地进行思考：选择其他方案最强有力的理由是什么？第二有力的理由是什么？第三有力的理由又是什么？
- 坦然承认自己的动机。你是真的在搜集信息以便做出明智的决策，还是只是在寻找有利证据支持你想做的事情？
- 征求别人意见的时候，不要提那些可能引出有利证据的导向性问题。

4. 表述方式陷阱

策划的第一步是对问题进行组织，这也是最危险的步骤之一。问题的组织方式可能会对你的策划过程产生深远的影响。我们来看一个汽车保险的例子。在这个案例中，问题的组织方式造成了多达 2 亿美元的差异。为了降低保险成本，新泽西和宾夕法尼亚这两个相邻的州在各自法律中进行了类似的修改。两个州都向驾驶员提供了一个新的选择：如果选择放弃一部分起诉权，他们就可以降低所需支付的保费。但是这两个州在设计这个选择时采取了两种截然相反的方式：在新泽西州，除非你特别说明，否则就视为自动放弃一部分起诉权；而在宾夕法尼亚州，除非你特别说明，否则就视为你拥有全部起诉权。不同的表述方式产生了不同的结果，而且毫不奇怪，大多数驾驶员都默认了现状。结果，新泽西州大约有 80% 的驾驶员选择放弃一部分起诉权，但在宾夕法尼亚只有 25% 左右的驾驶员选择放弃。正是因为自己选择的表述方式，宾夕法尼亚州未能省下预计大约 2 亿美元的保险费和诉讼费。

表述方式陷阱有多种表现形式，就像保险案例所显示的，它往往和其他心理陷阱有密切的联系。有些表述方式可能构成一种"现状"或设下一个"参照点"，还有些表述方式则可能反映出沉没成本或者把你引向有利证据。决策研究者们已经证实，有两种表述方式特别容易误导决策。

效仿决策研究者丹尼尔·卡尼曼和阿莫斯·特韦尔斯基在一项经典实验的研究中，向一群保险专业人士以两种不同方式提出了以下问题：你是一名海损理算员，要负责把昨天驶离阿拉斯加海岸后沉没的三艘投保驳船的货物损失降到最低。每艘驳船装载了价值 2 万美元的货物，如果 72 小时内不进行打捞就会损失殆尽。当地海上救助公司的老板向你提供了两种费用相同的打捞计划：

A 计划：这项计划能够救回三艘驳船中其中一艘的货物，价值 2 万美元。

B 计划：这项计划有三分之一的可能性打捞起所有三艘驳船上的货物，价值 6 万美元，但是有三分之二的可能性什么也捞不上来。

你会选择哪个计划？

如果你和研究中 71% 的被测试者一样，你会选择"风险更小"的 A 计划，它可以确保打捞起一船货物。然而，本研究的另一组被测试者被要求从备选项 C 和 D 中进行选择：

C 计划：这项计划将导致三艘驳船中两艘货物损失，价值 4 万美元。

D 计划：这项计划有三分之二的可能性损失全部货物，总价值 6 万美元，但有三分之一的可能性一点也不会损失。当面临这个抉择的时候，80% 的被测试者会选择 D 计划。当然，这两对备选项实际上是完全等价的，A 计划和 C 计划一模一样，而 B 计划则和 D 计划毫无区别，它们只是表述方式有所不同罢了。可是人们的回答却会如此不同，真令人吃惊。这表明，当问题以收益（捞起的货物）的方式提出的时候，人们是厌恶风险的；但是当问题以避免损失（损失的货物）的方式提出的时候，人们却愿意去冒风险。而且，人们倾向于直接接受问题原来的表述方式，而不是以自己的方式重述问题。当采用不同的参照点进行表述时，同样的问题也会得到迥然不同的回答。假设你的支票账户上有 2 000 美元，然后问你下面的问题：你会接受一个五五开的机会，要么损失 300 美元，要么赢得 500 美元吗？你会接受这个机会吗？我们把这个问题换一种方式问你：你是愿意让你的支票账户继续保持 2 000 美元呢，还是愿意接受一个五五开的机会，让你的账户要么变成 1 700 美元，要么变成 2 500 美元？很明显，这两个提问提出的是相同的问题。尽管从理性角度来讲，你对这两个提问的回答应该是一样的，但研究表明，许多人在面临第一个提问时会拒绝这个五五开的机会，而在面临第二个提问时则会接受这个机会。人们的不同反应源自两种表述方式中所提供的不同参照点。第一种表述方式中的参照点为零，强调了增加的收益和损失。当然，人们一想到损失就会有本能的的保守反应。第二种表述方式的参照点是 2 000 美元，强调了决策的实际财务影响。

对于策划人员来说，哪怕是考虑得再充分的决策，也会被表述方式不恰当的问题破坏。不过，表述方式陷阱的任何不利影响都可以通过如下预防措施加以限制：

- 不要自动接受最初的表述方式，不管这种方式是你自己提出的还是别人提出的。要始终尝试以不同的方法重新表述问题，避免表述方式造成的扭曲。
- 提出问题时，尽量尝试把收益和损失结合起来，或者把不同参照点都包括进去。
- 在整个策划过程中，都要努力思考问题的表述方式。在决策过程中的各个关键点，特别是在接近决策终点的时候，问问自己如果问题的表述方式发生变化，你的想法可能会有什么样的变化。
- 当别人推荐策划方案时，要考察一下他们表述问题的方式，并用不同的表述方式来质疑这些方案。

5. 估计和预测陷阱

我们中的大多数人都擅长估计时间、距离、重量和体积。这是因为我们经常要判断这些变量，并且很快就能获得判断是否准确的反馈。通过日常实践，我们的头脑变得愈发精细准确。

不过，对不确定的事件进行估计或预测就是另外一回事了。尽管策划人在不断进行这种估计和预测，但他们很少能获得关于预测准确性的反馈。例如，如果你判断石油价格一年后跌到每桶 15 美元以下的可能性为 40%，而价格也的确跌到了那个水平，但你并不能据此判断你估计的 40% 的概率究竟是对是错。衡量你的预测准确性的唯一办法就是记录许许多多类似的判断,用以在事后分析你认为会有 40% 概率发生的事件,是否真的在 40% 的情况下发生了。这就要有大量的数据和细致的长期追踪。不过,天气预报员和以赌为生的人有机会也有动机保持这种记录,其余的人则不然。这样一来,在不确定性面前,我们的大脑永远也不会调整好,从而做出精确的估计。

迄今为止我们讨论过的所有陷阱,都会在我们面临不确定性时影响我们的策划方式。不过在不确定的环境中,还有另外一系列陷阱的扭曲效应会特别大,因为它们会影响我们评估概率的能力。让我们看看其中三种最常见的不确定性陷阱:

(1) 过分自信陷阱。尽管我们当中大多数人不是非常擅长估计或预测,但是我们实际上往往过分自信。这会造成判断失误,进而导致糟糕的决策。例如,在一系列测试中,研究人员要求被测试者预测下周的道琼斯工业平均指数的收盘值。考虑到不确定性,研究者要求被测试者估计收盘值可能处于哪个范围。在选择这个范围的最大值时,要求被测试者选择一个他们认为只有 1% 的可能性被收盘值超越的数值,同样,对于最小值,研究者告诉被测试者选择一个只有 1% 的可能性被收盘值跌破的数值。如果参加实验的人能够很好地判断预测的准确性,你可以预期他们只有在 2% 左右的情况下会犯错误。但是几百次的测试结果显示,大约有 20%~30% 的情况,实际的道琼斯平均指数落在了预测范围之外。由于对自己预测的准确性太过自信,大多数人设定的概率范围太窄了。过分自信陷阱对商务策划过程会产生重大的影响。在商务策划过程中,许多重大的行动和投资往往取决于估测是否准确。如果策划人员低估了某个关键变量的最大值,或高估了它的最小值,他们可能就会错失良机,或者使自己的客户面临远远超出自己预料的风险。人们在注定要失败的产品开发项目上浪费了大量资金,就是因为策划人或者管理者没有准确地预测到市场推广失败的概率。

(2) 过分谨慎陷阱。对于策划者来说,另一种陷阱表现为过度谨慎或审慎。在面临影响比较大的策划时,我们倾向于"为安全起见"把自己的估计或预测调整为保守数字。例如,多年以前,美国三大汽车制造商之一需要确定,在销售旺季到来之前应该生产多少辆新型车。负责这项决策的市场规划部门要求其他部门提供预测用的关键变量,例如预计销售量、经销商库存、竞争者动向和成本等。由于知道预测的目的,每个部门"出于安全起见"都故意多预测了一些。市场规划人员没有去探询这些数字的真实性,而是按收集到的这些数字进行了预测。并且,同样"出于安全起见"又把预测数字调高了一些。结果大家都应该料想得到,汽车产量大大超过了需求,公司花了 6 个月时间才销售完过剩的产品,最后还不得不降价促销。政策制定者甚至还把过分谨慎的原则纳入了正式的决策程序。"最坏情况分析"方法就是一个极端的例子,这种方法一度在武器装备设计中非常流行,目前也仍然在某些工程和监管环境中应用。采用这种方法,工程师们设计的武器能够在可能出现的最糟糕的情况下使用,即使这些情况发生的可能性几乎为零。最坏情况分析增加了巨额成本,并且不会带来任何实际利益(事实上,它还触发了军备竞赛,结果适得其反),这证明过分谨慎有时和过分大意一样危险。

(3) 印象陷阱。即使我们既没有过度自信也没有过分谨慎,在估计或预测的时候还是可能掉进印象陷阱。我们经常根据对过往事件的记忆来预测未来，所以可能会过多地受到比较引人注目的事件的影响——那些事件在我们的记忆中留下了非常深刻的印象。例如，我们都会夸大飞机失事等罕见的灾难性事故的发生概率，因为它们吸引了媒体过多的注意力。你自己生命中发生过的戏剧性事件或者创伤性事故，也会影响你的估计或预测。如果你在上班途中亲眼看见过一桩车祸，你对交通事故发生概率的判断就会提高；如果你的一位密友因癌症去世，那么你也会过高估计你自己死于癌症的概率。

事实上，任何让你不能进行不偏不倚的回忆的事件都会扭曲你对概率的判断。在一次实验中，研究者向不同的人群分别宣读了不同的著名男性和女性名单。研究对象事先不知道，每份名单中男性、女性的人数是相等的。只不过，有些名单中的男性比女性更出名，而另一些名单中则是女性更加出名。随后，研究者要求被测试者估计每份名单上男女所占的百分比。那些听到的名单中男性更出名的人认为名单中男性人数更多，而那些听到的名单中女性更出名的人们则认为女性所占比例更大。企业律师在为负债案辩护时经常会陷入印象陷阱。他们在决定应该庭外和解还是法庭上见时，常常以他们对可能的审判结果的估计为依据。因为媒体倾向于大肆宣扬巨额赔偿（而忽视了其他更普遍的审判结果），律师们可能会高估原告获得大额赔偿金的可能性。结果，他们提出的和解赔偿金比实际上合理的赔偿金额要大。

策划人避免估计和预测陷阱的最好办法是以一种很有条理、很有原则的方式来预测和判断概率。对于上述三种陷阱，还可以采取如下预防措施：

- 为了减少估计时过分自信造成的影响，坚持从极端情况入手，即考虑可能取值范围的最高值和最低值。这样可以使你免于被某个初始估计值"锚定"。然后，再检验你对这些极端情况的估计。试着设想在什么样的情况下实际数值会超出你所考虑的最高值，或低于最低值，并相应调节你的取值范围。用同样的方法检验你的下属和顾问所做的估计，因为他们也可能太过自信。
- 为了避免过分谨慎的陷阱，应当始终真实地陈述你的估计，并且向每个要使用这些估计数据的人说明这些估计没有经过调整。对那些向你提供估计数据的人强调真实输入信息的必要性。应该在合理的范围内检验这些估计，以评价它们的影响。对于敏感的估计，要再三检验。
- 为了尽量降低印象差异造成的扭曲，要仔细检验所有的假设，确保它们没有受到你的记忆的不当影响。要尽可能获取实际的统计数据。尽量不要让印象左右你的决策。

策划人在做策划时，很少有不必花脑筋的事情。策划人的大脑一直都在转个不停，但不幸的是，有时候它是以一种妨碍而非帮助我们的方式运转的。在策划过程的每个阶段，错觉、偏见以及其他思维圈套都会影响我们所做的选择。越是复杂、越是重要的策划越容易受到误导，因为它们往往牵涉到为数众多的人的大量假设、估计和输入信息。策划的利害关系越大，陷入心理陷阱的可能性就越大。我们谈到的各类陷阱可能独立地对策划造成影响。但更加危险的是，它们会一起出现，互相放大效果，形成恶性循环：一个强烈的第一印象可能"锚定"我们的思维，然后我们可能会有选择性地挑选有利的证据来证明我们最初的倾向是正确的。我们草率地做出决策，而这个决策带来了一个新的现状。随着沉没成本的累积，我们在陷阱中越陷越深，无法找到恰当的时机重新选择一条可能更好的新路线。心理失误层层重叠，要做出明智的选择变得越来越难。对任何心理陷阱最好的防范就是对它们保持警觉——不论它们是单独出现还是共同作用。古话说得好，凡事预则立。即使你无法彻底消除大脑运转中根深蒂固的偏见，你还是可以在策划过程中设置一些准则和检验方法，从而在思维误区演变成判断失误之前发现这些错误。采取行动去了解和避免心理陷阱还有额外的好处，那就是提高你对自己所做决策的信心。

实践技能训练

技能训练：策划思维训练

【实训性质】 专业技能训练。

【实训目标】 通过技能训练，了解并掌握企业策划常用的思维方式及其相应的工具。

【实训内容】 (1) 在网络上寻找知名品牌如小米、格力空调等；(2) 对这些品牌的市场活动进行分析；(3) 通过分析其市场活动尤其是广告、公关、促销活动，梳理其策划思维与方法。

本章小结

策划人员所从事的大量工作，都是分析和规划的工作，主要针对问题的解决和决策分析，其专业技能主要是思考方法。但是策划人却经常陷入诸如参照点陷阱、维持现状陷阱、寻求有利证据的陷阱、表述方式陷阱、估计和预测陷阱等策划陷阱中。

商务策划的思考方法主要有：头脑风暴法、逆向思考法、综摄思考法。头脑风暴之所以能激发人的创新思维，主要原因有以下几点：联想反应、热情感染、竞争意识、自由表达。逆向思考法又分为反转型逆向思维法、转换型逆向思维法、缺点逆用思维法、原理逆向思维法、功能逆向思维法、结构逆向思维法、属性逆向思维法、程序（或方向）逆向思维法等。综摄法是指以外部事物或已有的发明成果为媒介，并将它们分成若干要素，对其中的元素进行讨论研究、综合利用激发出来的灵感来发明新事物或解决问题的方法。

核心概念

思维陷阱　　头脑风暴法　　逆向思考法　　综摄思考法　　5W2H分析法　　创意
创意思考法

思考与练习

1. 审视生活中的参照点陷阱，并运用书本理论，了解该如何避免参照点陷阱。
2. 观察企业促销活动中，商家如何运用表达方式陷阱。
3. 试自主组织一次头脑风暴会议，就一个议题，提出创造性的想法。

Chapter 4

第 4 章

结构化思考方法

结构化思维是策划人员最为重要的思维特质。客户的问题往往是一团相互纠缠、纵横交结的乱麻，结构化思维能够帮助策划人员找出问题的头绪、理清思路并通过分析框架和严谨的逻辑，得出相应的解决方案。策划人的工作方法是从信息较少的阶段出发，先构建假说，在向前推进工作的同时，对假说加以验证，然后探索解决策略。因此，掌握并灵活运用假说思考，可以加快策划者的方案速度，提高解决方案的质量。

学习目标

1. 掌握结构化思维方法
2. 了解结构化思维的特征
3. 熟悉运用结构化思维的工具
4. 掌握假设思考力的基本原理与相关工具

4.1 理论背景

把零件组装成能正常运转的机器，就是结构的。把同样的这些零件摆放在一起，没有联系起来，就是非结构的。显然，分析问题用结构化的方法和缺乏结构化概念，差异是很大的。

结构化分析和结构化设计是在软件工程开发中提出的，是一种基于功能分解的分析方法，可作为层次分解和软件模块描述的工具。现已被用作描述分解问题的工具。结构化分析以图的形式表示出系统内各结构单元之间的关系，按照"相互独立，完全穷尽"的原则，使复杂的系统及其过程变得简单明了。结构化就是按问题各要素的属性将问题分类、分层。缺乏结构化概念，就能只是简单地按1、2、3罗列问题的不同影响因素，是分散的而不是系统地分析问题。

显而易见，没有结构，我们面对复杂问题时往往不能很好地理解，困惑多。没有结构性，用直接抓问题的方法，很容易造成遗漏，容易以偏概全。非结构的分析方法，明显存在3个问题。问题一，分解问题相对比较混乱，分析要素的界定比较随意；问题二，不完整，不全面，遗漏是不可避免的。有的问题考虑了、分析了，有些问题没考虑、没分析，但不能判断这些未考虑的因素重要不重要；问题三，当要综合时，就更像把这些零件放到一个盒子里，很容易知道，这不是一台"机器"。在总体上没有一个"从机器上分层、分类拆解"的概念，对相互关系的考证太弱，也就不可避免地存在理解混乱和分析不完整。

而结构化则不同，从问题的不同方面、不同层次展开，有很好的条理化，也容易把每一层的问题考虑得比较完善，至少在分析具体问题前不容易遗漏重要方面。通过对结构在逻辑上的合理性进行分析，能够正确构造和调整问题树，为分析提供一个好的起点。结构分析框架的意义在于：零件要全、相匹配，既不会多出一个，也不会少了一个，并且要按正确的方式组装起来，这台机器才会正常。结构化的起点是完整性和严格分解，分析问题更像测试机器或测试机器中某些零件的功能。

那么如何进行结构化问题分解呢？我们举个例子来说明：一个大龄男青年有个约会，我们称之为"钻石王老五的第999次约会"，如何策划一个相见恨晚的约会，取得一见钟情的效果呢？我们可以对其进行结构化分析，约会有两阶段，第一个阶段是事前控制；第二个阶段是事中控制。

我们将问题做结构化分解。为了确保约会成功，将事前设计分为以下几个功能：风度翩翩的仪表、谈吐幽默有品位、非凡的文化品位、有保障的经济基础、值得托付终身的品质。对这五大结构功能可能存在的问题进行进一步分解，如影响风度翩翩的仪表功能失败的因素分解为太丑、衣着不得体、举止不良三项失效子功能，并分别评价失效子功能可能导致的后果，定量分析严重程度、潜在失效起因、机理等。同样为了确保约会成功，将事中控制设计分为以下几个功能：电话预约、赴约、互相介绍、亲密交谈、下次预约、道别。

我们可以看到，一次飘忽不定的约会经过结构化设计后，使得一切都处于受控状况，因此使成功成为一种必然，这正是结构化思维的魅力所在，约会尚且如此，其他还有什么不可为呢？

4.2 基本原理

有几种思维方式，我们在生活和工作中经常用到：其一是线性思维，这种思维形式逻辑性非常强，强调因果关系。例如：看见外面下雨，就想起家里阳台上的衣服没有收，可能会被淋湿了，这是最常见的思维方式：从A到B，再从B到C。线性思维方式强调按经验办事，有效率，但缺乏创新。其二是水平思维，水平思维讲究创意，天马行空，尝试关联一些特殊属性来获得创新。就像"5顶思考帽"的水平思维法，同一时间只允许朝一种方向思考，最大限度避免无谓的争执，利用关键字、属性关联等来创新。比如口香糖从以前的片装到现在的瓶装,看似包装上的一点点改进,却可以大幅度提高销量,原因在于以往的方式不利于大量携带,改为瓶装后便解决了这个问题,顾客可以像药一样随身携带,甚至分享给朋友,这就是属性关联获得创新的典型案例。其三,就是我们要谈的结构化思维。结构化思维就是以目标为导向,以假设为前提,通过分类,确定关键维度,进行对比分析,即目标 > 分类 > 重点 > 交叉分析。

我们通过一个案例来说明结构化思维的要点:假设你开车从重庆送一批货物到上海,路过一个限高 2 米的山洞,但车子连货物有 2.05 米,怎么办?

我们随意列出解决这个问题的办法:

(1) 把货物搬下来,分几次运过去;
(2) 重新堆放货物,让它不再超高;
(3) 给车子的轮胎放一点气,降低整体高度;
(4) 换一个底盘低一点的汽车;
(5) 把山洞拓高一点;
(6) 把地挖深一点;
(7) 找一条路绕过山洞;
(8) 虽然标的是限高 2 米,但也说不定,硬闯一下试试;
……

方法有很多种,但是这样思考问题可能会导致思维杂乱,不知道到底该如何抉择。我们试着用结构化思维来思考这个问题:首先,明确做这件事情的目的是什么:把货物顺利送到上海。然后,根据目标倒推应该做些什么工作才能达成目的。我们通过分类来找第一个维度,如图 4-1 所示,送货可以分为过山洞和不过山洞两种办法:

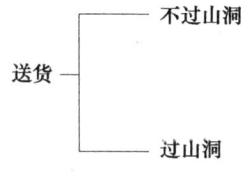

图 4-1　分类图

因为这个分类是决定下一步方法的重要因素,已知条件中并没有必须过山洞的约束,可以选择其他不过山洞而同样达到目的地的方法。我们接着思考,如果选择不过山洞,如图 4-2 所示:

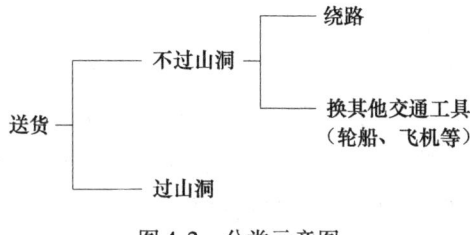

图 4-2　分类示意图

如果选择过山洞，就需要继续对方法进行分类，如图4-3所示：

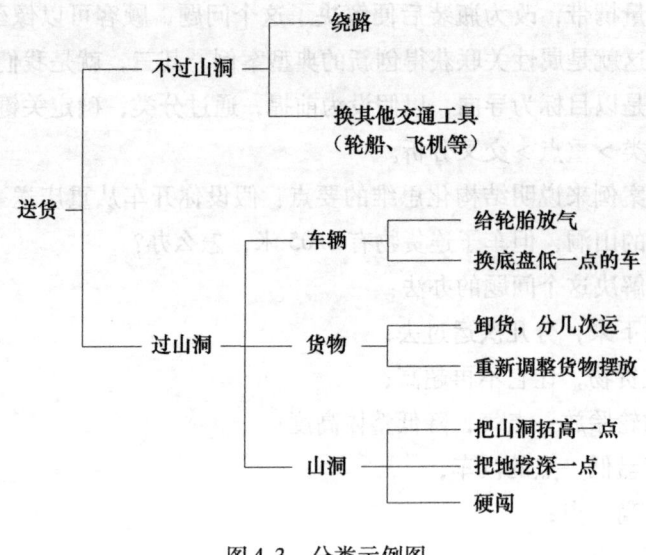

图4-3 分类示例图

这样一层层的展开，用逻辑树保证解决问题过程中的完整性，通过系统性的分解过程，将一个复杂的问题细分为一些便于操作的下一级问题并最终找到解决方案。

结构化思维方法就是以事物的结构为思维对象，以对事物结构的积极建构为思维过程，力求得出事物客观规律的思维方法。

咨询策划人员或者顾问在工作过程中，通过大量的调研和分析，挖掘内在的事实和数据，并通过分析的框架和严谨的逻辑，提出相应的解决方案。这种能力也被称之为结构化思维能力。这种能力不仅仅包括对问题的系统分析，还包括对想法的有效表达和对方案的清晰展示。对于咨询策划人员而言，结构化思维能力也是必备的基本技能之一。

结构化思维的本质就是逻辑，其目的在于对问题的思考更完整、更有条理。但"结构"不是"解构"，结构化的思维并不意味着对问题简单、机械地肢解。事实上，客户的问题多是一团相互纠缠、纵横交结的乱麻，结构化的思维在于帮助我们一个一个找到线头，理清思路，而不是否认事物之间的相互联系。

结构化思维的内涵可以这样概括：所谓结构化思维是指一个人在进行问题解决时（包括解决难题、记忆、写作等），能站在整体的角度，遵循启发性的原则，充分发挥左右脑的功能，通过对问题的自我理解和分析，充分利用已有的认知结构透彻地认识问题，合理地分解问题，循序渐进，逐步求精，从而进一步完善自己的认知结构，全面完整地对问题进行系统思考和解决。对对象和问题作全面完整的思考，这是结构化思维最重要的基础和特征，反映了思维的系统性和广度；对对象和问题分解求精，作深入透彻的思考，反映了思维的深刻性和深度；对对象和问题作充分联想，启发了对对象认识的思路和解决问题的线索，拓展了问题解决的视野，反映了思维的开放性，也体现了思维集中性与发散性的统一；重点或关键点突出，思维层次鲜明，反映了人类解决复杂问题和认识复杂对象的能力;自我表述对对象和问题的认识,充分表达了对对象和问题的理解,将你的理解能力发挥到极致,反映了你对对象和问题理解认识的透彻程度,也是一个将新知识同化到你已有的认知结构的过程;富有个性的自我表述,既体现了个体的思维特征,也充分发挥了左右脑功能,反映了思维的形象性、直观性,独特性;结构化思维所表达的认知结构精炼简洁,思维过程扼要清晰,形象流畅,反映了人类认识复杂对象和问题的本质的能力。

4.3 思维工具

4.3.1 结构化思维的特征与功能

结构化思维模式具有这样几个特征:目标清晰;实现目标所需资源的分析,高度概括而且全面;具有资源达成的具体方法和计划。

进行结构化思维的 3 个步骤是:确定目标——资源分析——制订计划。

很多人都有过装修的经验,回顾一下装修的过程,就是一个通过结构化思维来完成的系统工程:

- 确定目标——决定装修方案;
- 资源分析——需要哪些材料,需要多少人,用多少预算,花多长时间来完成;
- 制订计划——装修过程管理、什么时间买哪些材料、材料进场时间、开工时间、中间验收时间、终验时间、最终验收等。

结构化思维是一项重要的策划思维技能,掌握了这一思维技能,将使你在策划活动中获得以下优势:

- 对问题的思考更完整、更有条理;
- 能够快速完成方案,而且条理清晰,重点突出,获得老板的赏识、客户的青睐;
- 能够有条不紊地处理各种复杂问题,把纷乱繁杂的事情简单化、条理化,并可以通过语言、文字、模型、图表等形象地展现出来;
- 能够有效地安排好学习与工作,快速掌握新岗位、新工作所需知识,获得更多的发展机会;
- 不但可以使你在短时间内系统地分析问题,也能帮你迅速整理自己的观点,也可以让你的表达更加清晰有力,更可以让你的展示锦上添花。

4.3.2 结构化思维方式的 3 个原则

结构化思维的 3 个基本原则:其一,以终为始。根据目标做任务,过程中始终想着目标。其二,MECE 原则。分类是彼此独立,有限的,可量化。其三,80/20 原则。

1. 以终为始

以终为始(Begin with the End in Mind),这个习惯应该成为每个策划人的基本素质之一。所有的策划人、项目经理、客户经理、管理人员在做任何一件事情的时候都应该先认真思考：我做这件事情的目的是什么？要达到什么目标效果？然后，再根据这个目标倒推应该做哪些工作或任务。我们做任何一件事情都必须是为着达成一定目标的，这样才能有效率、有成效。以目标和现状为出发点，根据目标安排任务，过程中始终想着目标，就是以终为始的原则。

2. MECE 原则

"MECE"原则是对结构化思维的一条重要原则。MECE 读为"me-see"，是 Mutually Exclusive, Collectively Exhaustive 4 个单词的首字母，中文意思是"相互独立，完全穷尽"。在解决问题的过程中，MECE 意味着将问题细分为明确的、没有重叠的子问题，同时确保所有相关的问题都已考虑在内。也就是对于一个重大的议题或者问题，能够做到不重叠、不遗漏的分类，而且能够借此有效把握问题的核心。

MECE 是策划思维过程的一条基本准则。所谓的不遗漏、不重叠指在将某个整体（不论是客观存在的还是概念性的整体）划分为不同的部分时，要符合以下两条原则：

- 各部分之间相互独立（Mutually Exclusive）。意味着问题的细分是在同一维度上明确区分、不可重叠的。强调了每项工作之间要独立，每项工作之间不要有交叉重叠。
- 所有部分完全穷尽（Collectively Exhaustive）。即考虑问题要保证完整性，分解工作的过程中不要漏掉事项，要保证完整性。

一个好的理论框架都是 MECE 的，例如科特勒的 4P、波特的五力、广为人知的 SWOT 分析等都是 MECE 的，这些现成的理论帮助策划人快速深入的建立起思考问题的框架。但有些时候，我们无法利用现成的理论框架，这时就要求我们自行建构一个分析框架，但是一定要注意这个分析框架必须符合 MECE 原则。

3. 80/20 原则

80/20 原则要求策划人在工作中讲究实际、集中精力于最有效果的因素上，即按事情的重要程度编排行事优先次序。这一准则是建立在"重要的少数与琐碎的多数"原理的基础上。这个原理是由 19 世纪末期与 20 世纪初期的意大利经济学家兼社会学家帕累托所提出的。它的大意是：在任何特定群体中，重要的因子通常只占少数，而不重要的因子则占多数，因此只要能控制具有重要性的少数因子即能控制全局。

80/20 原则被称为效率法则，实际上它的确是提高效率最重要的武器。这条法则能够帮助个人或企业，花较少的努力而获得相对较多的收益，要么是完成一定的任务耗费较少的资源，要么是利用一定的资源获得更多的效果。80/20 原则的关键就在于资源的相互替代过程。对于那些使用之后效果不大或者会减弱效果的资源，就不应采用或尽量少用，对于那些能够发挥强力效果的资源，则尽可能多用，每一项资源都应用在它最能显出价值的地方。

对策划人而言，我们可以选择用20%的努力获得80%的效果，也可以选择用100%的努力获得100%的效果。在为客户服务、获得客户的满意和认同的角度上讲，无论投入多少精力和努力都是不过分的。但从另一方面来讲，资源是有限的，如果我们投入一定的资源在一个项目中，策略地运用80/20原则可能会更多地满足客户的需求、为客户创造更多的价值，从而获得相对更高的客户满意度。优秀的策划人总希望能把事情做到尽善尽美，100%或以上的评价标准是"让客户超出预期的满意"。实际上是存在一种途径获得最大的满意。对于一个100%的目标而言，20%的努力获得80%的成果，如果目标设定到原来的125%，那么就意味着用25%的努力获得100%的成果。在一个企业里，策划人员必须找准自己的80/20基准，企业里有很多的事情希望能得到关注，客户方面有很多的人和事。首要的是找准那些关键人物、关键的问题，在这些地方投入100%的努力，设定较高的目标，这样就能够获得最佳的效果。

MECE 原则的实践运用

1. 什么情况下会用到 MECE 原则呢

MECE 原则是将原始资料或问题进行分类的技术，也是策划工作方法中很重要的一个原则。当我们要对复杂问题或资料进行分门别类的时候，往往就会用到 MECE 原则，因为如果分类没有涵盖问题的所有方面，那么最终推演出来的方案就有可能以偏概全；如果分类有很多是重叠的，那么我们就无法厘清真正的原因。一言以蔽之，所谓的 MECE 就是分类学！"分"即鉴定、描述和命名；"类"即归类，按一定秩序排列类群。

2. 那么如何才能"相对独立，完全穷尽"呢

一般可以通过以下四个步骤来落实 MECE 原则。

第一步：确定范围。

也就是要明确当下讨论的问题到底是什么，以及我们想要达到的目的是什么。这个范围决定了问题的边界。这也让"完全穷尽"成为一种可能。换句话说，MECE 中的"完全穷尽"是指有边界的穷尽。

第二步：寻找符合 MECE 的切入点。

所谓的切入点是指你准备按什么来分，或者说大家共同的属性是什么。比如，是按颜色分、按大小分、按时间序列分还是按重要性分？这一步是最难的，但也是最关键的。在找切入点的时候，一定要记得以终为始。这个时候一定要反复思考，你当初要解决的问题或当初分析的目的是什么。换句话说，你希望分类后解决什么问题，得出什么结论。

如果实在是想不到什么分类的切入点，你可以试试最简单的一种二分法：A 与非 A。事实上使用这种分类方式还有个非常经典案例，那就是七喜，它当初打出的口号就是"非可乐"。另外，中国传统文化中也有很多类似的二分法，比如阴和阳（女和男）、正和反、白天和黑夜、软和硬等。

当然，还有一种常用的方式，那就是"拿来主义"，正如《麦肯锡方法》里提到的，不要

试图重新发明轮子，这个世界上已经有很多分析模型，大多数都符合MECE原则，可以直接拿来使用，比如SWOT分析、PEST分析、五力模型、波士顿矩阵、营销4P、战略分析3C、麦肯锡7S分析等，更多分析模型可以参考MBA智库上的咨询工具。

第三步：找出大的分类后考虑是否可以用MECE继续细分。

对客户的分类如果按男和女来分，的确是满足MECE原则，但仅仅这么分对于我们的策划有什么帮助吗？不管走到哪一步，请时刻记住"以终为始"，也就是时时要考虑策划的目的是什么。从策划的角度来看，你可能还要按职业、收入、年龄、居住区域等要素进一步细分，才有可能得出你想要的东西。

第四步：确认有没有遗漏或重复。

分完类之后必须重新检视一遍，看看有没有明显的遗漏或重复。建议画出一个金字塔结构图，用可视化的方式比较容易发现是否有重叠项。当然，现实中可能出现这样的情况，分出来一些类别后，仍然有几项不属于前面分出的几类，但这几项还比较重要，这时你可以试着加一个类别——其他。不过请注意，这个一定要慎用，不到万不得已不要这么用。

MECE说起来简单，做到其实并不容易，不过掌握MECE也没啥特别的方法，就是多看、多练。

4.3.3 相关工具

策划人员工作的首要问题是对要策划的问题进行问题界定，在问题界定之后，就需要根据MECE原则运用逻辑树工具对问题进行分解。策划人员对问题进行结构化分解最常使用的工具是"逻辑树"。

逻辑树是一个概念性框架，它能保证解决问题过程的完整性。逻辑树（议题树）也是一个系统的分解过程，它能将工作细分为一些便于操作的部分、确定各部分的优先顺序以及明确地把责任落实到个人。同时，逻辑树还是联系问题和议题的纽带，使小组成员就要着手解决的问题达成共识。

逻辑树有问题树、假设树和议题树等形式。逻辑树是将问题的所有子问题分层罗列，从最高层开始，并逐步向下扩展。把一个已知问题当成树干，然后开始考虑这个问题和哪些相关问题或者子任务有关。每想到一点，就给这个问题（也就是树干）加一个"树枝"，并标明这个"树枝"代表什么问题。一个大的"树枝"上还可以有小的"树枝"，如此类推，找出问题的所有相关联项目。逻辑树主要是帮助你理清自己的思路，不进行重复和无关的思考。逻辑树是将问题的所有子问题分层罗列，从最高层开始，并逐步向下扩展。逻辑树务必是MECE的，只有这样，你才能考虑周全，避免混淆。

（1）选取合适的标准将问题分成几个部分；

（2）保证问题获得完整地解决（MECE原则）；

（3）分析关键问题，淘汰非关键问题（关键问题分析矩阵）。

如图 4-4 所示：

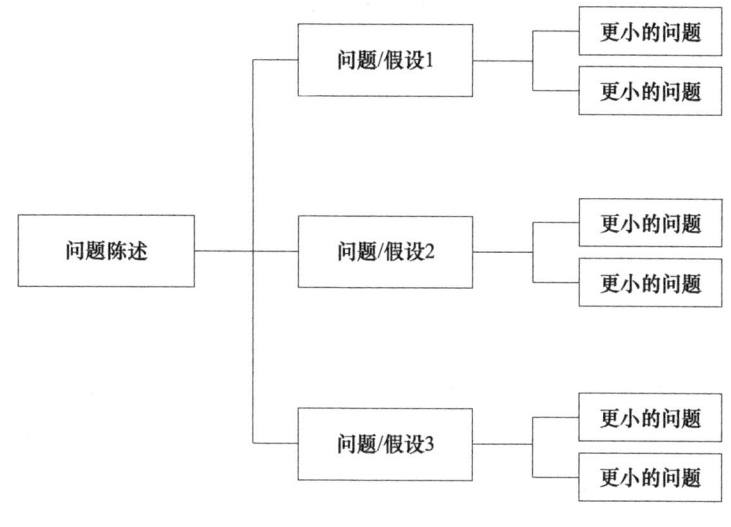

图 4-4　逻辑树

4.3.4　运用结构化思维方式的注意事项

解决问题时，人脑迅速活动起来搜寻问题解决的有关知识，但是，头脑中的知识排列不好，没有形成结构，就不容易提取解决问题的相应知识。这时，我们需要结构化的思维方式。结构化的思维方式就是把触发条件相似的知识组成块组；然后经过组织、概括、归类、抽象等组成某种触发条件下的系统；系统与系统间又组成某种触发条件下的大系统……就这样形成一定层次而结构紧密的思维网络。利用这个思维网络，有助于问题解决时在短时间内形成大容量的思维操作；有助于问题解决时使心理视野看得更远，也就是更具有远见；还有助于问题解决时进行大跨度的思维，促进创造性解决问题的思维的发挥。主体进行结构化的思维方式时，特别要注意以下几个方面：

1. 强化结构层的联结

已经形成结构化的思维方式，一定要强化各思维层次的节点联结，使信息流向通达，顺利地完成由具体到抽象和由抽象到具体的动力传递。

2. 掌握结构层的结构

已经形成结构化的思维方式，按照由低到高的结构顺序排列。越居于高层的结构层次，其抽象水平越高，适应的范围越广，作为一个思维的系统层，其思维容量也越大。掌握结构层的结构就意味着能够扬弃不良的思维方式，增强有利于创造性解决问题的扩散思维的发展。

3. 知识结构的优化

人的知识结构的优劣对解决问题的思维有较大的相关程度，优化知识结构对解决实际问题具有现实意义。优化知识结构可以考虑如下的几个方面：一是思索、推断问题要广泛地联系知识，善于用知识来概括问题；二是鼓励"节外生枝"，深入思考问题，在解决问题的同时把知识结构化；三是善于打破旧的知识链，可以按功能重新构造知识，形成新的知识结构形式；四是参照具有优良知识结构的人，找出差距，千方百计弥补差距，使自己的知识结构向优良知识结构转变。

4.4 假设思考力

4.4.1 理论背景

假设思考力也是结构化思维的一部分。大多数问题的解决都需要事先建立合理的假设，通过假设建立解决问题的解决方案。咨询顾问进行咨询的过程也就是一个提出假设、验证假设的过程。策划人接触企业后，就会对企业所要策划的问题进行分解，并提出相应的假设，任何策划方案的制定都是基于策划人在分析过程中提出的各种假设，而策划方案的实施过程只是论证这种假设是否正确而已。此外，在进行一些预测和推断的时候，也需要进行合理的假设。因为任何策划公司都不可能有十全十美的数据库。在分析论证过程中，策划人对于很多无法直接获得的数据都进行合理的推测，从而制订各种行动方案。如未来市场的变化趋势、竞争对手的价格策略等。因此，很多咨询策划公司在招聘策划咨询的时候，都会利用各种咨询策划案例来测试应聘者进行合理假设的能力。最典型的问题包括请估算一下美国一共有多少个加油站，中国有多少个麦当劳店等。这些问题的分析和判断不在于最终数字的精确（因为有些时候，就连出题者也不清楚确切答案），而在于问题的解决者能否进行合理的假设和基于假设进行正确的分析。

不少策划人在日常咨询策划工作中，经常采用两个方法开展策划活动。第一种方法是，为了建立一个坚实的事实基础，花费较多的时间、经费去收集所有可用的各类信息和数据，并开展广泛的市场调研，但其结果通常是不完整的。因此，在实际付诸实施之前，最终策划方案的确定可能需要冗长的内部流程。第二种方法是，富有创意头脑的策划则可以光凭感觉就能抓住某个机会。但是，这两种方法都不会带来最优结果，第一种方法可能导致效率不高并且成本高企；而第二种方法在竞争越来越激烈的今天也冒着越来越大的失败风险。而具备了假设思考力的咨询策划人能以寻常人数倍以上的速度工作。他们的工作方法是从信息较少的阶段出发，先构建假说，在向前推进工作的同时，对假说加以验证，然后探索解决策略。因此，掌握并灵活运用假说思考，可以加快策划者的方案速度，提高解决方案的质量。

4.4.2 基本原理

1. 假设思考力的含义

所谓的假设思考力是指：

（1）假定的看法（尚未获得证明而最接近解决方案的解答）。

（2）根据现有信息，设定可能性最高的结论（假设）。

（3）将其作为最终目标，在意识上和行动上不断强化。

（4）不断提高信息的准确度，同时进行反复论证，修正假设从而得出最终结论。

假设思考力包含的要点有：

（1）无论信息量的多少，都要确定假设；

（2）确定前提条件后向前推进工作；

（3）确定时间，无论如何都要有得出结论的信心。

2. 假设思考的作用

（1）可以显著加快策划过程的速度。一般策划人喜欢在策划过程的一开始就付诸于网罗思考，这样做有可能陷入某种自己设计好的陷阱。这不是说网罗思考有什么错，而是说，在策划的不同阶段，需要不同的思维方式和思维工具相配合。网罗思考是全面考虑、穷尽一切的思考方式，这种思维方式在策划前期会耗费策划人大量的宝贵时间因而使得耗费策划时间过多而缺乏效率。更为重要的是，网罗性思考在策划的初期让策划人看不到工作或者问题的整体架构。

（2）策划过程不会被太多的信息、资讯所淹没。互联网打开了一道道闸门，让信息从四面八方汹涌而来，信息轰炸让人眼花缭乱，大脑疲于应付。互联网时代，对于策划人来讲，信息资讯的多、杂、繁是一种灾难。从某种意义上讲，舍弃信息比搜索信息更重要。而且，信息太多也会延误做出决策的时机。假设思考是一种以简驭繁的思考技术，它让策划人摆脱大量繁杂资讯的束缚，直击所要解决的问题的要害。

（3）带着大局观（架构）看问题。假设思考让人们一开始就根据非常有限的信息描绘出问题的整体架构，对于策划人来说，与分析能力相比，假设思考力更加重要。爱因斯坦曾说："提出一个问题（假设）往往比解决一个问题更为重要，因为解决一个问题也许只是一个数学上或实验上的技巧问题。而提出新的问题、新的可能性，从新的角度看旧问题，却需要创造性的想象力，而且标志着科学的真正进步。"善用假设思考力可以极大地减少分析的时间，让策划人摆脱问题的细枝末节，而能够站在最终解决方案的高度看待所要解决的问题。

即使策划人一开始提出的假设最后被推翻或者被证明是错误的，也有价值。在刚开始的时候，在很多情况下，你提出的假说可能偏离目标。不过，人是一种非常有意思的动物，一旦失败了，总能从中学到点什么。你思考为什么会失败、为什么会不顺利，接下来你便试着改变当初的做法，下次试着使用其他方法。经过反复试验摸索，你便可以不断获得进步。在积累失败经验的同时，你的假设思考能力也将不断提高。

4.4.3 相关工具

掌握了假设思考从最终结果开始逆向思考的方式，应用的范围就会变得十分宽泛，例如，"从结果开始，而不是从开始开始""从应该做什么开始，而不是从能做什么开始""从对方开始，而不是从自己开始""从目的开始而不是从手段开始"等，"逆向思维"可以用于任何情况。

假设思考常用到的工具是假设树，假设树是逻辑树的一种，逻辑工具在前面有所阐述。

首先，是对所要解决的问题的发现与界定，在此基础上，提出第一层假设或者核心假设；然后，提出第二层次的假设甚至第三层次的假设；最后，为假设寻找支持性依据。

实践技能训练

技能训练：结构化思维训练

【实训性质】 专业技能训练。

【实训目标】 通过技能训练，了解并掌握结构化思维方式及其相应的工具。

【实训内容】

如何培养结构化思维的技能与习惯呢？"好脑子"不如"烂笔头"，纸和笔是训练结构化思维的最有利的工具。我们的脑袋实在没有你想象的厉害，我们的脑袋最多同时能装进去7件事情，如果我们不把想到的事情写出来，脑袋中的思路便容易出现堵车。

建议希望学习结构化思维的人，要勤于写作。任何一篇文章，包括文学作品，都是结构化思维的产物。很多人觉得写东西太难，其实症结不在于对文字的把握，而恰恰是缺乏对思维结构的把握。

所有文章或者文案，必然要有"中心思想"，这就是结构化思维中的"确立目标"；为了表述这个"中心思想"，必然要分段陈述，各个段落有各自的"段落大意"，来支持"中心思想"，这个就是结构化思维中的"资源分析"；提纲出来以后，分段展开陈述形成文字，就是结构化思维中的"制订计划"。很多人写文章写着写着，或者写不下去了，或者跑题了，如是几次就失去了写作的信心。其实在此刻遇到的障碍，正是你在"结构化思维"训练中的不足，抱着哪怕推翻重写的决心坚持写下去，也就突破了"结构化思维"培养过程中的自身障碍，持之以恒，结构化思维就会形成自己固有的思维习惯。其次，在日常工作中遇到复杂问题（哪些是复杂问题，因人而异）需要决策时，养成如下习惯：

准备好笔和几张纸，在一张纸上写下几个可能的目标，想到就写，不要在此时要求自己思考周密；在另一张纸上对第一张纸上的目标实现所需要的资源分别列出，列的时候可暂时不考虑资源冲突，有助于你对每个目标都考虑周全，而不瞻前顾后。这时你已经具备了几个备选方案，给他们编上号；在第三张纸上再结合资源冲突，对第二张纸上的各个编号方案分别列出"好处"与"风险"；以"两害相权取其轻"为原则，在备选方案中选择一个方案。

通过这种方式的反复练习，经过一段时间以后，当结构化思维已经成为思维本能时，你可能就不再需要纸笔了，而且决策速度可以大大加快。你可以给自己定一个对照检查的指标，比如同样写一份"社区产品推广"方案，在刚开始的时候，看看自己需要多长时间完成，以三份为一个阶段，对照检查自己完成方案的时间与质量。当你已经对各种问题都轻车熟路，并不拘于某一特定领域的问题都能够迅速判断出真正的目标与资源状况，迅速做出正确的决策的时候，恭喜你，你已经可以准备向高一级策划层次挑战了。

本章小结

结构化思维是指，一个人在进行问题解决时（包括解决难题、记忆、写作等）能站在整体的角度，遵循启发性的原则，充分发挥左右脑的功能，通过对问题的自我理解和分析，充分利用已有的认知结构透彻地认识问题，合理地分解问题，循序渐进，逐步求精，从而进一步完善自己的认知结构，全面完整地对问题进行系统思考和解决。结构化思维模式具有这样几个特征：目标清晰；实现目标所需资源的分析，高度概括而且全面；具有资源达成的具体方法和计划。结构化思维的3个基本原则：其一，以终为始。根据目标做任务，过程中始终想着目标。其二，MECE原则。分类是彼此独立，有限的，可量化。其三，80/20原则。策划人员对问题进行结构化分解最常使用的工具是"逻辑树"。运用结构化思维方式的注意事项：强化结构层的联结、掌握结构层的结构、知识结构的优化。

核心概念

结构化分析　　结构化思维方式　　结构化思维的特征　　结构化思维的原则　　逻辑树

思考与练习

1. 就你生活中的一个问题，运用结构化思维方法进行分析解决。
2. 观察一企业，发现其存在的某一个问题，并运用逻辑树进行深入分析。
3. 运用结构化思维方法对某企业的问题进行解决，检验解决方法是否符合结构化思维的三个基本原则。

Chapter 5

第 5 章

辩证思考方法

策划过程可以用辩证思维来解构，以辩证思维运用于策略决策上，通过辩证思维让策划人厘清策略选择的规律，清楚策略决策的路径，并且凸显策划过程中辩证思维的运用及对立面关系的矛盾处理。

学习目标

1. 熟悉策划的辩证思维概念、特征与方法
2. 掌握辩证思维指导下的策划模式

5.1 理论背景

辩证思维的核心就是对立统一规律也就是矛盾规律，所以辩证法是专门研究矛盾统一的学问，我们运用辩证法的目的就是要认识矛盾、控制矛盾、运用矛盾与解决矛盾。而最终的目的就是希望通过辩证思维与策划关系的建立及辩证方法的运用找到达成理想目标的最佳策略组合。

策划过程中最重要、也最难以客观衡量及理解的就是策划人主观的思维判断，策划人在下判断时的思维变化是极其复杂与敏感的，决策者可能在面临决策判断时因为一个直觉的感性念头，而完全推翻事前的预应规划。然而，策划者的主观思维是否都无法一窥？究竟或完全没有一个变化的规律？如果有可以解构思维的工具来了解决策思维，则策划过程中最主要的不确定因素将大幅减低其不确定性。

辩证思维是哲学里一种认识思维的方法，辩证思维是认识事物发展与思维运作规律的工具，也是检验思维的一种方法，以辩证思维解构决策者在决策过程中的思维变化规律，有助对策略决策判断的掌握。

5.2 基本原理

5.2.1 辩证思维与策划本质

策划或者策略规划是企业要生存、求发展的必要工具，策划就是对两个以上的决策方

案做选择的行为,而选择的相对关系就是矛盾统一的关系。选择就是在不同决策方案之间的取舍,选择了 A 方案就必须舍弃 B 方案,二方案互为竞争对立关系。策略决策方案的取舍择定过程是经过扬弃与跃升的,扬弃与跃升的过程是由远到近、由外向内,逐次跃进、逐次内趋于理想目标,是相互的排斥、相互的否定、相互的交融、相互的渗透,经历矛盾而后统一的作为,也就是辩证的过程,所以策划的过程就是一个辩证的过程,策划的本质是依循辩证思维规律运作的,如图 5-1 所示。

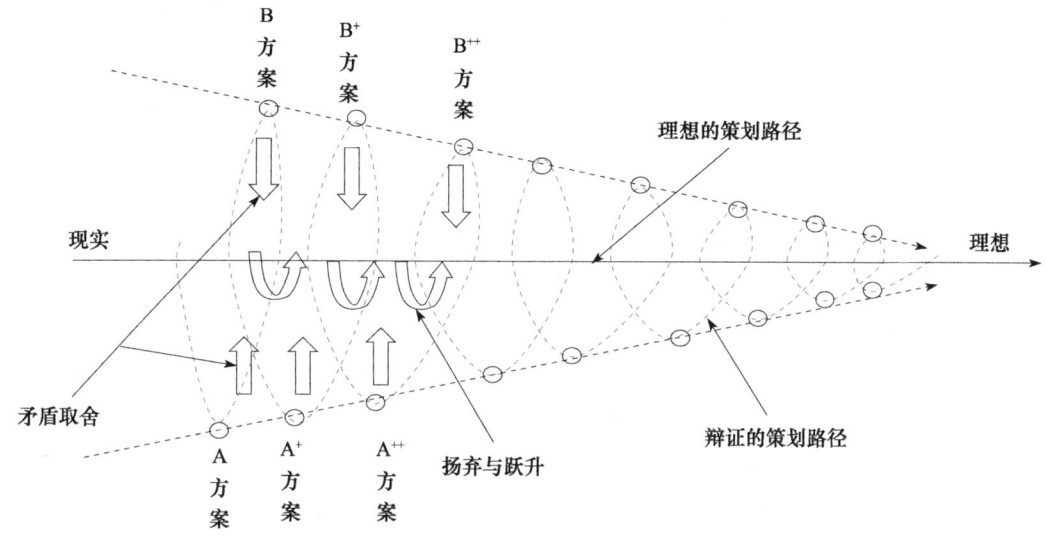

图 5-1 策略决策的螺旋辩证过程与矛盾本质图示

策划是联结现在与未来之间的桥梁,是现实与理想的跃升工具。现在与未来是相互否定的矛盾关系,也是相互肯定的联系关系,未来必定不同于现在,追求未来必定是否定现况,然而追求未来又必须以现状为基础,没有现状的基础,就没有未来对应的目标;现实与理想的对立关系也是辩证的存在的,其关系是:现状到未来再到未来的未来,程序与步骤非常清楚。但是,追求的过程中策划内容会有什么情况发生,则因内、外环境的变化互动而有所不同。因此,整个过程是有序的演进,而内容是无序的变化,内容虽是无序的变化,但却是在一定范围内的无序。

5.2.2 辩证策略的三个层面

三个规律代表整个辩证法的运作内容,因此我们利用这三个规律所隐含的决策功能,开发出三个相对于策划过程的层面,作为辩证策略决策模式的三个一般性的基础架构,三个辩证层面所要体现的是对策划模式微观的掌握与宏观的视野,由点到线,由线到面可能的重要因素全面分析,还有从发生原因到处理过程再到发展方向全程的理解。策划模式是事物一系列发展的载体,其发展的规律基础为:矛盾、变化、否定;事物发展的动能是矛盾、事物发展的形式是变化、事物发展的方法是否定。

三个辩证层面分别是动因层面、态势层面、方法层面,其发展来由与代表含义的分别描述如表 5-1 所示：

表 5-1　辩证思维规律引申为策略层面对照表

辩证规律名称	规律基础	规律功能	策划	辩证策略层面
对立统一规律	矛盾	辩证发展的原因	为何要策划	动因层面
量变质变规律	变化	辩证发展的形态	什么的策划	态势层面
否定之否定规律	变化	辩证发展的路径	如何去策划	方法层面

（1）动因层面的意义。俗语云"事出必有因、无风不起浪"，任何事物的存在必定有其支持存在的理由，任何问题的发生都有其必然的原因，策划的功能就是要达成目标与解决问题。存在的理由是理解事物的线索，发生的导因是解答问题的开关。若没有掌握线索、不清楚原因，策划就无法对目标定序，所有后续的策略作为都将乱序无方，策划者花再多的心血都将白费力气，没有目标就没有终点，所以路永远走不到尽头，就如同策划者对策划的动因不了解一样，永远下不了决策。策划的成功关键在于动因的掌握。

（2）态势层面的意义。事物的发展都会有其一定的形态，也会有一定的形势，二者会相互交融，并相互影响，进而产生事物整体的态势，这样的态势会影响策划过程中策划者在判断时的抉择。例如：组织活动中常常需要通过一些精神标语，或正式的宣传活动，以产生团体意识的凝聚力与执行力，这些活动的用意在于塑造活动过程的高昂气势，并让参与者产生优越感，而有较强的自信心，如此的心理状态与外在环境形成互动良好的循环关系，将加强活动任务达成的概率。因此，态势层面的主要意义就是策划在发展过程中的外显形态。

（3）方法层面的意义。策划是有结果的行为，绝大部分的决策都是结果论者，因为有"决"必有"果"，仅有极少部分因政策的关系而采取过程论。结果论主张一个行为的对错完全取决于此一行为所造成的结果，所谓对的行为就是行为者在面临各种可能的行为选择时，实行其中能达成最佳结果的行为。而让策划方案达到预期结果的工具，便是付诸实现所采用的方法。

5.2.3　辩证思维与策划三阶段

一般策划（策略规划）的过程可分为策略分析、决策判断与决策执行等三个阶段。第一阶段是着重在分析的部分，第二阶段是着重在决断的部分，第三阶段是着重在执行的部分。整个策划过程以辩证思维精神一分为二的分析看待，三个阶段既各自独立又整体连贯。

从整体来看，策划过程是企业或个人追寻目标、解决问题的连贯过程，每个阶段点都具有前果后因（前一阶段的成果，后一阶段的导因）的特性、承前启后的功能，三个阶段环环相扣，是完整不可分割的程序，缺少其中任一个阶段则程序两端无法衔接、连贯。

从部分来看，策划过程是事物处理过程中的各个步骤，每个步骤本身是基础也是成果，是因也是果，没有部分则无法积累成整体。因此，每个阶段都各有独立性，也有相互依赖性，同样具有辩证关系。

策划三个阶段的独立性是指策划的某一个阶段必须完成所有的过程才能跨到下一阶段，无法同时完成两个阶段的工作，三个阶段无法相互取代，必须有先后顺序，这体现了策划过程的基本规律。

策划三个阶段的依赖性是指策划的每个阶段都必须在前一个阶段存在的前提之下，才有其存在的条件；而前一阶段也都必须在次一阶段存在的情况之下，才能有其存在的价值。而且前一阶段是为下一阶段准备的，而下一阶段的依据又是前一阶段的结果，因此每个阶段是相互依赖存在，且是相互渗透的，如图5-2所示。

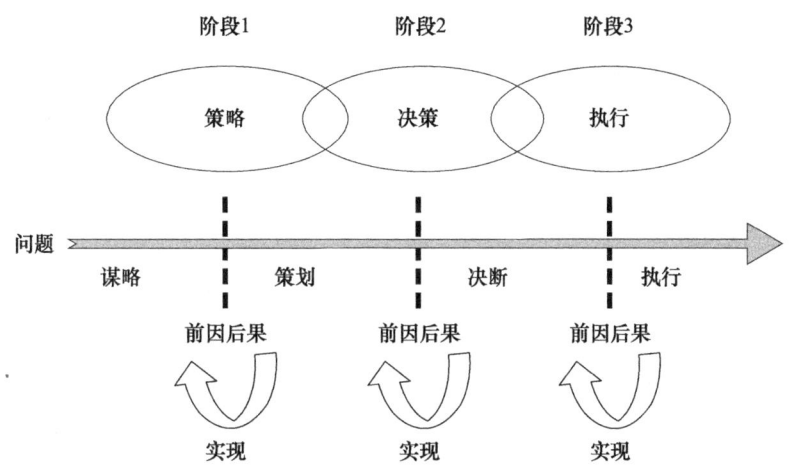

图5-2 策略决策模式各个阶段及相关特性示意图

第一阶段，策略分析的部分。策略分析是策划过程最初目标确立、问题确认的部分，包括内外环境及条件的评估分析，是策略决策的开始阶段，策略决策的方向、性质都由此定调。而策略分析的质量基础是建立在数据的收集与科学分析上面。

第二阶段，决策判断的部分。决策判断是依据前一阶段的分析数据，再辅以策划者个人专业训练、实务经验、主观的价值认知、直觉的反应判断等无法量化的综合因素分析之后所做的拍板。这些无法以科学方法精准分析及量化的判断作为，虽难以客观衡量，但却是最后决策结果的主要决定因素。

决策判断是策划中最关键的行为，关系到策划的主要成败。决策判断的各种判断依据，紧系于策划人自身的主观思维。让策划人做出正确、合宜的决断作为的有效方法是对策划者的主观思维作客观的哲学分析，从而找出思维运化的规律，理解思维、掌握思维、运用思维。辩证法是人类思维的分析工具，是人类思维的检验工具，透过辩证思维的规律与方法，策划人可清楚掌握自身思维的运作方向，厘清策划的各种情况与洞悉事理变化的脉络。而以辩证思维为导向的策划模式，就是利用辩证思维的规律与方法，作为策划的运用工具，帮助策划人对决策判断事理的掌握，以达到策划人对客观事物具系统的分析能力，对主观思维具逻辑的推理能力。《孙子兵法》："知己知彼，百战不殆"。对策划人而言，"知己"就是了解自身的能力、条件与主观思维；"知彼"就是清楚了解自身以外他物（环境、对手等）的能力条件与竞争态势，辩证思维也是"知己知彼"的工具。

第三阶段，决策执行的部分。执行最重要的部分就是落实，落实就是质变，策划过程在前两个阶段都是属于量变的阶段，因为分析与判断都包含着现状的成分在里面，且并未对现状做任何实质上的改变，只是在酝酿与积累质变的能量。执行则是将判断的结论想法，落实成实际的结果，并彻底改变现状，让现状成为新的性质，而达到策略决策质变的阶段。

5.3 相关工具

思维的方法是人们正确认识世界的中介，是人们正确进行理论思维的工具。辩证思维方法是一个整体，它是由一系列既相区别又相联系的方法所组成的，这一系列方法是由归纳与演绎、分析与综合、抽象与具体等组合而成。

5.3.1 归纳与演绎

逻辑学的方法论中，归纳方法、演绎方法及辩证方法是三大主要的逻辑思维方法，归纳和演绎是人们认识过程中的两种推理形式。归纳是从个别事实走向一般的结论、概念的思维方法。演绎法是从一般原理、概念走向个别结论的思维方法。归纳是从个别到特殊，从特殊到一般的思维运动。演绎是从一般到特殊，从特殊到个别的思维运动。辩证思维把归纳和演绎当成是认识过程之中既对立又相互联系的两种方法。归纳法和演绎法在认识过程中有各自的作用，也有各自的局限性，是两种方向相反的思维方法，既对立又统一、互相补充、相互渗透，在人的认识过程中，归纳和演绎是对立统一的关系，这具体表现在：

第一，归纳是演绎的基础，演绎以归纳得出的结论作为前提。演绎法是一种从普遍到特殊、从一般到个别的思维方法，它只能揭示共性与个性、一般与个别的统一关系，不能揭示共性与个性的对立关系。单纯用演绎法不能揭示个别事物多样化的属性。而要做到这一点，就必须运用归纳法。此外，演绎的结果也必须再运用归纳法来证实与丰富。

第二，归纳法必须以演绎为指导。演绎法为归纳提供一般性的理论原则，规定归纳活动的方向与目标。同时，归纳所得到的结论不一定可靠，它必须靠演绎来修正与补充。

第三，从思维模式或过程来看，演绎的过程渗透着归纳，归纳的过程渗透着演绎。演绎思维的模式是一种具有逻辑必然性的思维模式，它能保证前提正确则演绎的结论一定正确，即演绎模式具有普遍有效性，演绎思维模式是人们对无数次演绎推导情形进行归纳而成的。同样的道理，归纳的过程也渗透着演绎的方法。

第四，从结论的经验分析来看，演绎思维与归纳思维也是相互依赖、相互渗透的，演绎所得出的结论虽然是从前提中必然推导出的，但也还是需要实验检验，也就是说必须运用相关大量事实来验证、补充，而事实的验证、补充过程离不开归纳思维。归纳思维所得的结论一般不具有必然性，它是否真实可靠还有待演绎思维的分析、论证，以便做进一步的事实验证。同时，归纳结论一般是关于大量现象的概括，这些现象的因果机制是什么，还需运用演绎法来进行解释说明。

由以上的分析可知，归纳与演绎是可以分别使用的，但二者是无法绝对切割分离的，尤其在辩证思维中为了真正把握事物的本质，归纳与演绎方法必须有机的统一起来，使其相辅相成。

5.3.2 分析和综合

任何复杂的事物或事理都是由一些基本的要素组成的。分析与综合统一的方法，是指人们考察某一事物时，在整体观念的前提下分别考察该事物的各个要素，同时又把相联系的各要素联合为一个统一体，在对事物的认识过程中，分析与综合是比归纳与演绎更为深入的探究事物本质的方法。

所谓分析就是将事物"分解成简单的要素"，分析的观念就是在人的思维中，把研究的对象利用分析方法找出基本要素，并分解为不同的组成部分、方面、特性等，对它们分别加以研究、考察，彻底掌握事物的各个层面，找出事物的基本组成要素，完全理解事物的本质。例如：科学家对材料科学的研究，主要就是运用分析的方法，研究出物质材料的基本构成要素，并对构成要素做物理的或化学的特质理解，并针对这些基本要素做充分运用。

所谓综合就是"组合、结合、凑合在一起"，综合的观念就是在人的思维中，把研究的对象分解出来的不同部分、层面，按其客观的次序、特性、结构，利用综合的方法，由基本要素去组成一个整体，进而获得对事物或事理结构的了解，从而进行对事物整体的认识与运用。例如：彩虹的七种颜色红、橙、黄、绿、蓝、靛、紫是由白光经过三棱镜效果的折射作用分解出来的，也就是白光的组成要素是这七种光。同理，反过来七种颜色的光可以合成白色光。这就是利用分析与综合的方法，对光谱这一事物进行的理解运用。

在辩证思维中，分析与综合是辩证统一在一起的关系，这种统一关系含有深厚的客观基础，在客观世界中，任何事物都是由部分构成的有机整体。这种有机整体中，部分离不开整体，部分与部分之间也有联系。如果部分离开整体，则其事物的性质就会发生变化。分析与综合是辩证统一的关系，表现在以下几点：

第一，分析与综合是两种方向相反的思维方法。

第二，分析与综合是相互依存的。在辩证思维中分析与综合的统一，首先在于分析与综合是相互依存的，综合离不开分析，没有分析综合就没有基础。若对事物没有分析，那么对事物的认识充其量只是一个模糊混沌的认识。分析也离不开综合，没有综合意义上的整体意识，分析就缺乏目的性，就不能准确地把握各因素、各部分的性状，更不可能完整地认识事物本质。

第三，分析与综合是相互渗透的，即分析中有综合，综合中有分析。分析总是在已有的综合认识下进行的，分析所得的信息又随时调整着综合认识。综合又总是在局部认识的基础上进行的，综合所得的信息又随时调整着对局部的认识。这样分析渗透着综合，综合渗透着分析；分析调整综合认识，综合调整分析认识。二者相互融合，相互深化，既无单独存在的分析，也无单独存在的综合。

第四，分析与综合是相互转化的。运用辩证思维的方法来认识事物，既要看整体中的局部，也要看局部基础上的整体。所以分析所得的局部认识，就会向综合性整体认识升华，综合所得的整体性认识，要向分析性的局部认识深化。向局部深化的分析性认识又要向新的整体性认识升华，如此循环转化不断更新，从而形成对事物的精确的完整认识。

总的来说，分析是综合的基础，分析是为了理解整体的局部。思维中为了掌握事物客观存在的统一性，必须先对该事物进行分析，没有分析就没有综合；综合是分析的完成，综合是为了宏观全局，在对事物矛盾发展的统一体进行分析时必须有整体的观念，否则就不能做出正确的分析。完整、科学的方法要求把分析法与综合法有机地结合起来。

5.3.3 抽象与具体

所谓抽象是指思维对事物本质属性或规定性的反映，由抽象上升到具体的方法是辩证思维的基本方法。

所谓具体是指许多规定性的综合，因而是多样性的统一。具体可分成二种形态：①感性的具体：感官能认识到简单而完整的具体表象。②理性的具体：思维中所把握的多种本质属性内在统一的整体事物。

抽象和具体的统一，是辩证思维的特有方法。它在综合运用归纳和演绎、分析和综合方法的基础上，由抽象到具体，是从抽象的规定到思维的具体，它包括以下几个环节：

第一，作为这一过程的逻辑出发点的"抽象"。它必须是反映事物本质的最一般、最基本的抽象与规定。

第二，从抽象到具体的逻辑中介。

第三，作为这一过程逻辑终点的具体。它是以一定结构有机结合起来的具有多样规定性的丰富的总体，是一种理性具体。抽象和具体的统一，即"具体——抽象——具体"的否定之否定过程。即人对客观事物内在本质的认识，从感性具体出发，通过分析而进到抽象规定，再通过综合，而由抽象规定达到思维具体的过程。

综上所述，感性具体是认识事物的起点，抽象规定是对感性具体的否定，但它又包含着对自身的否定，是向思维具体的接近。思维具体是对感性具体和抽象规定双重否定基础上的辩证统一，是否定的否定，是认识的结果。正是随着这种辩证思维运动的反复和前进，人们对事物的感性认识前进到理性认识，从片面的、孤立的、初级的本质认识进到全面的、统一的、更高一级的本质认识，最终形成比较完整的系统的概念和理论体系。

5.4 应用流程

5.4.1 辩证思维策划模式

策划的程序与步骤是非常完整有序的，辩证思维的策划模式也具有此特性，在程序上是完整有序的演进发展。运用辩证思维在策划的架构上，充分使用辩证思维的三个规律所代表的意义："发展的动能是矛盾、发展的形式是变化、发展的方法是否定"所引申出来对事物发展的道理，来作为策划的考虑层面，并且运用辩证思维的四个基本方法，作为策划方案拟定的方法。

对立统一规律所代表的是事物发展的动力，是贯穿整个辩证思维的核心规律，一切事物的发展都因事物自身矛盾对立的特性而起，它是事物发展的第一动因，也是策略规划考虑的第一动因。量变质变规律所代表的是事物发展的形式、状态，它是事物演化过程的积累，是事物外显内容的规定，量的变化产生不同状态的事物，质的变化则产生不同形式的事物，也是策划模式的分析演化过程中所展现的形态样貌。否定之否定规律所代表的是事物发展的方向、方法、路径、手段等，事物遵循着否定之否定规律发展与跃升，是发展的各阶段的总和，所以其蕴含有对立统一规律与量变质变规律的特性。策划模式的分析过程也是分成几个步骤与阶段，每个步骤都是一定阶段的完成，策略规划对每个阶段所欲达成目标的方法与路径，就是由此来决定。

辩证思维的策划模式整个程序，由目标的确立或确认问题（策划动因）为起点，向外扩展策略思维，收集所有可能的原因经过分析、比较，再内聚收敛于主要关键因素，最后择定决策方案，而倾全力执行完成目标，如图5-3所示。

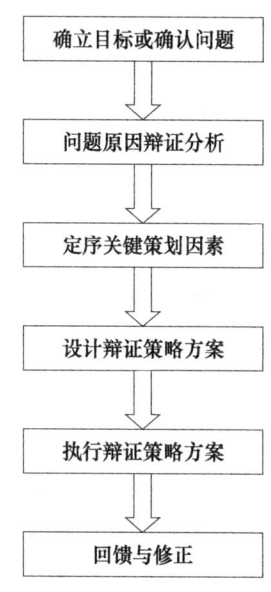

图 5-3　辩证思维的策划模式程序

5.4.2　确立目标与确认问题

无论使用什么工具来做策划，首先第一要务便是清楚确认策划活动要达成的目标是什么？要解决的问题是什么？目标以组织内部自发性为导向，问题以环境外部附加性为导向。所以，目标的确立与问题的确认是策划人首先检视内、外环境因素并确立中心思想的要务，这就如同军人作战时最基本、最重要的就是必先清楚自己为谁而战、为何而战一样重要。

企业在做策略思考时，首先必须确立目标或确认问题。只有非常清楚且明确知道要达成的目标及要解决的问题之后，所有策略规划的后续相关工作才能依序展开。目标的确立与问题的确认在性质上是相反的：目标确立属于较正面、主动、预应、宏观的，而问题确认在性质上是属于较负面、被动、反应、微观的。目标，一般是针对从现状的基础上再追求更高远、更理想的境地的意念行为而言，是从一般到优秀、从优秀到卓越的追求。因此，其性质中充满正面、主动、预应的成分。问题，是实然与应然间的冲突与差异。是从落差点之前的基础上，去填补缺失来达到现状的境地的意念行为而言，是从负到平、从平到稳的追求。因此，其性质中充满负面、被动、反应的成分。目标与问题在某种程度上是可以相互转化的，目标可以转化成问题，问题也可以转化成目标，其性质是交叠互通的，也即处理同一件事情可以用处理目标的方式也可以用处理问题的方式。

目标的产生有内、外因素的诱发。外因是环境所诱发，如：典范、标杆的学习。内因是自身所诱发，如：创意的发想或自我要求。企业有内、外因素的诱发而产生天马行空的诸多概念，概念经过初步深化与筛选成为意念，这是决策者主动的、自发的、预应的作为，意念再进一步的深化是通过策划人或决策者内省的体悟及外观的认知，经过价值观的辩证结果而形成目标。

一般目标的设定都是个人或组织，为了达成预期的效果所设定的愿景或界限，基本上对目标的确立是比较简单容易的，因为目标不明确则不能成为目标，既然成为目标，则目标所欲达到的境地一定非常的清楚，所以目标在现状点上不确定的因素是比较少的。一般所说的目标不明确，应该是就有多个目标而未选定哪个目标而言。

问题的产生也有内、外因素的诱发。外因是环境所诱发，如：来自竞争者的压力、来自供应商或消费者的压力。内因是自身所诱发，比如未来理想与现实情况的差距，差距的内在事实经由外在形貌表征，表征经过初步深化与筛选成为现象，这是决策者被动的作为，现象再进一步的深化，通过决策者内省的体悟及外观的认知，经过价值观的辩证结果而形成问题。

一般问题的确认较为困难，在问题的确认上，首先必须清楚问题是否确实有存在的意义，还有该问题对决策者是不是个问题。这样的辨知能力必须建立在决策者对自身与环境条件有相当程度熟悉的基础上，对自身熟悉，可以清楚事物的问题自己是否有能力处理，是否对自己达到形成问题的条件。对环境的熟悉，可以清楚事物的问题是否会直接或间接地影响到自己。若会造成影响，能否通过外界环境的力量，让可能造成问题的原因消失，而让其不成为问题。

上述确立目标与确认问题的过程如图5-4所示：

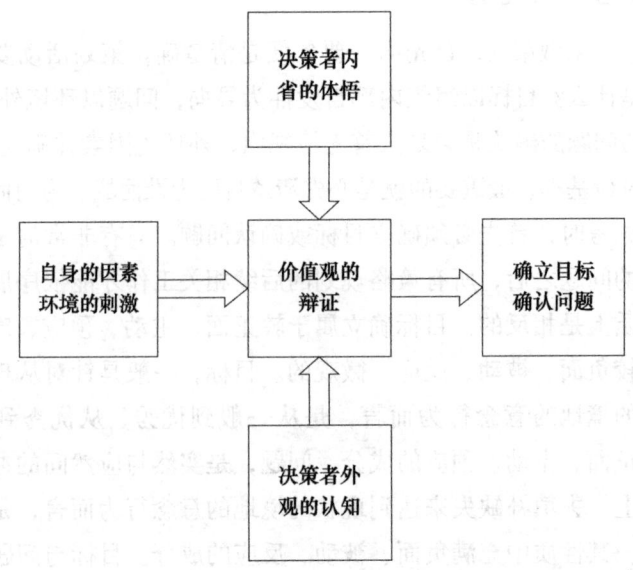

图5-4　确立目标与确认问题辩证方法示意图

5.4.3　问题原因辩证分析

策划要解决的问题（含目标与问题，为便于描述统一以问题一词代之）就是辩证问题，辩证问题要辩证分析，辩证分析以辩证方法为基础，辩证方法（演绎与归纳、分析与综合、抽象与具体）是分析问题的工具，也是寻找问题因果关系的工具。

目标与问题分成二类：一是发散的目标或发散的问题，二是收敛的目标或收敛的问题。

发散就是放射，是一种扩散力强的思维，具有活泼、自由、外放的特质。发散是由一个中心想法往外围扩散，并且产生新的创意，新的创见，这种问题往往有多个可能的解决方案。例如：因果关系分析的一因多果，或多因多果都是属于发散型。

收敛就是集中，是一种束缚力强的思维，具有内敛、保守、沉稳的特质。收敛是由多个想法往中心靠拢，并且综合现有的想法，系统整合，这种问题往往只有一个最佳答案，例如：因果关系分析的多因一果，或一因一果都是属于收敛型。

发散与收敛需要演绎与归纳的方法解构、需要分析与综合的方法鉴别、要由抽象与具体的方法运用。所以，辩证问题原因分析要充分运用辩证的方法。

5.4.4　定序关键策划因素

定序是将事物依一定的逻辑原则，按顺位前后排列在固定的位置或心理层面上，其目的是为了分辨事物的相对等级关系，在多个方案及模糊不清的情况下，引导出清楚的方向。关键策划因素的定序，可帮助策划者在最短的时间内，对企业资源、能力作最有效配置，达到最佳效果。

经三个层面的问题原因辩证分析过后，以三个层面为基础，开发出一系列支持三层面的辩证维度（策划因素），此辩证维度是策划思考的一般选项。决策时依自身条件与竞争环境的考虑，选取主要的关键考虑维度，依不同的策划事项、策划条件，而选取的考虑维度会有不同的排列组合，再将所选取的维度组合，以配对比较判断法作重要程度的顺位定序，经过定序后的维度组合，策划者可以立即掌握该策略规划最重要的几个关键因素。

5.4.5　设计辩证策划方案

达成目标、解决问题的路径与方法有很多种，人类思考若不经常受外部刺激，则有趋向惯性思考与惰性思考的特性。因为惯性思维偏执于单一思维领域，而形成僵固的思维模式；而惰性思维省略掉思维的必要程序，从而形成退化的思维模式。一般企业或个人的决策思维也大多有以上的情况，策划过程的每个策略目标与企业问题都有其特别之处，思考条件与处理作为也应有所不同，一般常用的惯性思维与惰性思维模式并不足以应付所有问题，因此，辩证的策划过程以辩证规律与辩证方法为基础、肯定与否定地审视问题、微观与宏观的思考策略、全面客观地考虑事物相关层面、客观分析事物的可能原因。

完成关键决策因素定序后,将筛选出的辩证维度列出正、反辩证选项,每个正、反辩证选项都有现况值与目标值两个度量评分栏,由每个决策者与策划人员针对辩证选项的了解,给予度量分数,然后再将所有分数加总后求取平均值,得出辩证选项的坐标值,由现况值与目标值分出差值,坐标的差值的变化,则可分类出辩证策略的类型,并由辩证策略类型决定出策略决策作为。

辩证策划的类型共分成四种类型:①策略;②转化(跃升)策略;③转化(扬弃)策略;④互渗策略。

5.4.6 执行辩证策划方案

方案的执行是策划方案由抽象落实到具体的阶段,从感性思维质变到理性思维的过程,它是转化的界面、过渡的中点。无论之前的运筹阶段如何尽善尽美,没有策划方案执行的成果产出,整个策划都不能算是成功,因此,执行阶段是至关重要,"毕其功于一役"应该就是这样的道理。

经过目标的确立、原因的分析、决策因素的定序、方案的设计等四个阶段的发展,已经将策划者的构想做完整的推理与辩证,执行者将决策者的策略方案化为行动准则,按部就班依照策划者的方案去做,应该能够将方案贯彻执行。但是,如何将策划者的思维与策略方案,精准无误的传达给执行者,则是执行方案的关键。参与跟沟通是最基本、最有效也是最精准的传达方法。

5.4.7 修正

回馈修正是在结果出现之后,针对策划产出的结果所做的反省与辩证的行为,一般的策划程序都将回馈修正的功能,回馈修正的功能应该被设置于每个阶段、每个思维结果出现之后,任何结果一旦出现无法解决、无法接续、思路不通、逻辑不对等时,就应该立刻启动回馈修正的机制找出症结点所在,并逆溯回前一(甚或前二、三)个决策阶段、前一个思维动作去修订产生错误的地方使之匡正。因此,回馈修正的机制,不仅是一个策划程序的阶段,它更应该是策划程序每个阶段的一部分,如图5-5所示。辩证策划模式的回馈修正的机制,存在于策划过程的每个阶段,因为辩证思维本质上就是对每个事物、每个决策阶段、每个思维作对立面的检验判断,找出错误点并加以修正。

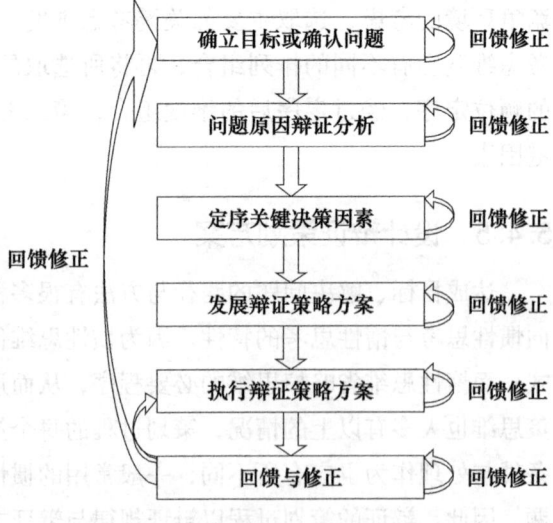

图 5-5 确立目标与确认问题辩证方法示意图

实践技能训练

技能训练：辩证思维训练

【实训性质】 专业技能训练。

【实训目标】 通过技能训练，了解并掌握辩证思维方式及其相应的工具。

【实训内容】 （1）在实际策划过程中，尝试运用辩证思维方法做指导。（2）尝试运用归纳法和演绎法各撰写一篇文案。

本章小结

辩证思维方法是归纳与演绎的统一、分析和综合的统一、抽象与具体的统一。辩证思维的策划模式整个程序，由目标的确立或确认问题（策划动因）为起点，向外扩展策略思维，收集所有可能的原因经过分析、比较，再内聚收敛于主要关键因素，最后择定决策方案，而倾全力执行完成目标。

核心概念

辩证思维　　辩证思维方法　　策划三阶段　　辩证思维策划模式

思考与练习

1. 试以身边的策划活动为例，从辩证思考的角度分析其成败。
2. 试自拟一题目，运用辩证思维的策划模式程序撰写策划案。

第三篇

策划方法

PART 3

第6章　问题原理与策划实践

第7章　定位原理与策划实践

第8章　品类原理与策划实践

第9章　差异化原理与策划实践

第10章　战略配称

第11章　方案通关与销售

Chapter 6

第 6 章

问题原理与策划实践

商务策划是一门解决问题的学问,得出最佳的问题解决方案是策划人的追求。问题的结构与问题解决者可支配资源的不同会产生不同的解决方案。问题结构化的程度、问题解决者资源的不同,解决的方案也会随之改变。因此,在问题结构不清或问题解决者的资源不足的情况下,问题解决者应设法强化问题的结构或改善问题解决者的资源条件,以利于提出最佳方案。

学习目标

1. 掌握消除型问题的解决原理、相关工具
2. 掌握达成型问题的解决原理、相关工具

6.1 理论背景

"问题"无所不在且瞬息万变。鲜有人会将问题以明确的词语加以定义,并且不同领域的学者因对它的认知不同而有不同的诠释与说明。而对于策划人员来说,问题意味着机会和市场,没有问题,就没有策划、咨询公司存在的价值和意义。

《广辞苑》上对"问题"一词作了如下几种解释:
- 需要对提出的疑问做出解答的事情;
- 经过研究讨论可以得到解决的事情;
- 有争论的事件,棘手难办的事情;
- 引起人们的广泛关注的事情。

根据韦氏英文字典的解释,其意指待解之题、难解之题、不可解之事物、令人困惑的事。通常人们意会问题是一种矛盾和冲突、疑难和困境、佯谬和悖论、不协调与不愉快的现象。

英语中与问题一词相近的"Problem"在美国语言学家 Noah Webster 所编的辞典中,

只作了狭义上的解释，即只限于为直接解决问题而付出的努力，如果把"Problem"一词准确地翻译，应该是"要求必须给予解决或决定的不稳定事件，而且为了解决或决定这个问题必须付出大量的思考和技能"。

关于"问题"，还有以下一些说法：
- 当一个人不能以已有的习惯或经验来应付面临的情境，人们对现状不满或不知如何获得想要的东西时，问题即已产生。
- 当人们有一个目标而不知如何去达到目标时，便是问题。
- 问题是一个人为了要在其所处的环境中有效发挥其功能时，所必须面对的一个特定的情境，或是相关的情境。
- 问题是"所应该"与"所实际发生"之间的差异。
- 当对一个情境的反应受阻时，便有了问题；一个情境之所以认为是有问题的，是因为当个体面对此一情境时，无法立即找出有效可行的反应以应付所致。
- 问题是"所有"与"所要有"之间的差异。
- 问题可视为"呈现状态"与"目的状态"的差距。
- 必须解决的事情就是问题；无法解决的事情也是问题；问题就是目标与现状的差距，且为必须解决的事情。

综合以上对于问题的说法，我们可以了解到问题是一种"感知"及"意识"。因此，问题存在与否、问题的严重性、问题的意义等，取决于面对问题者的认知。"起始状态"到"目标状态"存在有"障碍"，而使得企业或其他组织没有立即、明显的方法，达到解决的目标，这就是问题。"问题"的形成是因为企业没有"适当的途径"去解决问题。面对问题者之所以产生认知问题，主要是问题的目前状态与期望状态间有了差距，即问题的产生是"实然"与"应然"间的冲突与差异（图6-1）。因此，"应然""实然""落差"及"障碍"是构成问题最基本的要件。

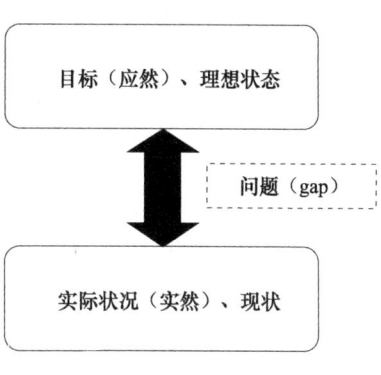

图6-1 问题产生示意图

6.2 基本原理

6.2.1 三种类型的问题

1. 发生型问题

已发生的问题，问题所在通常很明确，也可以说是属于看得见的问题。发生型问题又可以细分为两种：

（1）脱轨问题：设有预期状态，一旦偏离了基准值即发生问题。基准值即为期待值，具有正常状态的意义，也可以称为正常值，基准值即"应有的态度""符合心愿的状态"

"预期的结果"。例如：客户流失率突然提高；不良品增加5%。

（2）未达问题：它是指最初的计划目标、课题等不能在预定的日期内达成，或似乎不可能完成时的问题。未达问题并不像脱轨问题从正常值向下降，而是实绩曲线较偏离预期曲线的问题。例如：约定期已到，工作还未完成。

由上所述，发生型问题的本质是现实状态与期望目标之间存在差距，代表的是应然与实然之间的落差，因此从解决问题的角度来看，此类问题也可以称之为"消除型问题"，如图6-2所示。

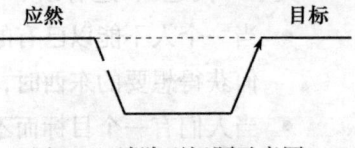

图6-2 消除型问题示意图

这类问题追究"为何变成如此？"，找出原因，采用"原状恢复型"的解决方法。

2. 探索型问题

探索型问题是属于"精益求精"型问题，其主要目的在"改善现状"。探索型问题出现在向未来挑战，设定更高的目标时，因与现状产生差距而发生问题。现状的改善，即与其发现不适当之处，不如发现可能改善之处，所以探索型问题也可视为改善问题的代表。探索型问题又可细分为两种：

（1）改善问题：发现可能改善之处；原先预定目标虽可达成，但仍有缺点可改进的问题。例如：如何提高A产品的质量？

（2）精进问题：原先预定目标不但可达到，还可再精益求精的问题。例如：能否加强现有的组织体系？

这类问题是问"如何可以更好"，以便找出具有改善或加强的可能性之处。

3. 设定型问题

设定型问题因其问题尚未发生，所以并不是发生型问题，也不是改正过去做法而提升更高目标的探索型问题。它是今后何去何从的问题，没有过去的包袱，也可称为"创造型"问题。设定型问题是以应对未来的环境变化，寻找新办法新策略为目标所思考的问题，为纯目标意向型问题；可分为"开发"问题及"回避"问题。例："如果要把产品打入南美洲市场，必须具备哪些条件？""如果发生核子战，国家还要继续运转，必须具备哪些体制呢？""如果油价升至每桶××美元，为使公司事业能够持续下去，必须做好哪些准备？"

这类问题是问"如果……则如何？"以找出达到所设定的全新目标，或避免可能面对的未来危险。

若发生型问题是原因导向的话，则可称设定型问题为目标导向。因为探索型问题是改正部分属于原因导向，提升目标的部分是目标导向，所以又称为双面导向型。

6.2.2 消除型问题解决原理

当现实状态与期望目标之间存在差距时，代表的是应然与实然之间的落差，此类问题称之为"消除型问题"。消除型问题又可以分为两类：

（1）未达型问题：未达预先设定的目标的问题。

（2）脱轨型问题：偏离预期效果，引发负面效应的问题。一般而言，"消除型问题解决"泛指所有因无法保持原来的水准、速度、市场份额等而出现的"落后"或"脱轨"等现象，所需要的问题处理方式和应对策略，就如同房子出现漏水或破损时所必须要有的一种"整修"过程。

了解问题发生的原因即应然与实然之间的落差产生的根源并提出应对策略是消除型问题解决的主轴。消除型问题解决过程根据事实加以分析，反复探询关键性的根源问题，着眼于追究问题发生的原因，以此来消除化解问题，因此消除型问题解决是"要因导向"的问题解决过程。

我们把"消除型问题解决"定义为：着眼于维持或恢复现状，使系统得以正常顺畅运作，针对困扰现象寻求根源及原因，并寻求对策加以解决的阶段性程序。消除型问题解决过程大致上会有两个阶段，如图6-3所示，分别是"问题的掌握"与"问题的解决"。

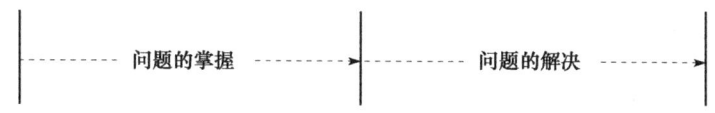

图6-3　消除型问题解决的两个阶段

6.2.3　达成型问题解决原理

达成型问题解决过程有别于以探究原因、消除差距为导向的"消除型问题解决过程"，"达成型问题解决过程"是以寻求创意、达成期望为导向的问题解决过程。面对不同问题的处理方式，必然会促使问题解决过程有所差异，"达成型问题解决过程"着眼于创意构想的激发与整合，通过有效的方案，在团队达成共识之后，通过贯穿执行以实现目标并达成期望。

一般而言，"课题达成型问题解决"是针对新事务及突破性改善而言。课题达成型的"课题"有下列三种：①新业务的应对。在变动环境下，在新业务的课题上，提出新策略，完成新业务目标；②打破现状。要从现状水平大幅提升，达成高目标（课题）时，必须抛弃原来的想法与做法，找出新的策略或手段，并创造出达成目标的新方法，追求大幅度的改善；③预测将来的前瞻性（先行）的课题。如预测将来各种可能发生的危险或机遇，事前防患于未然的问题或提前做准备的课题。

一般而言，属于"创意导向"的"达成型问题解决过程"，在问题表征的呈现与内在运作的方式上都明显不同于"消除型问题解决过程"，其所面对的乃是追求更高期望与突破更大限制的"改善""强化"与"精进"等问题，这样的问题处理方式犹如以旧有的房屋为基础而进行"重建"的一种过程。将"达成型问题解决过程"定义为：着眼于改变现状，使系统得以获得改善、强化、精进甚或突破，并以创意整合的方式寻思可行方案之任务的阶段性程序。达成型问题解决过程大致上会有两个阶段，如图6-4所示，分别是"问题的掌握"与"课题的实现"。

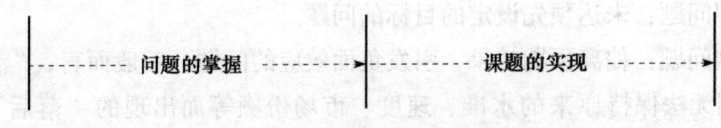

图 6-4　达成型问题解决过程的两个阶段

6.3　相关工具

6.3.1　消除型问题解决工具

1. 问题的掌握

（1）三大观点。

1）状态观：就掌握问题的输入（Input）与输出（Output）而言，问题解决者面对问题时，设法从"混沌不明"的状态逐渐转变成为"有脉络可寻"的状态，甚至是"完全明了"的状态。

2）流程观：就掌握问题的过程（Process）而言，是从探索问题的情境出发，厘清当前的状况并对突发性的危害加以应变控制，再选定适当的课题作为资源投入的对象，最后则是界定出课题的范围以集中焦点于课题之上，达到完全掌控问题的地步。

3）整体观：综观"问题的掌握"阶段，就其任务与目标而言，即是：探索并稳定现状态势，在全盘了解问题的来龙去脉之后，从中选择急需解决的课题，在了解课题的同时寻求解决问题的契机，为解决问题做好周全的准备。

（2）三项任务。问题的掌握其重点在于联结"既定事实"与"未知事实"，具备"问题形成"的能力。消除型问题解决过程在"问题的掌握"阶段中有三项任务，分别为"探索应变""选定课题"与"界定课题"，如图 6-5 所示。

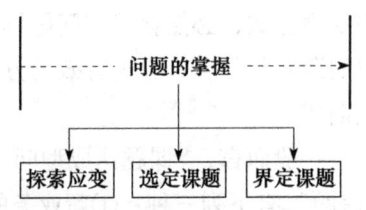

图 6-5　"问题的掌握"的三项任务

1）探索应变：问题的发生有些是显而易见的，而有些则是潜藏待查的，无论如何，在问题发生之后，应当从杂乱无章的问题情境中加以探查摸索，找出所有的困扰，例如：不能顺利展开工作的项目、需要改善的项目、上级命令指示的项目等，并在最短的时间内执行紧急应变措施，抑制问题危害的扩大，掌控所有等待处理的课题。

2）选定课题：在顺利掌控所有等待处理的课题之后，考虑时间、资源与环境的限制，应当对于课题的改善有所选择，通过筛选淘汰将不切实际或无关紧要的部分予以排除，相同性质或可以合并的部分予以整合，进而针对课题设定优先次序，选定较为完整且明确的课题作为努力的方向。

3）界定课题：在课题明确化之后，应当清楚界定问题的范围以及未来解决的程度，并制订短期、中期与长期的目标，以此把握正确无误的方向，以清楚且完整地描述问题的全貌，进而做成"课题陈述"。

2. 问题的解决

（1）三大观点。

1）状态观：问题解决者将问题从"确实掌控"的状态推向"消除化解"的状态，并获得预期的成效。

2）流程观：从探寻问题的导因着手，确认问题发生的根源原因之后，寻求应当的策略，提出适当的措施或方案，在经过潜在问题分析以寻找风险与障碍之后，进行适度的调整并彻底执行，以确实消除问题所造成的损害，达到预期的效果。

3）整体观：在问题明朗的情况下，寻求适当的对策以应对问题，过程中应设法避开障碍并预测风险，通过相关措施与方案的执行来化解冲突、消除障碍，将问题所造成的伤害降至最低，甚至可以完全消除。

（2）三项任务。在"对策空间"当中找出问题解决的对策是处理问题过程的核心，其重点在于"找真因""想对策"与"求成效"三项任务。当进入"问题的解决"的阶段时，诊断是希望从因果分析当中，经过要因的筛选与验证，找出问题真正的根源，寻求足以克服根源的对策，而后即是措施与方案的彻底执行，直至获得具体的成果。消除型问题解决过程在"问题的解决"阶段中应完成三项任务，如图6-6所示，分别为"分析要因""寻思对策"与"障碍应对"。

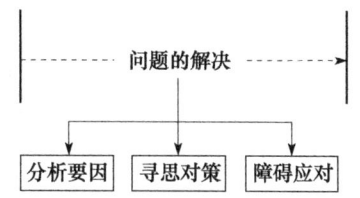

图6-6 "问题的解决"的3项任务

1）分析要因：针对清楚掌控的问题进行诊断的工作，以确认问题的根源导因，虽然其有问题"显然"与"潜在"之分，但可以采取对策加以改善或消除的则被称之为"问题点"，若能通过要因解析，掌握有助于解决问题的"问题点"，即可进入寻求对策以设计措施与方案的阶段。

2）寻思对策：寻找对策的方法或许很多，但却不一定好用，更不见得适用，诸如脑力激荡法、卡片集思法等，都是常见的手法。然而，想要对问题的症状开出正确的解药，则应当通过适当且合理的决策分析，而非凭借臆测做出选择，如此将有助于获得更为明智的决定，也有助于后续措施方案的执行与实践。而良好的决策应当具备以下3个要素：

- 陈述所要满足的需求。
- 评估所要选择的方案。
- 预防所选方案可能导致的不良后果。

3）障碍应对：无论多么完美的决策，经过适当的模拟实施之后，必能发现其弱点与阻力的存在，若不加以重视则可能转为严重的障碍与风险。反之，若能对此提早防范而顺利排除，则有助于后续措施与方案的实践。

综上所述，可以清楚地了解"消除型问题解决过程"处理问题的阶段与任务，更充分掌握每个任务之间衔接的用意与安排，任何已经或正在发生的问题，通过"消除型问题解决程序"进行探究，都能取得相当程度的效果。图 6-7 显示了"消除型问题解决过程"的内涵与操作过程。

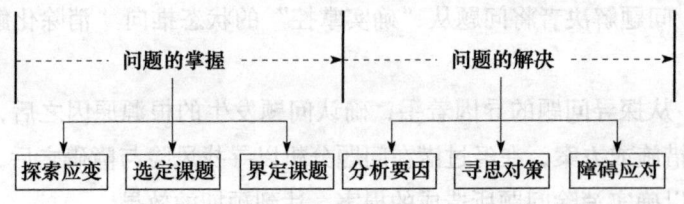

图 6-7　消除型问题解决过程的阶段与任务

3. 消除型问题解决的"问题空间"与"对策空间"

以系统思维的观点来审视消除型问题解决过程，可以发现其"问题的掌握"与"问题的解决"两个阶段分别存在于"问题空间"与"对策空间"之中。就"问题的掌握"阶段的"问题空间"而言，起初是存在许多的困扰现象，而"探索应变"的任务便是在此情境当中充分探究摸索，并做出最及时的应对，以设法防止问题的逐渐扩散与持续恶化，使"问题空间"的局势趋于稳定明朗，再从中整理并选定更为具体的课题，以作为资源投入的对象。最后，则是针对课题进行定量与定性的界定，其中包括"衡量概念"的运用以及"课题陈述"的落实，作为进入"对策空间"前的充分准备。

接着，对于"问题的解决"阶段的"对策空间"，是接续着"问题空间"的产出而继续发展的一种平台，针对课题进行各种层面的分析，追查引发课题的根源，进而思索并寻求对策空间中的策略与计谋来加以面对。最后，通过潜在问题分析来探究执行的障碍，并发展有效的除障措施来做适当的应对。

总而言之，消除型问题解决过程在"问题的掌握"阶段是汇集所有的问题乱象于"问题空间"之中，将这些令人不安且困扰的现象加以整理归结成较为重要且急迫的课题，再经过适当的选择与界定之后，便以完整的"课题陈述"作为问题空间中"问题的掌握"阶段的输出；另外，再以完整的"课题陈述"作为进入"对策空间"执行"问题的解决"阶段的输入，而其经过"问题的解决"中三项任务的处理后，再以解决后的成效来输出，其整体架构与运作过程，如图 6-8 所示。

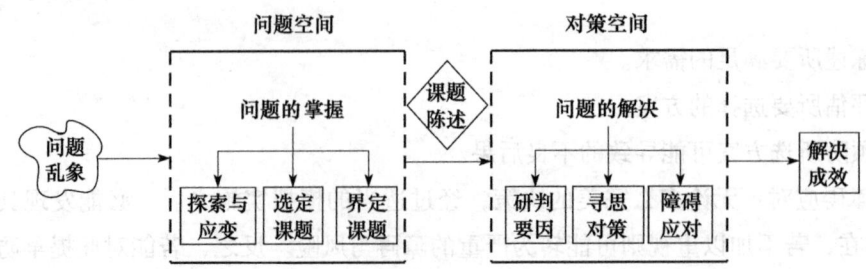

图 6-8　消除型问题解决过程的整体运作

6.3.2 达成型问题解决工具

1. 问题的掌握

（1）三大观点。

1）状态观：问题解决者在探索情境过程中，从"寻求发现"的状态逐渐掌握课题，进而迈入"实现达成"的状态。

2）流程观：从摸索问题的情境出发，发现其中值得着力之处，并选择以此为探究的课题，再通过课题的界定来确认范围与限制，最后针对课题进行大概的陈述，在尚未实现目标之前做好妥善的准备。

3）整体观：探索并发现值得追求的目标，在初步的了解与设定之下，选定主要的改进课题，并在课题明确化之后，进而寻求突破并达成课题目标的契机。

（2）三项任务。虽然"达成型"与"消除型"在处理问题时的初步需求都是"问题的掌握"，然而其机理却有所不同，"达成型问题解决过程"对于"问题的掌握"是重视"期望状态"的产生，具备"课题发现"的能力。除此之外，面对所发现的课题，仍然必须加以确定，具备明确的目标，并且对于即将着手改善的课题也要在范围上有所界定，防止问题掌握的过程中失去焦点，更应当避免不必要的资源耗费，全心全意地为课题的方向而努力。该阶段要完成的三项任务，如图 6-9 所示，分别为"探索发现""选定课题"与"界定课题"。

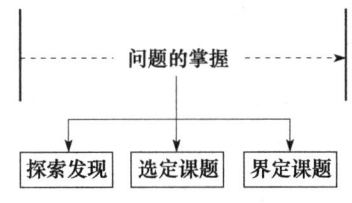

图 6-9 "问题的掌握"的三项任务

1）探索发现：从不同的观点或角度来探索所处的环境，找寻值得精进的课题，例如：降低生产成本、提升顾客满意度等，进而累积重要的课题。

2）选定课题：顺利寻求等待处理的问题之后，在有限的资源条件下，应当选定即将投注精力的课题，通过筛选淘汰的工作，将一切实际或无关紧要的部分予以排除，相同性质或可以合并的部分予以整合，进而针对课题设定优先次序，选定较为完整且明确的课题作为努力的方向。

3）界定课题：对课题有所选择之后，除了要清楚界定课题的探究范围与待改善的程度之外，还需要通过衡量指标的概念，来寻求衡量的基准，以此提供正确无误的方向，以清楚且完整地描述课题的全貌，进而做成"课题陈述"。

2. 课题的实现

（1）三大观点。

1）状态观：问题解决者通过创意的想法与作为，将充分掌握的课题，从"尚未完成"的状态逐渐推向"已经实现"的状态，并取得成效。

2）流程观：从激发创意构想出发，经过适度的筛选与整合，研拟出可以有效达成目标的方案，在不同的标准下，通过评选的方式，取得团队的认同，达成集体的共识，彻底执行方案来应对实现目标的课题，达到满意的效果。

3）整体观：在明确的课题之中，通过激发的创意来主导创新的运作，以凝聚共识与寻求认同的努力方向，排除所有的困难与障碍，将现状往更高的目标提升，确保拥有创新成果的展现。

(2) 三项任务。在"对策空间"当中推动"问题的实现"是"达成型问题解决过程"处理问题的核心，更是其最主要的需求，其重点在于"找创意""选方案"与"求成效"三项任务。当进入"问题的实现"阶段时，创意是否能有效整合，将是后续有无方案可以执行的关键，而且在选择正确的方案来实现目标的同时，不只要关注方案的执行成果，更需注意执行过程中，团队运作的关系与模式，这样才能顺利妥当地达成应有的目标与水平，而这样的过程是在走出一条不同于以往的道路，展现出与消除型问题解决不同的果敢风格，朝目标或使命迈进。本阶段中的三项任务，如图6-10所示，分别为"创意整合""方案评选"与"共识应对"。

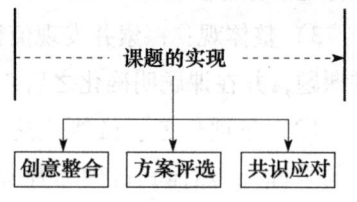

图6-10 "课题的实现"的3项任务

1）创意整合：针对发现且确认过的课题进行创意的激发，许多的创意构想当中必定有"绝妙可行"与"天马行空"的差别，若能对于创意的源头给予适度的筛选与整合，便能促使创意有效化，有助于展现创造力惊人的威力，提供"问题的实现"阶段可以有效突破创新的方向指引。

2）方案评选：创意的整合，必然会有许多的方案产生并等待执行，在资源环境与各种限制的考量下，应当要对于方案采取适度的评选，设定执行的优先级，更应当配合期望实现的目标，充分发挥配套措施的影响力。因此，妥善地制订出可行的方案，并经过严格的评估与筛选，将是此任务最重要的工作。

3）共识应对：在实现课题的过程中，团队的运作是非常重要的，无论是创意的整合，或是方案的评选，都应当在团队具有共识的情况下，拟定行动准则之后才能顺利进行。因此，寻求团队的认同便成为"问题的实现"不可忽视的重点，而且在此基础下，针对目标的达成所做的任何应对行动，都将更为顺畅无阻，有助于成果绩效的展现。

综上所述，可以明显感受到"达成型问题解决过程"处理问题的架构与布局，也可体会各个任务之间所潜藏的意义，任何尚未或有待实现的期望，通过"达成型问题解决过程"逐一的任务探究，必定能具体取得某些期盼的成果。达成型问题解决过程的阶段与任务如图6-11所示。

3. 达成型问题解决的"问题空间"与"对策空间"

运用系统思维的观点来审视"达成型问题解决过程"，可以发现其"问题的掌握"与"课题的实现"两个阶段各自存在于"问题空间"与"对策空间"之中。就"问题的掌握"阶段的"问题空间"而言，起初存在的是一种未达的落差，其所面临的挑战可以是事物的改善、强化，甚至是一种精进或突破的路径，而"探索发现"的任务便是在此情境中充分探究摸索，并确切地寻获值得着力之处，使"问题空间"具有更大的期望与更高的要求，再从此期望目标或要求极限当中选定具体的课题，以作为资源投入的对象。最后，仍是针对课题进行定量与定性的界定，其中包括"衡量概念"的运用以及"课题陈述"的落实，作为进入"对策空间"前的充分准备。

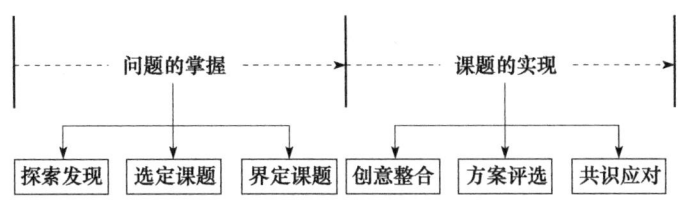

图 6-11　达成型问题解决过程的阶段与任务

接着，"课题的实现"阶段的"对策空间"，是延续着"问题空间"的产出而继续发展的一种平台，针对课题进行多元创意的激发，经过妥善的整合之后，使其成为整体性的配套措施或方案，再以评选的方式来决定所要执行的动作。最后，在真正执行或付诸行动之前，能够通过充分的沟通来取得团队的认同并达成有效的共识，便能以此应对当前的课题，展现实现目标的成果。

总而言之，"达成型问题解决过程"在"问题的掌握"阶段乃是汇集所有的期望落差于"问题空间"之中，将这些有待改善、强化、精进与突破的问题加以整理归结成较为重要且急迫的课题，再经过适当的选择与界定之后，便以完整的"课题陈述"作为问题空间中"问题的掌握"阶段之产出。另外，再以完整的"课题陈述"作为进入"对策空间"执行"课题的实现"阶段的投入，而在经过该阶段当中三项任务的处理后，便可以展现出应有的成果，其整体运作的过程，如图 6-12 所示。

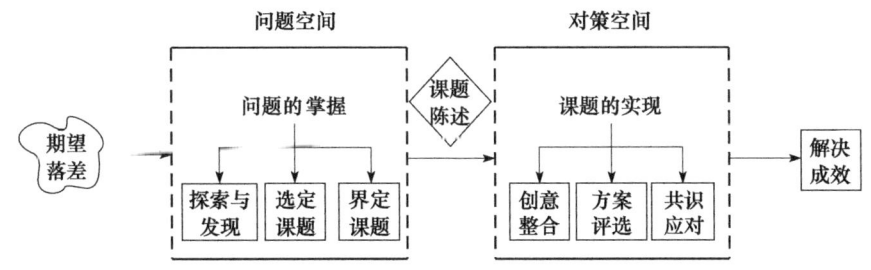

图 6-12　达成型问题解决过程的整体运作

实践技能训练

技能训练：问题策划模式训练

【实训性质】　专业技能训练。

【实训目标】　通过技能训练，了解并掌握基于问题解决的策划模式。

【实训内容】　(1) 寻找发生型问题，运用本章的内容寻找策划思路并撰写草案。(2) 寻找达成型问题，运用本章的内容寻找策划思路并撰写草案。

本章小结

对于策划人员来说，问题意味着机会和市场，没有问题，就没有策划人存在的价值和依据，而具备问题意识和熟练地运用问题解决模式与程序为客户解决问题，是策划人的基本素质。策划人要了解问题的特征、问题的分类并掌握问题解决的策略运作模式。

尽管问题的类型多达数十种，但是策划人员所要解决的问题归纳起来不外乎两种：一种是消除型问题，一种是课题达成型问题。消除型问题运用问题解决型策划予以解决，而课题达成型问题则运用课题达成型策划来解决。

核心概念

问题　　发生型问题　　探索型问题　　设定型问题　　问题空间　　对策空间

思考与练习

1. 试就消除型问题与达成型问题分别举例并剖析。
2. 试论述消除型问题解决过程的整体运作。
3. 试论述达成型问题解决过程的阶段与任务。

Chapter 7

第 7 章

定位原理与策划实践

定位，往往是一个策划活动或者策划方案的灵魂和主线，很多策划活动，只有在确定定位后，其他的策略和战术活动及资源配置才能相应展开。

学习目标

1. 了解定位理论产生的背景
2. 掌握定位的基本原理
3. 掌握定位的三个方法
4. 掌握定位的应用流程

7.1 理论背景

世界经济尤其是中国经济，处于一种"过剩"的状态，市场也由卖方市场过渡到买方市场。为此，全球的经济学家们使尽浑身解数建议政府如何刺激人们消费。而消费者在眼花缭乱的刺激下更显无所适从。定位理论的创始人之一特劳特在《什么是战略》开篇中描述说："最近几十年里，商业发生了巨变，几乎每个类别可选择的产品数量都有了出人意料的增长。比如，在20世纪50年代的美国，买小汽车就是在通用、福特、克莱斯勒或美国汽车生产的型号中挑选。今天，你要从通用、福特、丰田、本田、大众、日产、菲亚特、三菱、雷诺、铃木、宝马、奔驰、现代、大宇、马自达、五十铃、起亚、沃尔沃等共300种车型中挑选。"汽车业的情形，在其他各行各业中都在发生。如何在竞争中胜出赢得顾客选择，就成了组织生存的前提。

过剩经济展示了竞争残酷性的一个方面。另一方面，知识社会带来的信息爆炸，使得本来极其有限的顾客心智更加拥挤，根据哈佛大学心理学博士米勒的研究，顾客心智中最多也只能为每个品类留下七个品牌空间。而特劳特先生进一步发现，随着竞争的加剧，最终连七个品牌也容纳不下，只能给两个品牌留下心智空间，这就是定位理论中著名的"二元法则"。（杰克·韦尔奇 1981 年上任通用电气总裁，就是运用了这一法则，将不属于"数一数二"的业务关停并转，而不管其赢利有多么丰厚。此举使百年通用电气因获得了顾客心智强大的选择力量而再续传奇，也为韦尔奇赢得了"世界第一总裁"的声誉。）任何在顾客心智中没有位置的品牌，终将从现实中消失。

事实的确如此，走进任何一家超市，你都可以看见货架上躺着的 80% 以上的商品，因为对产品的定位不当而成为没有获得心智力量的、平庸的、同质化的品牌。在此背景下，为组织准确定义成果的新生产工具——定位（Positioning），在 1969 年被杰克·特劳特和艾·里斯发明出来，掀起了第三次生产力革命。在谈到为何选择"定位"一词来命名这一新工具时，特劳特曾说："《韦氏词典》对战略的定义是针对敌人（竞争对手）确立最具优势的位置。这正好是定位要做的工作。"在顾客心智中针对竞争对手确定最具优势的位置，从而使品牌胜出竞争赢得优先选择，这就是企业需全力以赴获得的成果，也是企业赖以存在的唯一理由。

7.2 基本原理

7.2.1 心智与心智资源

心智是人们过滤、接收、处理和储存信息的方式和空间。心智资源是经由时间的积累和口碑相传，人们较为固定的评价和认知。能否成功在顾客心智资源中占据一席之地，是衡量定位成功与否的关键所在。

定位的本质就是利用品牌去占有顾客心智的某种"心智资源"。一旦通过成功定位，占有了某个心智资源，就有机会通过代言品类构建起认知标准，赢得顾客的优先选择，并且能有效地防范负面认知。这样就在消费者心智中构筑了一个坚实的堡垒。

纵观行业内的知名品牌就会发现，但凡成功的品牌，都是在顾客心智中成功占据某个心智资源。如喜之郎代表着果冻，脉动代表着维生素饮料，红牛代表着能量饮料，王老吉代表着预防上火的饮料……

但是，绝大多数品牌却未能在顾客心智中形成一个清晰的概念，即使有一定知名度，也不过是一个替补对象，勉强靠着努力和低价维持着生意。在这个信息时代，若不能在顾客心智中占据一席之地，企业所拥有的不过是一堆钢筋水泥罢了，企业的生存与发展就被拥有心智资源的对手所掌控。

相反，产品品牌一旦成功占据了顾客的某种心智资源，就会对竞争对手的信息形成有效的屏蔽，其市场地位也将会牢不可摧。如果对手也要挤进来做生意的话，只会把这个品类地皮炒得更旺。哪怕对手的产品通过改进，在客观上确实比我们的产品更好，消费者还是会在主观上倾向于忽视对手的优点（既看不到又会质疑）。香飘飘奶茶占据"杯装奶茶"这个心智资源后，喜之郎即使花费数倍的广告投入也无法让消费者转向认可"奶茶，我要优乐美"，反而却推动香飘飘更快的成长。

心智资源是企业经营的起点、方向与终极目标。宝洁之所以成功，在于它几乎垄断了行业中主要的心智资源。比如，海飞丝占领的心智资源是"去头屑"。多年来，海飞丝的任何广告和营销活动都围绕着"去头屑"这一定位，所以消费者想买去头屑的洗发水时会首先想到它。而且当海飞丝占据一个定位之后，消费者还会附加其他的利益在它头上，这就是光环效应。一个代表着去头屑最好的洗发水，同时也意味着质量好、名牌、时尚等其他附加价值。飘柔占领的是"柔顺头发"心智资源，而潘婷则代表了"营养头发"。

拥有心智资源的企业会进一步聚集社会资源、人才、资本、渠道乃至整个产业链都将向其汇拢，从而在经营层面形成更高的行业壁垒，与心智壁垒一道构筑起坚实的防线。

7.2.2 心智运作规律

1. 心智疲于应付

媒体的爆炸式增长和随之而来的信息量增加，已剧烈影响到人们接受或是忽略媒体提供信息的方式。过度传播已经改变了向人们传递信息及对人们产生影响的整个过程。《科学美国》杂志提到，互联网有数亿个页面，仍以每天新增数百万个页面的速度不断增多。世界上你所到达的每个角落，都能接收到卫星源源不断发来的信息。在英国，当一个孩子18岁时，已经接触过140 000个电视广告；在瑞典，普通消费者平均每天接收到3 000条广告信息。说到广告信息，欧洲的11个国家平均每年广播600多万条电视广告。电视频道从几十个暴增至上千个。这一切意味着从策划的角度来讲，企业的差异化概念必须尽可能的简单明了、显而易见，并通过筛选后的媒体重复不断地传递出去。就像每个政治家都会坚持"政治立场"一样，策划人员必须坚持"差异化"。信息太过泛滥，人们被迫对信息进行简化归类，运用经验性的常识来作判断，把与已有认知不符的信息统统过滤掉。若我们的信息在认知中不具有差异性，很容易就会被消费者忽略。

2. 心智容量有限

大脑只会记忆有限的信息，而且是有选择性的记忆。这也就是心理学家所发现的"选择性记忆"机制，特劳特从中发现了著名的"心智阶梯"原理，并在此基础上形成了著名的"定位"理论。比方说你要买牙膏，在你的潜意识中就会出现一个牙膏类别的品牌阶梯，高露洁、佳洁士、中华等品牌，它们自上而下有序排列。这种阶梯存在于我们的潜意识里面，每个人对每一品类产品都隐含着一个这样的阶梯。虽然在具体的购买现场，你有时会受到促销、降价或导购人员的影响而改变购买的选择顺序，但总体上而言，这个品牌阶梯有很强的稳定排序性。心智被比作一个不大的杯子，可以容下的信息或者品牌极其有限，同一类别通常不超过7个，并逐渐趋于2个。企业策划的思考核心是如何进入品类的前两位。如果在原来的品类中无法进入品类的前两位，企业应当考虑调整战略，重新定位，寻找一个自己可以成为第一、第二的品类。万宝路原本是一个普通的滤嘴香烟品牌，它最初宣传其口味像五月的天气一样柔和，但是效果很糟糕，因为在普通的香烟的品类中它根本没有任何突出的特点，也无法进入消费者的心智阶梯。后来，万宝路进行了重新定位，成为第一种只提供给男性的滤嘴香烟（在万宝路之前，滤嘴香烟男女皆宜），一举获得了成功。

3. 心智厌恶混乱

企业家对自己的产品是充满感情的，恨不得把产品的里里外外都夸个透。但要想让你的品牌信息穿透厌恶复杂、混乱的顾客心智，就必须极度简化，聚焦到一个字眼、一个强有力的差异化概念，产品品项也要尽可能的集中。比如王老吉正是因为成功地将消费者的注意力集中于"防上火"这一概念，从而形成与其他凉茶的显著差异化，成功形成了消费者对凉茶独特的品类认知，占据了消费者的心智资源，成为中国凉茶第一品牌。心智通常把混乱和复杂的概念标为"垃圾信息"不予关注，排斥接收。因此营销战略需要简单而有力，最好是占据一个字眼。沃尔沃汽车是一个很好的例子，沃尔沃汽车最初宣传"豪华""驱动力强""高贵"等多个概念，但是这些概念都分别由相应的品牌占据，例如"豪华"由奔驰占据，"驱动力强"由宝马占据，而且，太多的概念还让这个品牌在消费者那里显得很混乱，因此沃尔沃汽车长期处于亏损。后来它找到了"安全"这个概念，一举成为安全汽车的代表，在欧洲的销售量超过奔驰和宝马。

4. 心智缺乏安全感

人们消费新品类、新品牌时是缺乏安全感的，通常会根据他人的认知来做出自己的购买决定，即所谓的"从众心理"。比如就餐时，人们往往更愿意找那些排着队的餐馆。因此，企业需要提供信任状以克服人们消费时的不安情绪，当然最有力的信任状就是市场地位。因为在相应条件下，领先的市场地位能转换为顾客心智中该品类的领导地位。消费者心智通常倾向于购买别人购买的东西，接受别人接受的东西，以降低风险。没有历史就没有未来，因此老品牌要注重历史心智资源的挖掘，新品牌则要注重区域或者国家心智资源的挖掘和利用。

5. 心智难以改变

消费者一旦对某产品形成认知，以后将很难改变。如康师傅推出私房牛肉面快餐，人们还是把它的味道看成是调料包冲泡出来的，就是这个（方便面）味。雪花啤酒被人们认知为低端酒后，消费者显然就无法从雪花纯生中喝出品位和高档的感觉来。因此策划要避免与心智的既有认知产生冲突。柯达和富士是家庭相纸市场的两大品牌，经过数十年的积累和传播，这两个品牌已经在消费者那里建立了"家庭相纸"的强大认知，但是数码相机的出现冲击了"家庭相纸"市场，柯达和富士也相继推出了数码相机，尽管他们的数码技术仍然处于领先位置，但市场表现却差强人意，富士公司的 CEO 也向媒体抱怨"讨厌看到仅仅是合格的（数码相机）产品比他们的优质产品卖得好"，其中的原因何在呢？因为在消费者那里，家庭相纸认知已经根深蒂固。

6. 心智会失去焦点

当一个品牌同时代表多种产品或者拥有多种身份的时候，心智对品牌的印象就会被稀释和削弱，因此延伸产品线和延伸品牌都是在稀释品牌在心智中的位置。娃哈哈的品牌延伸曾经被国内的营销界当作成功案例，这个品牌被用在碳酸饮料、纯净水、绿茶、果汁、牛奶等各个领域。实际上，娃哈哈的品牌延伸一度使娃哈哈陷入了巨大的困境中，不得不与达能合资。直到最近两年，宗庆后放弃了品牌延伸策略，推出"爽歪歪""营养快线"后才获得了巨大成功，这成为其和达能之争的起因之一。在品牌设定上，企业应将产品集中于某一卖点。我们赋予品牌的内容越多，该品牌在顾客心智中就会越模糊，进而失去焦点，这将为竞争对手占据我们原有的定位敞开大门。

7. 心智先入为主

率先进入心智的品牌往往被当作品类的代表，因此有效的策划需要寻找心智中的空白点，而非市场中的空白点，并率先抢占，抢占心智先于抢占市场。康师傅和统一在大陆市场的故事非常贴切地说明了这一点。统一原本是台湾的方便面、茶饮料领域的领导者，康师傅在台湾地区则默默无闻。但由于康师傅比统一更早进入大陆市场，率先推出碗装方便面、瓶装纯净水、瓶装绿茶等产品，致使统一在大陆市场一直成为一个追随者，无法赶超康师傅。

8. 心智斥同存异

心智对已经存储信息的同类采取自然的排斥，而对不同的信息倾向于关注，类似于磁铁上的同性相斥，异性相吸。宝洁公司推出的润妍洗发水可以很好地说明这一点，重庆奥妮开创了乌黑头发洗发水品类之后，一度成为国内洗发水第二品牌。然而，奥妮很快就错误地转向了品牌形象的推广。宝洁公司在细致进行了消费者研究之后，发现消费者对"乌黑头发"洗发水的需求十分明确，市场容量较大，于是宝洁推出了"黑发"功能的润妍洗发水。宝洁对润妍寄予了厚望，以大投入拍摄了一则精美的广告片，先后投入的广告费超过10亿，但"润妍"的市场份额始终在2%左右徘徊，最终不得不撤出市场。

问题出在哪里呢？原来，宝洁忽视了在润妍之前，夏士莲的"黑芝麻"洗发水已经捷足先登，在消费者的心智中抢先占据了"奥妮"留下的空缺。所以，虽然"润妍"同样可以满足消费者"乌黑头发"的需求，但是消费者依然因为心中已经有"黑芝麻"占据，自然对润妍视而不见。

7.2.3 定位的三个要点

第一要点：定位的对象是品牌

一个产品会给顾客多方面的体验，但顾客最终把它们都浓缩到品牌的名字里存入记忆。名字就是一个锚，顾客关于品牌的一切联想都靠它来拴住。就顾客心智的角度来说，名字本身就是第二个定位方法。事实上，不管企业花了多少钱，起作用的只是名字而已。因此，定位论认为，营销的核心就是打造品牌，而最重要的营销决策之一就是给产品命名。里斯和特劳特说的好："定位不是你对产品要做的事。定位是你对预期客户要做的事。换句话说，你要在预期客户的头脑里给产品定位。"

第二要点：定位的地点是心智

改革之初，消费者的选择是极为有限的，基本上是企业生产什么就能卖什么。竞争是在工厂里展开，拼的是生产能力和效率。企业若能在管理上领先一步，便有机会在竞争中拔得头筹。20世纪末期，产品供应越来越多，顾客拥有了选择的自由，卖方市场很快转为买方市场。此时，企业需要用更多的包装、更多的口味去细分和贴近顾客，试图去满足顾客多样化的需求。竞争地点从工厂转移到了市场，谁能掌控渠道和终端，谁就是赢家。

21世纪，进入竞争的新时代。产品高度同质化，让顾客愈发难以从中做出选择。在这样的竞争背景下，顾客并不是在购买产品，更准确地说是在选择产品。如何使自己在琳琅满目的同类产品中脱颖而出，并增加被顾客选择的机会，成为每个企业最头疼的事情。实际上，在产业日趋同质化的今天，买方市场的竞争地点已发生根本性转移。如今的商战是发生在顾客的大脑中，能否成功占有顾客心智资源成为决定企业生死存亡的关键所在。企业若不能把握这个革命性的变化，必将会"在错误的地方、错误的时间，同错误的对手，打一场错误的战争"。

第三要点：定位的根本是位置

所谓定位，就是让你的品牌在顾客大脑中占据一个有价值的位置。品牌如果在顾客心智中没有拥有一个稳固的位置，名字这个"锚"就"勾"不住东西，就会出现"走锚"现象。船舶走锚、在水上乱漂是非常危险的。在顾客大脑中占据一个有价值的位置，就相当于选择了一个有利锚位，能为品牌提供最佳的避风条件。

但是，与地理上的位置不同，大脑中这个位置必须要有一个名称，不然就是不存在的。人类的记忆具有分类特征，即大脑会自动根据信息的属性进行整理、归类，并且这种功能会随着年龄的增长而衰退。类别的名称就是信息归类的标签，好比邮局的归类箱，要是找不到适合邮件的格子，信就无法送达。

显然，要提高品牌信息对顾客大脑的送达率，莫过于让这个位置直接与品牌名字挂上钩。因此，里斯和特劳特把"有价值的位置"进一步明确，发展成"一词占领大脑"的理念，即定位就是让你的品牌在顾客大脑中占有一个字眼。如格兰仕代表"微波炉"，喜之郎代表"果冻"，高露洁代表"防蛀"，而云南白药代表"止血"。

一个定位确立之后，只要它所代表的属性对顾客还有足够价值，就应该保持不变。定位本质上是累积性的概念。把你的钱堆在一个位置上，你垒得越高，势能越强。

7.3 定位方法

7.3.1 抢先占位

（1）抢先占位原理：任何一个品类里面，都存在着有价值的阶梯，当这些阶梯空置着没有品牌占据时，你可以一马当先去开拓这个价值，抢先占有这个资源，这相当于在消费者的心智当中的"圈地运动"。比如杭州小拇指汽车维修科技股份有限公司在汽车维修市场，抢占微修阶梯位置；重庆龙湖地产在物业市场，抢占高水平服务阶梯位置等。

经验证明，最先进入消费者心智的品牌，平均比第二的品牌在长期市场占有率方面要高很多。而且此种关系是不易改变的。如凉茶中的加多宝、奶茶中的香飘飘、高端厨电中的方太、可乐中的可口可乐、电器中的通用、电脑中的IBM、快餐中的麦当劳等。

（2）抢先占位前提：是心智阶梯位置无人占据且消费者有新品类/新特性的需求或需要。

（3）占位战略要点：抢先占位的企业，有时是开创一个大品类，比如可口可乐开辟了可乐品类，IBM开辟了商用电脑品类，苹果的Iphone开辟了触屏手机品类，小米的手机开辟互联网直销手机品类。但大多数情况下，是进驻某个大品类中的新品类/新特性阶梯。

（4）提防陷阱：①假阶梯：需要格外注意的是，有些"油井"是干枯的，也就是说有一些假阶梯、假资源，根本没有价值。像"太阳神减肥牙膏"，是很难成功的，还有"太空酒"之类，地皮下面就是个陷阱。②进入市场但未进入心智：世界上第一个Pod并不是苹果推出的，可是先进入者却起了一个拗口的名字：Nomad Jukebox，还犯了产品线延伸的错误。而iPod成为第一个进入消费者心智的Pod。很多人只知道成为第一的重要性，但是他们不知道的是，要第一个进入心智，而不是第一个进入市场。他们把"市场上的第一个"和"心智中的第一个"混淆了。在对品牌的研究中发现，成为领先品牌的很少同时是真正第一个进入市场的品牌。

策划实践

高露洁比佳洁士抢先占领中国市场的"防蛀"阶梯，就赢得了持久的优势，而且这种持久优势，可以持久到令人难以置信的程度。你一旦圈定一块地（心智资源）之后，就像拥有一座油井一样，财源滚滚不绝。特劳特做过一个有名的研究，它追踪分析了从1923年以来和美国社会息息相关的25个行业，发现这25个行业的领导品牌，至今只有4个失去了领导地位。其重要原因，就是领导品牌占有最好的心智资源，而顾客的心智模式难以改变。佳洁士在中国碰到的麻烦，是被高露洁抢先占去了"防蛀"定位；奥妮之所以一蹶不振，是因为失去"黑发"的心智资源。

从策划的角度来看，品牌对好的心智资源一定要抢先占据，然后迅速抢占制高点。举个例子，步步高进入电话机市场时，严阵以待的厂商已有上百家了，其中TCL更有"中国电话大王"的称号，步步高如果与对手们展开正面竞争是很难取胜的。步步高采取了什么战略？它发现在电话机行业里面有一个空白点，没有一个品牌代表着无绳电话，于是它一马当先提出，"步步高无绳电话，方便千万家"。现在步步高已成为无绳电话机的领导品牌，即当步步高成为无绳电话的代名词时，就可以说这个品牌占据了这块心智资源。虽然无绳电话是个小品类，但只要你占到这块油井，其利润也是非常丰厚的。需要特别指出是，步步高并不是在市场上第一个做无绳电话的，侨兴比步步高要早得多。其中的关键是，要进入顾客心智才有意义，只有在顾客的心智中完成注册，品牌才是安全的，工商局注册只是取得经营资格而已。侨兴无绳电话没有在消费者心智中完成注册，尽管它已经有很大的销量，也有不少的资产，但它的品牌仍然是无力的。侨兴最大的错误在于没有及时从竞争的角度封杀步步高。

资产、规模不等于竞争力。可口可乐的有形资产哪怕一夜之间灰飞烟灭，它凭着在消费者心智中占有的心智资源——可口可乐就代表可乐，全世界的银行都会争相贷款给它，不用多久心智资源将再生出一个同样规模的公司。所以心智资源就像是油井一样，一旦企业占领了油田，企业就获得了源源不断的动力。这也正是步步高后发制人的秘密。步步高并不在乎对手先发现消费者需求，作为后进入市场者，它用大规模的广告预算，迅速、直接地抢占心智资源，从而使对手在市场中的资产失去意义或处于不利地位。

7.3.2 关联定位

与心智阶梯中的强势品牌（产品）相关联，使消费者在首选强势品牌（产品）的同时，紧接着联想到自己，作为第二选择。好的位置已经被人抢了，也就是黄金地段人家拿走了，怎么办呢？可以跟它关联在一起而顺带成功。关联定位是一种借力的定位方法，借力于某品类的第一品牌进行攀附。比如七喜，它发现美国的消费者在消费饮料时，三罐中有两罐是可乐，于是它说自己是"非可乐"。当人们想喝饮料时，第一个马上会想到可乐，然后有一个说自己是"非可乐"的品牌与可乐靠在一起，那就是七喜。"非可乐"的定位使七喜一举成为饮料业第三品牌。

（1）前提：心智阶梯已被占据。

（2）原理及战略要点：努力与阶梯中的强势品牌关联起来，使消费者在首选强势品牌的同时，紧接着联想到自己，作为第二选择。与强势的领导者相关联，才最容易地被想到购买。关联定位的前提，是消费者对某类产品的购买，心智中有明显的首选。一般来说，关联强势产品不会让自己成为新领导者，但可以较快的成为第二选择。如果领导者犯下严重错误，关联者有可能转化定位，确立胜机，成为第一。有三个力量会推动第二个品牌的成长：品类发展、渠道需要、消费者需要。

> **策划实践**

前面谈到的步步高，也曾巧妙运用了这一原理。步步高做VCD机的时候，市场已经打得白热化了，中央电视台黄金时段12个标版中有10个是VCD，用常规的方法是没可能成功了，但步步高却运用关联策略脱颖而出，它如何做的呢？它首先发现领先品牌爱多VCD很有特色，那就是由功夫巨星成龙来说"爱多VCD，好功夫"，于是它就动用同样是功夫巨星的李连杰来针锋相对，说"步步高VCD，真功夫"。这样，当消费者买VCD机时，首先想到爱多，接着马上就想到了步步高。步步高借力打力，再一次后发制人，以小博大，一下子就跃过了众多品牌，进入了消费者心智的第二选择，这就是关联法的力量。金蝶软件曾经通过"北用友，南金蝶"的公关宣传，借用友之势迅速获得发展，也属于关联定位策略。

需要明确的是，关联定位并不适用于所有情况，在品牌定位时以竞争者为参照物，通常基于以下理由：第一是竞争对手是市场领导者，实力雄厚，无法正面与之竞争。如上例中，可口可乐和百事可乐是饮料业的双雄，七喜根本无法与之正面交锋。第二，竞争对手已树立了稳固的形象，关联竞争者，可以传递与之相关的信息。有时消费者并不在乎你的产品究竟如何，他们只关心你同某一特定竞争者比怎么样。因为产品的价值和质量，消费者很难定量感知。此时，采用关联定位是合适的。

7.3.3 为竞争对手重新定位

1. 原理

领导者的强势中固含着与生俱来的弱点，通过指出消费者心智阶梯中优势品牌的重大弱点（恰恰是自己的优点），来挤开对手，为竞争对手重新定位，取代其位置。方法就是去发现对手的弱点，从它的弱点中一举攻入，把它拿下来。其心智原理是这样的：当顾客想到消费某个品类时，会立刻想到领导品牌，如果你作为一个替代角色出现的话，有可能在顾客的心智中完成一个化学反应——置换，这样你就替代了领导品牌。例如，当泰诺林进入头痛药市场的时候，消费者心里第一个想到的就是阿司匹林。于是泰诺林攻击阿司匹林可以导致胃肠道毛细血管的微量出血，就从这一点攻入，把阿司匹林替换掉，成了领导品牌。

2. 堤防陷阱

（1）实力不足。实力不足不能强行实施这种战略。

（2）攻击点非领导者战略性弱点。重新定位竞争对手往往是在领导者的强势中找无关紧要的弱点，并进行攻击，从而建立自己的品牌定位。需要注意的是，这里指的是在领导者的"强势"中找弱点，而不是去找无关紧要的弱点。有时领导者会有一些弱点，但那仅仅是弱点而已，并不是其强势中的固有部分。如安飞士（Avis）曾经的广告语："选择安飞士吧，我们柜台前的队伍更短。"赫兹（Herz）公司无法对这一战略做出反击，作为最大的租车公司，这是赫兹公司的固有缺点，也是多数领导者无法回避的缺点。

3. 步骤

步骤一：确立竞争对手——地标原则。

战略的目的是要打败竞争对手，争得顾客，因此战略定位的第一步是界定主要的竞争对手。最重要的方法，就是视心智地标中的强势竞争者为对手，基于强者界定自己的定位认知，最能够得到顾客关注和激发新的心智认知，让自己进入顾客心智。

主竞争的界定有两种：一种是在顾客心智中占有强势地位的品类；一种是某个市场上的领导品牌。当可口可乐诞生之初，普及饮料以酒类为主，可口可乐主要是将竞争对手界定为酒类饮料，从中争得生意。宝马汽车为了在高级轿车中获得最佳增长，成功的战略是针对消费者心智中强势品牌奔驰展开营销，夺取生意。

步骤二：竞争对手强势研究——借势原则：找到竞争对手的强势所在。

对手的强势是我们很好的借势基础，其愈强，我愈利。比如，酒类之所以强大，一个重要原因是它具有麻醉与抑制作用（初始短暂兴奋，后进入抑制麻木甚至昏睡状态），能舒缓饮酒者的工作、生活压力等。奔驰汽车之所以强大（市场领先），一个重要原因是它良好的乘坐性能：宽敞、舒适、豪华、尊贵……

步骤三：在对手强势反面确立定位——防范原则：从竞争对手强势中的反面出击，形成对立性定位。

由于利用的是竞争对手的强势，就确保了竞争对手不能反击，起到防范效果。例如，可口可乐最初的战略，就是针对"抑制"而与酒类对立，建立起"提神醒脑"的饮料品牌。宝马则提出"超级驾驶机器对抗超级乘坐机器"的概念，倡导"坐奔驰，开宝马"，强调自己驾驶性能良好，与奔驰针锋相对。

步骤四：围绕定位进行运营配称——取舍与环环相扣（战略配称）。

在针对主竞争确立相反的定位后，企业需围绕新定位重整经营活动，进行一系列的取舍和创新，让各项运营活动之间形成环环相扣的配称。这样不断强化定位建设，将使竞争者无法仿效，从而具有可持续竞争优势。这也是将定位转化为成果的关键一步。

策划实践

关于攻击领导者的战略性弱点，可口可乐与百事可乐之间的竞争是一个经典的例子。在企业史上百事可乐和可口可乐的战斗一共打了100多年，但是前面的70年可谓是漫漫长夜，百事可乐长期处在可口可乐的强大压迫之中。百事可乐也曾三次上门请可口可乐收购，却遭到对手拒绝。因为百事可乐的攻击点即定位不准确，攻击的效力很差，其中最有名的一次攻击是20世纪30年代。美国20世纪30年代是经济萧条时期，这时百事可乐推出了一个广告，说："花同样的钱，买双倍的可乐。"它从价格上去打击可口可乐，短期内奏效了，但很快，当可口可乐把价格降下来之后，优势又回到可口可乐的手中。也就是说，对手可以复制的战略就不是好的战略，它没有对准对手的战略性弱点。

进入20世纪60年代末期，当百事可乐定位于"年轻人的可乐"时，才算找准了可口可乐战略上的弱点。因为可口可乐是传统的、经典的、历史悠久的可乐，它的神秘配方至今仍被锁在亚特兰大总部的保险柜中，全世界也只有7个人知道保险柜的密码，所以当百事可乐找出针锋相对的反向策略，从而把可口可乐重新定位为落伍的、老土的可乐时，百事可乐从此就走上了腾飞之路。从三次请求收购到80年代中期几乎逼平可口可乐，并最终迫使可口可乐放弃传统的配方，转而推出新配方可乐，即复制百事可乐的"新一代"战略，百事打了一次大胜仗。可口可乐复制百事可乐新战略的结果是企业史上有名的大灾难，甚至发生了消费者上街示威的事件，消费者的口号是"还我可口可乐"。

七喜汽水发展出的"不含咖啡因的非可乐"策略，也是攻击到了可口可乐与百事可乐战略上的弱点，才使七喜汽水一举成为美国的第三大饮料。作为可乐品类的两个代表品牌，可口可乐与百事可乐的配方中是不能不含咖啡因的，没有了咖啡因就不能叫可乐，所以"不含咖啡因"的战略就是对手不能复制的。

7.4 应用流程

7.4.1 定位调研

1. 传统调研的误区

我们经常遇到的情况是：把现实的市场对手（比如在竞标中经常抢我们生意的）视为竞争对手，或不承认心智中对手（认为自己在某方面比人强，在某市场对手表现不如自己）。对手选错了，自然打法就不会奏效，产生不了多大的绩效。

还有企业认为自己做的是颠覆传统的事情，所以没有竞争对手，或认为对手就是自己。以为只要自己做得足够好就可以了。这是一个最糟糕的观念。

没有对手就没有生意。竞争对手可以是品类内的某个品牌，也可以是整个品类。

另一个常见的陷阱是研究对手的不足，认为只要自己能提供更好的产品/服务，自然就能赢得市场。我们攻击对手的漏洞、疏忽，实质是犯了大忌，是在帮助对手进行完善。一旦它跟进，所谓的优势也就烟消云散。

市场部门作调查研究最常见也是最容易犯的毛病是只研究我们如何去满足顾客的需求，研究顾客的需求在哪里。特别是当我们在提供新的产品或服务时。其实我们的顾客真的不知道自己需要什么，他们只是看到别人在消费，所以才认为自己也需要。

定位调研也不是去调查顾客满意度。顾客满意度只能告诉我们过去发生的情况，而无法告诉我们未来的可能。而问顾客有何不满倒是更有利于发现问题所在。

2. 定位调研的原则和方法

定位调研的基本原则是：洞察对手的价值及其在消费者心智中的位置及优势和劣势。

调查与竞争对手有什么区别。有些企业把自己的某个改进看成是区别，但消费者不会这样来思考，消费者喜欢归类。只有消费者认为你的品牌和对手不一样，才是真正客观的不一样。

企业还习惯于在产品/服务本身去寻找差别。更多的时候策划人需要从其他的心智视角来寻找差异点，比如领导地位、首创、历史传承、消费偏好或热门等。其中领导地位是最大的差异化概念，因为它是品牌定位的目标：主导一个品类。

有时企业自认为的区别，在消费者那里却有不同的看法。如果是这样，就一定要以消费者的观念为准。

定位调研的基本方法是：探寻已存于消费者头脑中的"心智快照"，你需要寻找的是，每个竞争对手存在于目标顾客心智认知上的强势和弱势。首先，需要了解消费者对某类的关注点，竞争者在消费者心智中的大概位置（也就是市场给他们的定位），以及他们的优势和弱点。通过系统的市场调研，可以弄清消费者的真实需求，不同品牌在人们心智中的位置；通过调研，还可以了解市场上正在发生的情况，以判断推出差异化的概念的时机是否合适。

一种常用的调查方式是：列出产品所属品类的基本属性/特性，然后让消费者/潜在消费者分别给对手和自己打分（1~10分）。目的是了解消费者对各企业提供的这类产品各自有什么想法和观念。找出自己产品/服务能抢占的那个属性（不能被他人占据）。

多去了解第三方的评价，特别是有权威性的第三方的认可。除了了解对手的产品或服务外，还要判断对手的战略意图。因此还需要了解对手领导者的管理风格、个性特点、成功经历甚至爱好。

7.4.2 寻找区隔概念

避开对手在心智中的强势，或攻击其强势中固有的弱点，确定自己的定位区隔。

结合自身产品（服务）特点找到与众不同的特点。分析行业和竞品之后，要寻找一个概念，使自己与竞争者区别开来。而这种区别或者差异化是需要同时满足两个条件的：①消费者的真实需求，而不仅仅是企业或者产品所具有的特点；②在概念（特点）上与竞品有着明显的不同。

7.4.3 找到支持点

提供信任状，自圆其说。找到产品的支持点。消费者是不容欺骗的，产品需要真实的支持点，让它真实可信。例如IBM"系统解决方案"这个差异化的概念成功实施战略转型，那是因为IBM的规模和多领域技术优势，是它天然的支持点。差异化不是空中楼阁，消费者需要真实的证明，产品必须能支撑起品牌的概念。

7.4.4 区隔的传播、执行

围绕定位由外而内做战略战术配称，并传播推广，将定位植入顾客心智。有了差异化的概念，还需要将这个概念植入消费者心智，这样才建立起自己的定位。差异化是全方位的比如广告、手册、网站、公关等都应尽力体现出差异化，而这些差异化需要有一个明确的中心，就是品牌的定位。推广与传播不仅仅是对外的，对内一样重要。在企业的销售、产品开发、生产等任何大家可以着力的地方都需要贯彻，企业资源全部围绕着定位进行匹配。这样，才可以说为品牌建立了定位。

实践技能训练

技能训练：定位方法与工具训练

【实训性质】 专业技能训练。

【实训目标】 通过技能训练，了解并掌握定位的主要方法。

【实训内容】 （1）搜集、整理王老吉的策划案例，分析其定位策划的具体方法。（2）寻找抢先占位案例，并仔细研读，揣摩其精髓。（3）寻找关联定位案例，并仔细研读，揣摩其精髓。（4）寻找为竞争对手重新定位的案例，并仔细研读，揣摩其精髓。

本章小结

定位的本质就是利用品牌去占有顾客心智的某种"心智资源"。一旦通过成功定位，占有了某个心智资源，就有机会通过代言品类构建起认知标准，赢得顾客的优先选择，并且能有效地防范负面认知。这样就在消费者心智中构筑了一个坚实的堡垒。心智资源是企业经营的起点、方向与终极目标。

定位的三个要点：定位的对象是品牌、定位的地点是心智、定位的根本是位置。

定位的三个方法：抢先占位、关联定位、为竞争者重新定位。

核心概念

定位　心智资源　抢先占位　关联定位　为竞争者重新定位

思考与练习

1. 试以某一品牌或者新产品为例，阐述其定位流程。
2. 试分别运用抢先占位、关联定位和为竞争者重新定位的方法为某一品牌定位。

Chapter 8

第 8 章

品类原理与策划实践

市场竞争的终极战场是潜在顾客的心智,与销售管理所指的品类不同,心智角度的品类是指消费者心智对信息的归类并存储的命名。也就是说,消费者面对成千上万的产品信息,习惯于把相似的产品进行归类,而且通常只会记住该类产品的代表性品牌。形象地说,品类就是消费者心智中储存不同类别信息的"小格子"。品牌竞争的实质是品类之争,策划人跳出品牌的思维限制,从品类的角度,可以更好地把握市场竞争的关键。

学习目标

1. 了解品类的概念
2. 了解品类战略的原理
3. 掌握开辟新品类的方法
4. 掌握推出新品类的九个要点和主导新品类的六个关键
5. 掌握为新品类定位的方法

8.1 理论背景

传统意义上的品类主要为销售管理概念,是指产品的物理属性分类。策划意义中的品类,被"定位之父"艾·里斯赋予了新的概念,叫作"心智中的小格子",就是顾客心智角度对不同产品的区分。例如从传统销售管理意义上,奔驰和宝马同属于高档车品类,但从心智角度,奔驰属于"乘坐机器",而宝马属于"驾驶机器"。

艾·里斯先生进一步指出,顾客的行为特征是"以品类来思考,以品牌来表达"。以品类来思考,是指品类驱动消费者进行选择和购买,消费者在购买决策的过程中往往先界定何种品类,比如当消费者想购买一罐饮料的时候,首先会面临绿茶、可乐或者纯净水等不同品类的选择。当消费者确定购买某一品类的时候,往往说出的是代表此品类的品牌。例如,顾客期望购买饮料的时候,首先是在茶、纯净水、可乐等不同品类中选择,在选定可乐之后所表达出的是代表该品类的品牌，如可口可乐。因此营销的竞争与其说是品牌之争，不如说是品类之争。根据此发现，艾·里斯先生重新定位品牌为"代表品类的名字"，并指出品牌无法在品类消亡的情况下生存，品牌无法永生，企业最佳的策略是拯救企业而非品牌。

不了解心智的特征，品牌的作用就容易被无限夸大。假设市场竞争的实质是品牌竞争，那么将产生一种现实当中不存在的现象：消费者将只会购买形象上佳、实力强大的品牌推出的产品。通用、海尔这样首先建立起来的品牌将成为赢家通吃的恐龙品牌，新品牌将完全没有机会。而现实中的情况，显然不是这样。新的品牌不断涌现，成为商业界的新领袖，反而通过延伸的方式进入新的领域的老品牌基本没有什么竞争力。

在消费者心智中相互竞争的并非品牌，而是品类。宝马与奔驰的竞争，实质是窄小灵活的驾驶机器与宽大气派的乘坐机器之间的竞争；百事可乐与可口可乐的竞争，实质是经典可乐与新一代可乐之间的竞争；茅台与五粮液的竞争，实质是传统酱香型高档白酒与现代浓香型高档白酒之间的竞争。

在此基础上，艾·里斯和伙伴一起形成了全新的战略思想和方法——品类战略系统，提出企业通过把握趋势、创新品类、发展品类、主导品类建立强大品牌的思想。品类战略颠覆了传统品牌理论强调传播，以形象代品牌、以传播代品牌的误区，为企业创建品牌提供了切实有效的指引，品类战略思想和方法也是定位学派现今最高级的战略方法，被广泛应用于策划实战领域。

8.2　基本原理

达尔文在其巨著《物种起源》中指出："分化"的力量使世界变得丰富多彩，世界万物皆源于"分化"，而"分化"是物种发展的必然趋势。

1972年，里斯和特劳特提出了营销史上著名的"定位"学说，其后的三十年，里斯一直在研究和寻找品牌塑造的关键力量和法则。在达尔文"分化"思想的启发下，2004年里斯与他的女儿劳拉·里斯推出了《品牌之源》，揭示了商业界竞争规律与自然界竞争规律的共通之处。里斯认为："分化"也是推动商业发展的重要力量，"分化"的力量使得新品类不断涌现从而促进了商业的发展。在自然界，环境的变化是促使物种分化的条件。在商业社会中，新技术的运用、传播方式的改进创造了品类"分化"的条件。市场越成熟，竞争越激烈，分化的程度就越高。品牌塑造的秘密就隐含在这个"分化"的过程中。品牌的秘密并不复杂，关键是要把握好"分化"的趋势。达尔文用"生命的大树"来描述物种起源，他认为生物的分化是实现进化的推动力：新枝条是怎么长出来的？是由老枝条分支出来。新物种是如何诞生的？是由原物种分化而来。

在商业社会中，产品和服务也可以理解为一个生物树，比如最初诞生了一条枝条叫作电脑，后来在这个基础上生长出无数的新枝条：服务器、个人台式机电脑、笔记本电脑、掌上电脑等。消费者用品类来思考，用品牌来表达。打造品牌的捷径，就是利用"分化"

创建品类，而新品类的成长与扩张使品牌得以发展。"分化"思想是自然界的普遍规律在商业领域的运用，"分化"思想是品类构建的第一推动力。

在自然界中，个体之间的竞争，优胜劣汰，改良品种。物种之间的竞争推动新物种的诞生。在商业社会中，品牌之间的竞争改良商品的品质，品类之间的竞争则刺激旧品类日趋分裂——产生新品类。物种之间的竞争促使它们的性状的区别越来越明显，达尔文的伟大之处在于他看到了猫和狗之类的物种可能有一个共同的祖先，但是由于环境变化而产生分化，并且随着时间的推移，物种之间的差异性被放大。用达尔文的话说就是"自然界青睐极端"。从商业的角度解读这句话，我们可以得出与之相对应的说法"商业界青睐专业"。

一个新品类的诞生，必须在消费者心中形成一个与现有品类不同的位置。分化的趋势就是极端化，就是专门化，绝对不可能中庸。比如王老吉的去火凉茶，从茶饮料中分化出来，填补了消费者心中的一个空缺，形成了差异化，取得了成功。"九阳"豆浆机从果汁机中分化出来，开创新品类，形成新品类的领导性品牌。"云南白药牙膏"在传统牙膏的基础上添加了"白药"的成分，唤起了消费者"白药止血"的心智认知，使"云南白药牙膏"从常规牙膏中分化出来，开创了"药物止血牙膏"的新品类。

品类构建，就是基于消费者需求、市场竞争状态和科学技术的不断发展，有目的地开发、创立或引导新的市场类别，以满足消费者新的需求，超越竞争对手，凸现产品独特的竞争优势的一种市场营销战略，即从祖先（产品品类）分裂出去创造新的分枝。

品类构建是建立在市场细分和目标市场策略的基础之上，它可以使企业和产品避免激烈的竞争困扰，以较低的营销费用，获得竞争性优势。传统营销没有把注意力集中在品类构建上，而是集中在开发现有产品新的顾客上。传统营销就是发现顾客的需求，然后提供比竞争对手更优质、更便宜的产品或服务来满足顾客的需求。而基于品类构建的新营销则是指——如果要打造一个新的强势品牌，应该想办法让产品或服务从原有品类中分化出去。打造品牌的最佳途径不是追逐现有品类，而是创建、引导或发扬第一个能进入的新品类。寻找途径，通过原有品类的分化创造新品类，然后成为新生品类的第一个品牌，这是许多强势品牌或新生品牌市场成功的秘诀。

从商业和策划的角度看，分化为企业创建新品类，并创建强大的品牌提供了无数的机会，但是并不意味着这些机会都能最终落实为现实中的强大品牌。分化本身不会创建品牌，分化的趋势必须和企业正确的战略相结合，才能诞生新的品类和代表品类的品牌。

策划实践

定位之父艾·里斯先生在提出定位理论26年之后，终于定义了商业界中最为基本但一直未被发现和重视的"重力法则"——分化。他指出，分化是商业界的原动力，分化的力量使得新品类不断涌现从而促进了商业的发展。

在商业界，技术、文化和传播环境的变迁创造了促使品类分化的条件。市场越成熟，竞争越激烈，分化的程度就越高。回溯商业史，产品由多样变为极少数的品种，融合在一起。顺看商业历史，分化成为必然趋势。

以计算机行业为例,最初是巨型计算机,巨型计算机诞生的时候,按照当时预测,其销售量至今不会超过2 000台。但是人们忽视了分化的力量。计算机行业迅速分化,分化出个人电脑、台式机、笔记本、掌上电脑、软件、显示器、存储器等上百个相关品类,计算机行业发展成为全球第一大行业,诞生了数十个全球性品牌以及上万亿美元的市场。

牛奶和果汁的分化:橙汁、牛奶也在高度分化。在中国,橙汁已经分化出浓缩橙汁(汇源)、低浓度橙汁(鲜橙多)、加钙低浓度橙汁(酷儿)、含果肉的橙汁(美汁源)……牛奶不断分化出酸奶、纯牛奶、早餐奶、鲜奶、酸酸乳、高端牛奶、高端酸奶……在美国,橙汁几乎有牛奶一样多的种类,普通、浓缩、无果肉、多果肉、加钙、加倍维生素C、低酸、低糖,甚至还有去掉胆固醇的橙汁(Minute Maid Heart Wise)。Tropicana创建了一个新品类叫"非浓缩橙汁"。

口香糖的分化:口香糖曾经就是口香糖。现在分化为泡泡糖(大大)、薄荷味口香糖(绿箭)、无糖口香糖(Trident)、洁白牙齿口香糖(Trident White)、尼古丁口香糖(Nicorette)、益齿口香糖(Freedent)、果味口香糖(Juicy Fruit)、口味持久口香糖(Extra益达),以及清新口气口香糖(Dentyne)和木糖醇(乐天)。箭牌(Wrigley's)不断推出新品牌去占据分化品类,份额已经占到了全球市场的一半以上,长期主导着口香糖市场。

瓶装水的分化:瓶装水市场也在不断分化中。在中国,瓶装水分化为:纯净水(娃哈哈)、矿泉水(农夫山泉)、矿物质水(天与地)、维生素水(脉动)、高档矿泉水(崂山)……在美国,分化更为激烈,有常规水(Aquafina)、高档水(依云)、加钙水(AquaCal)、尼古丁水(Nico)、咖啡因水(Water Joe)以及氟化婴儿水(Nursery)……

连感冒药这个品类也在分化:感冒药(感康)、长效感冒药(康泰克)、日夜分服感冒药(白加黑)、中西药结合感冒药(三九感冒灵)、低价感冒药(一元感冒药)、小儿感冒药(护彤)。

分化这种看似简单并且十分明显的伟大力量在商业界发挥出巨大的威力,认识并利用这种力量的企业,都取得了巨大的成功。

在零售百货业中,苏宁和国美分化并且聚焦于家电卖场,取得了巨大的成功。同样,家具卖场、玩具卖场、皮鞋卖场、眼镜卖场、服装卖场,甚至进一步分化的男装卖场、童装卖场等都有机会建立品牌。

中国酒店业的分化刚刚开始。"如家"首先把握住了经济型连锁酒店的分支,成功在纳斯达克上市。随后如家的管理层再次把握分化的力量推出了"和颐"商务连锁酒店。创始人之一季琦先生单飞推出了"汉庭"商务连锁酒店。并且季琦发现了在经济型连锁酒店之下的另一个机会,推出了定价99元的汉庭客栈连锁酒店。这是很好的分化机会,美中不足的是,这个新的品类采取了错误的汉庭品牌延伸的策略。

8.3 开辟新品类

8.3.1 开辟新品类的方法

1. 通过科技创新开辟新品类

开创一个新品类最直接的方式是科技创新,科技创新分为两类:技术革命和技创新。

纯粹意义上的科技创新，往往具有革命性，是基因突变式的分化。革命性技术好比生物进化史上的基因突变，是一种剧烈的分化形式，革命性技术为创建品牌提供了强有力的基础。GE 就是由革命性技术创造的品牌。GE 的创始人是爱迪生电灯的发明者，GE 正是借助这种强大的势能以照明起家，并成长为一个强大的品牌。但是对于企业来说，革命性技术可遇而不可求。

大多数开创新品类的方式是技术创新而非源于革命性的技术，很多强大品牌也不是建立在革命性技术的基础之上。苹果公司开创"视网膜"笔记本电脑、纯果乐开创"非浓缩果汁"等都是通过技术创新而非革命性技术开辟的新品类。可口可乐由一个药剂师调制而成，并非重大的发明，百事可乐、麦当劳、肯德基、星巴克、沃尔玛、万宝路、宜家等大量的品牌都没有革命性技术。在快消品行业，技术创新一般都是工艺性的、配方方面的创新，比如啤酒行业纯生啤酒的创新就是对杀菌工艺的一次变革，从高温的巴氏杀菌，到低温膜过滤的变革，产品的本身没有大的变化，但在口味和新鲜程度上发生改变。而小肥羊的成功则是依赖于创始人发明了一个新的配方，从而开创了"不蘸小料的白汤火锅"这个火锅新品类。事实上，现实当中大量的新品类的诞生，并非来源于革命性的突变，而只是对现有技术进行较小的革新甚至是升级或改良，这对大多数企业而言，并非难事。相反，如果企业过度沉溺于技术革命，反而会让企业丧失许多创建强大品牌的机会。

2. 借助新概念开辟新品类

随着经济社会的不断发展，人类面临的问题不是越来越少而是越来越多，这也催生了层出不穷的新概念。人类社会面临的生态失衡问题、环境污染问题、气候变暖问题、老龄化问题等都为新概念的产生奠定了机会，而每个新概念都为创新品类建立了基础：不含脂肪、养生、绿色、低碳、低糖……

策划实践

洋河的成功就是借助了这一法则。中国白酒分类，过去按香型分为浓香、酱香、清香等。但对于消费者来说，"香"占的比重很小，最主要的是"味"，因为酒不是香水，酒是要喝的，且一般的消费者很难分辨出白酒的香型。另外，现在的消费者要求喝酒既要有酒的感觉，更要给身体减轻伤害和负担。这些都要求企业站在消费者的角度洞察他们的消费需求，确立消费者心智认同的品类。于是，洋河在"味"上做文章，同时确保舒适、健康，率先打出"绵柔"这一概念，绵柔型白酒的概念改变了人们对传统白酒烈性辛辣的认识，它有白酒的度数，却有着绵爽、柔和、舒适的饮用体验。无论是饮前、饮中还是饮后，都不会给饮用者造成太大刺激，这正契合了现代消费者的饮食习惯。多年以来，多数白酒企业都在坚持做酱香型和浓香型，而洋河却独树一帜地提出了"绵柔"这一品类新概念，与其他白酒品牌形成了明显的区隔和差异化。

3. 根据用途开辟新品类

设计出创新产品,并将品牌定位于目前尚无理想产品可供的用途上,就能开拓出新的品类。创新出来的品类不是靠了解"典型"顾客,而是靠对产品用途的分析与把握。皮埃尔·奥米迪亚(Pierre Omidyar)的 eBay 网站不是针对"拍卖迷"设计的,他创建这一网站是为了帮助人们出售自己的个人物品。建立 Google 网站的目的是为了查找信息,而不是为了"搜索一族"服务。宝洁公司开发出大获成功的"速易洁"(Swiffer)除尘工具,得益于公司对地板清洁工作的研究分析,而不是对地板清洁者进行的人分群特征获消费者心理调查。

策划实践

来看看 Church & Dwight 日用品公司是如何运用这一战略来扩大它的小苏打品类的。从 19 世纪 60 年代起,该公司就开始生产阿姆与哈默(Arm & Hammer)牌小苏打;产品的标志性包装——黄色盒子以及"火与锻冶之神伍尔坎"(Vulcan)挥舞神锤的图案,已成为"纯正品质"的永恒象征。公司的市场研究总监巴里·戈德布拉特(Barry Goldblatt)告诉我们,20 世纪 60 年代末期,公司管理层开始运用观察法,对顾客使用阿姆与哈默牌小苏打的各种不同方法进行研究。公司发现,一些消费者将该产品加入洗衣粉中,另一些人则将它掺在牙膏里,有的人把它撒在地毯上,还有些人打开盒子将它放在冰箱里。虽然阿姆与哈默牌小苏打在清洁、除异味等方面有诸多功效,但大多数顾客只知其一。一件产品能有这么多的用途,可是它就是没有给顾客提供他们需要的使用指南。

如今,Church & Dwight 公司推出了针对不同用途的阿姆与哈默牌系列产品,从而使小苏打的产品品类得到了极大的发展。这些用途包括:

- 口腔清新爽洁:阿姆与哈默牌全效牙膏
- 冰箱除臭:阿姆与哈默牌冰箱冷柜用小苏打
- 腋下清新爽洁:阿姆与哈默牌超强除异味剂
- 地毯清洁除臭:阿姆与哈默牌免吸尘器地毯除臭剂
- 猫舍除臭:阿姆与哈默牌超级猫舍除臭剂
- 衣物清香:阿姆与哈默牌洗衣粉

黄盒子包装的小苏打业务如今在阿姆与哈默牌系列产品收入中所占比例已不到 10%。Church & Dwight 公司的股价上涨速度几乎等于其最强劲的竞争对手宝洁公司、联合利华公司(Unilever)和高露洁-棕榄公司(Colgate-Palmolive)股价平均增长率的 4 倍。虽然阿姆与哈默这个品牌对每一类产品增长的推动作用是毋庸置疑的,但这种神速发展的关键还在于,公司推出了一系列针对不同用途的产品,并借助信息沟通策略使顾客在需要做某件事时能够意识到,某个产品完全可以成为自己的好帮手。

8.3.2 推出新品类的九个要点

1. 界定原定人群与原点市场

原定人群可能是品类消费的高势能人群,他们可能是某一品类的专家或重度消费人群,也就是人们常说的意见领袖,一旦得到这些高势能人群的认可和消费,将对其他消费群体产生影响和示范作用。

原点市场就是选择比较容易立足,同时便于发展未来的地方。理想的原点市场特点:在新品类的目标市场具有典型性和代表性;当地消费者对品类的消费基础好;消费观念比较成熟;接受度高;品类消费能力强;可以产生辐射效应。

2. 界定竞争对手并站在对手旁边

界定竞争对手和开创新品类一样关键。任何品类必然有竞争对手,否则无法成功。新品类通过针对原有品类展开攻击而进入心智,新品类把原有品类当成它的敌人。所有新品类的市场都主要来于已有品类,心智中新品类的潜在位置,常被既有品类占据。确定已有品类为竞争对手,进行攻击,才能达到移开既有品类,进入潜在位置的目的。汽车发明之初,马车仍然是市场主流,因此汽车的主竞争品类依然为马车。绿茶品类的发展有赖于从可乐等主流饮料品类那里赢得市场。通过不断的分化,新的小品类不断从原先的大品类那里争取市场空间,发展壮大。

一旦确定了竞争对手,新品牌要做的就是尽量站在竞争对手旁边,你的竞争对手可能是某一品类,也可能是某一品牌。宝马把奔驰当作竞争对手,它就把自己的专卖店开在奔驰专卖店的隔壁。百事可乐把可口可乐当作竞争对手,百事就占据了超市中可口可乐旁边的货架。真功夫针对麦当劳和肯德基这样的西式快餐竞争,就把店开在麦当劳或者肯德基的旁边。站在竞争对手旁边有两个重要的原因:第一,你的生意来源于竞争对手,所以,你必须在它出现的地方出现;第二,这样做可以给消费者一个强烈的暗示:"我是它的对手",从而也让消费者可以将品牌和竞争品牌(品类)联系在一起,并加以比较。

3. 使用新品牌

当品牌名称在心智中和某个品类紧密挂钩时,品牌就无法轻易移动。分化推动品类不断走向分歧,如果企业欲主导两个不同分枝,最佳选择是推出两个不同的品牌。在洗发水市场上,宝洁公司先后推出了海飞丝、飘柔、潘婷、润妍、沙宣、伊卡璐等多个品牌分别主导去头屑、柔顺、营养、黑发、直发、草本等分化品类。润妍因跟风奥妮而夭折,但其余品牌都得以发展壮大,成功主导各自所在品类市场。蒙牛在新推出的高端牛奶品类身上,使用了新的品牌"特仑苏"。这是一个很好的策略,对在牛奶领域一贯使用单一品牌的蒙牛而言,这本身是一种突破。"特仑苏"的名字也很好,符合消费者对牛奶奶源的联想。

4. 命好名

每个创新品类的品牌实际都包含两个名字,一个品牌名,一个品类名。先有品类名后有品牌名。如果企业无法用简洁易懂的语言定义这个新品类,这个新品类就不可能获得成功。但是企业通常不会也不愿意用简单的概念来定义新品类,因为这样会"没有创意"。"尖叫"为自己定义的品类最初叫作"情绪饮料";"苗条淑女"为自己定义的品类叫作"心动饮料"等。但是消费者心智中并不存在一个叫作"情绪饮料"或者"心动饮料"的品类，也无法理解这是什么东西。真正成功的品类，如"维生素水""葡萄糖饮料""绿茶""无糖绿茶"等，这些都是简洁、清晰的品类名。为品类取了简洁清晰的名称之后，就是选择暗示品类本质的品牌名。好的品牌名应包含以下特征：独特、简单、顺口、暗示品类，比如血尔、白加黑、喜力、护彤、帮宝适等。品类名和品牌名这两个名字服务于两个不同目的。品类名是个通用词，品牌名是突出个体的专有名。一个名字如何服务两个目的？心智把品类作为通用名对待，而把品牌作为专有名对待。

5. 聚焦核心品相

聚焦一款产品有利于品类品牌在心智中清晰树立新品类的认知，为了确保品牌占据品类最有价值的部分，同时也使新品类在发展初期获得较快发展，核心品项应该把握品类中最主流的市场。

一般而言，推出新品类的企业鲜有是完全新的企业，这也就有一个问题，是挖掘一个品类方向，然后通过一个产品线去打造品类，还是聚焦一个单品来推动新的品类。在品类开创的初期，聚焦于一个代表性品项，能够以一个鲜明、独特而令人难忘的印象，进入消费者心中并扎根其中。同时，在确定以单一品项开创品类时，为新品类塑造一个新的品牌和定义这个新品类有着非常重要的作用。创建一个品类，就要为这个品类定义一个名字，然后用一个新的品牌名来占有这个品类。品类命名和为新品牌起名是截然不同的，品类名要求通俗、容易理解、具有通用性；品牌名则要求独特、简单、寓意品类的某种特性。品类名更为理性，而品牌名则需要有创意。通过单一品项、新的品类和品牌名，能够帮助我们在集力打造的同时，不与企业的主体品牌形成混淆，而保证企业稳定发展的同时，找到全新的增长点。当然，这对于一个新晋品牌或者一个下滑的企业同样重要。

6. 首先考虑主流市场

新品类最初应该切入主流市场。这样有利于品类的推广和普及，其后才不断分化出高端和超高端的分枝。牛奶首先推出的时候是大众化的纯牛奶，然后才有酸奶以及更高端的牛奶。新品类首先考虑大众市场还包括：考虑最主流的口味、产品形态，使品类有一个简单、清晰的定义。鲜橙多最初仅是和蜜桃多等并列的统一低浓度果汁系列产品中的一个，由于橙汁是最大众化的果汁，鲜橙多迅速发展，一枝独秀。

7. 考虑好包装和颜色

推出新品类，包装和颜色策略常被忽视。包装采取和已有品牌一致还是不同方式，取决于所采取的品牌战略。开创对立品类的品牌，包装应该与既有领导者保持一致，但色彩应该对立。百事可乐推出了12盎司的6瓶和12瓶包装，以告之消费者百事和可口可乐是同一品类。色彩上则不同，可口可乐是红白，百事可乐则是蓝白。如果创新了一个全新的品类，包装和色彩都必须有所差异。在美国，酒吧和餐馆里几乎每种饮料都是12盎司罐装和20盎司瓶装的。作为新品类，能量饮料在包装上应该做到不同。因此，红牛推出了8.3盎司的罐装。"脉动"开创了维生素水新品类，采用了大于400毫升的大包装，达到强烈提示消费者的作用。在色彩策略上，新品类也应对立于主要竞争品类。

8. 飞机滑翔式启动

飞机滑翔式的启动方式是新品类的最佳选择，先缓慢发展，积累势能，然后等新品类逐渐被大众所了解，再迅速推广开。推出代表新品类的品牌面临的最重要的问题是可信度。

9. 投入时间和耐心

最强健和最持久的品牌都是由原有品类分化创建的，分化是一个漫长的过程，越有前景的新品类越需要漫长的时间去发展。新品类的完善和成熟需要一个漫长的时间，新品类被人们广泛接受也需要时间。

8.3.3 主导新品类的六个关键

1. 确保心智中领先

在市场上推出新品类仅仅是成为市场中的第一，要避免由先驱变成先烈，品牌要做的是尽可能让每个人都知道你是品类的开创者和领导者，占据心智中第一。

开创新品类是手段，核心是要成为消费者心智中品类的代表，所以，最新进入市场并不意味着最早进入消费者心智，营销的主战场在认知。对于最先在市场上推出新品类的品牌来说，最担心的就是自己成了先烈而为竞品做了嫁衣，以及自己辛辛苦苦开创的新品类被竞品分享了大部分的市场成果。因此，品牌要做的就是告诉每个消费者你是品类的开创者，要占据心智中的第一，这样你才能主导品类。王老吉凉茶发明于清道光年间，至今已有175年，被公认为"凉茶始祖"，在众多老字号凉茶中，又以王老吉最为著名，这些史料都为"正宗凉茶"提供了有力的支撑。更为重要的是之前的王老吉抢占央视黄金时段，在最短的时间以最快的速度告诉消费者王老吉才是凉茶的开创者，是"正宗凉茶"。

2. 及时进化

市场竞争是一个长期的、动态的过程，一旦品类发展势头良好，新的竞争者必然加入，要确保品牌在品类中的地位，就需要跟上竞争步伐，及时进化。

3. 扩大品类

一旦品类代表的心智地位稳固，重点就应该去推广品类而非品牌，作为品类的代表和领导者，应承担起教育和推广品类的责任，才能在品类发展中获得最大的回报。

冷酸灵牙膏是一个值得关注的例子，它因开创"抗过敏"品类而成为一个地位稳固的牙膏品牌，但是冷酸灵的销售额始终在2亿左右徘徊，而且还有下滑的趋势。冷酸灵的问题不是出在品牌上，而是出在品类上。冷酸灵面临的首要问题，是拓展品类空间。"抗过敏"是一个专业用语，消费者不清楚什么症状属于牙齿过敏，而"冷热酸甜，想吃就吃"是一个笼统的概念，冷酸灵应该不断地教育顾客，什么是牙齿过敏的症状，而这些时候应该使用冷酸灵。另一个问题是，模仿领先者的形象正在摧毁冷酸灵独特的品类特征。冷酸灵正在放弃传统的蓝白色，开始模仿高露洁和佳洁士的包装，甚至还跟进高露洁和佳洁士推出类似"冰爽"的牙膏……这些举措逐渐把冷酸灵带向歧途。

4. 引入竞争对手

扩张品类策略的另一个要点就是引入竞争对手，同行并非冤家，新品类如果没有竞争对手的加入，来共同开拓市场、教育消费者，则很难形成气候。

旭日升首先开辟了冰茶的市场，众多模仿的冰茶产品强化了其市场地位，旭日升也一路壮大，成为当时的茶饮料第一品牌。后来，为了阻击竞争者，旭日升抛出了"冰茶"商标的拥有证明。结果，旭日升赢得了官司也失掉了自己品牌的立足根基。

张裕葡萄酒于2001年申请注册了"解百纳"商标，并最终获得了批准，于是张裕要求其他企业停止使用"解百纳"一名。其他葡萄酒企业联名上诉，国家工商局最终判定该商标为张裕独有，依据是从专业上来看"解百纳"并非通用名。

张裕应该为这个结果而高兴吗？事实上这是一个糟糕的结果，对于张裕而言。判定一个名字是否是通用名的问题，从专业技术角度的分类实际上没有多少意义，重要的是从顾客心智角度来看，"解百纳"和"冰茶"一样是一个品类名而非品牌名。目前"解百纳"干红占据国内干红10%的市场，在独占这个商标之后张裕就可以独占这个市场，获得这10%的份额吗？我们认为没有一点可能。在强制成为一个品牌名后，"解百纳"和"冰茶"的结局不会有太多的区别。

张裕该如何做？我们认为应该借助这场官司大力地传播自己品类原创者的身份，确保自己在该品类的领先地位，然后放弃该商标，鼓励更多的企业生产"解百纳"，扩大品类影响力，做大这块蛋糕。

在引入竞争对手方面更加高明的做法，是企业主动推动分化，主动推动内部竞争。当一个品牌占据了某个品类市场的主导份额之后，企业主动推出第二品牌，创造新的机会点，这是领导品牌的最佳选择。

中国国内羽绒服行业的领导企业"波司登"在建立起自己牢固的领导地位以后，接连推出了新的品牌"雪中飞""康博""冰洁"。今天"雪中飞"是中国羽绒服市场的第二品牌。

5. 发展定位

定位的作用是不断地为品类寻找最优的市场空间和市场认知，品类将一成不变直到消亡，但定位并非一成不变，定位在一定时期会保持相对稳定，但随着品类的发展，它需要不断升级，为品类寻找更大的市场空间。

可口可乐的发展历程证明了这一方法的重要性。起初可口可乐是一种头痛药水，如果可口可乐一直坚持该定位，那么就不会有今天的庞大销售额；其后，可口可乐被重新定位为"醒脑提神的饮料"，这个定位使可口可乐在诸多饮料中脱颖而出，风行全美，时至今日，可口可乐作为醒脑提神的饮料在美国依然具有广泛的认知，很多青少年依然通过饮用可口可乐来醒脑；最后，可口可乐以"全球最时尚的饮料"的潜在定位成功进入包括中国在内的全球市场，成为全球销量最大的饮料品牌。

6. 分化品类

分化是商业发展的动力，也是品类发展的动力，分化创造了新品类，同时也推动新品类成长、壮大、走向成熟，进入新的分化，诞生出下一个新品类以及下一个代表品类的新品牌，任何一个品类都不可避免地会成为老品类并面临新品类的竞争。

8.4 为新品类定位

有人认为，阿芙代表精油品类，那么阿芙的定位就是"精油"。同理，九阳的定位就是"豆浆机"。这种认识混淆了品类与定位的区别，把品类等同于定位。定位的目的与作用，是为了让品类获得最佳的心智认知优势，推动品类和品牌成长。因此，如果企业通过前面介绍的方法开创新品类之后，接下来一个重要的工作就是为新品类定位。

8.4.1 选择竞争参照系

2000年，赛百味快餐（Subway）曾经在品牌定位上遇到过一个尴尬处境。当时，这家三明治连锁快餐公司的广告代理商建议，聘请一位成功减去245磅的22岁青年男子作为代言人，树立健康快餐的品牌形象，因为该男子正是坚持以赛百味三明治为主的饮食才瘦了下来。广告公司对这个减肥故事的吸引力信心十足，并投资拍成电视广告片在区域市场播放。广告播出后，赛百味的销售额平均增长超过15%。但是，该广告公司仅仅关注了赛百味与其他快餐店的关键差异点——健康性，而赛百味的高管则担心竞争参照系（Competitive Frame of Reference）和随之而来的相似点问题。虽然他们也急着对品牌重新定位——毕竟销售额已经连续两年表现平平，但是他们明白，味道在快餐类食品中是必不可少的一个要素。他们相信，对于快餐食品的核心顾客而言，食品的味道比健康性更为重要。赛百味的研究表明，虽然它的销售额落后于几大汉堡巨头，但其拥有的营业门店数量却居同业之首，因此它可以努力在食品味道上与几大巨头展开竞争。而且，赛百味的高管也意识到，快餐食品的消费者通常认为味道和健康是不可兼得的。因此，管理层担心，围绕着食品健康性大做文章，可能会损害赛百味作为一家快餐企业的形象。后来，赛百味还是决定在全国各地播放该广告片。但与此同时，该公司也积极推出了另一项宣传活动，以味道为卖点推广自己的新产品。不管最终符合品牌长远利益的是哪一种方法，这个事例说明了一个道理：品牌定位如果仅仅强调差异点，就会遗漏某些重要事项。所以，要对品牌进行合理的竞争定位，就必须确定一个合适的参照系，以及与之相关的相似点和差异点。当然，赛百味可以继续推行差异化策略，因为差异化可以把其他以健康食品为卖点的快餐企业拒于行业之外。但是，赛百味绝对不能忘记根本的一点——自己从事的到底是哪一行业。

定位的首要问题是确立合适的竞争参照系，这和开创新品类一样关键。参照系用来告诉消费者使用该品牌可望达到哪些目的。选择合适的参照系具有重大的意义，因为参照系决定了消费者将会对品牌产生哪些联想，而这些联想就构成了品牌的相似点和差异点。在某些情况下，参照系是同一类产品中的其他品牌。例如，可口可乐是一种软饮料，它的竞争对手有百事可乐和皇冠可乐。但在某些特定情况下，参照系可能来自于不同的产品类别。例如，可口可乐、佳得乐（Gatorade）和 Snapple 果茶分别属于软饮料、运动型软饮料和冰茶，但它们都属于包括所有解渴饮料在内的同一个参照系。

影响参照系选择的一个因素是产品在生命周期中所处的阶段。当一种新产品刚刚推出时，它通常会把其他竞争产品作为参照系，以使消费者迅速了解新产品是什么，以及它能帮助消费者实现什么目的。但到了产品生命周期的后期，新的增长机会和威胁就会在该产品类别（Product Category）之外出现。因此，参照系的转变就势在必行了。联邦快递（FedEx）的例子真实反映了这种演化过程。

开业之初，联邦快递推出的"次日送达"（Overnight Delivery）快递业务就是一个清晰的差异点，它明显区别于美国邮政总局（US Postal Service）提供的传统邮递业务。后来，市场上出现了其他次日送达的快递公司，于是新的竞争对手构成了新的参照系。此时，联邦快递重新调整了定位，决心在速度和可靠性两方面超过对手。这一新的差异点就体现在该公司"使命必达"（When it absolutely, positively has to be there overnight）的广告词中。然而，正当联邦快递还在小心翼翼地提防其他快递公司时，形势却起了变化，最为严峻的一部分竞争来自文件传输的其他形式。例如，很多原本通过快递业务次日送达的文件，现在可以通过传真或者电子邮件来传送，而且更快、更便宜。当参照系扩展到传真或者电子邮件时，联邦快递推行的"快捷送达"这个差异点就失去了意义，所以很有必要开发一个新的差异点。在新的参照系下，联邦快递可以选择在安全性、保密性和引起客户注意的能力上寻求差异化，而联邦快递大力宣传的包裹跟踪系统正好可以支持这种差异化战略。这样一来，联邦快递不仅能把自己与传真和电子邮件区别开来，而且也能与其他次日送达的快递公司划清界限。

8.4.2 充分利用相似点

新品类定位的第二个重要问题是如何处理与竞争对手所共有的品牌特性。现实中总会出现这样一些情境，你的品牌必须在某些方面与竞争对手的品牌"旗鼓相当"。所以，有效的定位不仅需要考虑品牌的差异点，还必须考虑该品牌与其他产品的相似之处——我们称之为相似点（Points of Parity）。一旦选定了初始参照系，你就要想清楚一个问题：如果你希望令消费者认为你的产品在这个参照系内是合理和可信的，那么你的产品必须具有哪些相似点？假如一家银行不能提供支票和储蓄业务、保险箱、旅行支票等服务，顾客就不可能认为这是一家真正的"银行"。只有满足了这些最低要求，你才能够参与竞争。

就像联邦快递的做法所揭示的那样，在推出基于创新品类的新品牌的时候，营销战略的制定者通常都认识到确定相似点的重要性。但是，随着新品类的创新性增强，要把它框进某个既有的参照系并满足这个参照系的最低要求，其难度也会增大。摩托罗拉公司的 Envoy 就是明证，该产品在市场上遭到冷遇，生命周期极为短暂。

Envoy 是摩托罗拉公司 1994 年推出的一款掌上电脑（PDA，又称个人数字助理），它能够像寻呼机那样接收无线信息，但是因为个头太大（大小如一盘录像带）、价格太高（售价 1 500 美元），没人把它当寻呼机看。Envoy 可以像笔记本电脑那样发送电子邮件和传真，但无法替代笔记本电脑，因为它没有键盘和足够的存储空间。它可以像日程管理器（organizer）那样存储日历和联络信息，但高昂的价格和笨拙的输入系统又使它无法跻身这类产品之列。总而言之，Envoy 缺乏足够多的相似点，以致它无法归属任何一类现有产品。既然没有一个清晰的参照系，消费者就拿不准自己为什么必须购买这个产品。所以，Envoy 在 1996 年黯然退出了市场。

在 Envoy 退出前不久，摩托罗拉发布了一款新品 PalmPilot 1000，其功能只是 Envoy 所具有的很小一部分。但是，它很快就成为有史以来消费者接受最快的电子产品。该产品取得成功的一个关键因素，就是它与电子日程管理器有相似点，故而可以把这类产品当作参照系。PalmPilot 的设计师杰夫·霍金斯（Jef Hawkins）故意对它的功能进行了限制，只纳入与日程管理器有关的功能。紧凑的外形与合理的价格则进一步强化了该产品作为日程管理器类别的定位。与此同时，它配备了简单的一键操作式电脑同步传输功能（PC synchronization），这又使它别具一格，与同类产品区分开来。

8.4.3 确定品牌利益点

品牌必须予人以独特的利益点，这些利益点必须能够把品牌与同一参照系的其他品牌区别开来，这是品牌定位成功的关键。同时，你要确保这些利益点之间不会自相矛盾。在顾客看来，如果某个品牌拥有某项利益点，就意味着它不会拥有另外的利益点。例如，我们很难把品牌定位成"不贵"的同时又宣称它"质量最好"。如果宣称品牌既有营养而且味道很好、马力强劲而且驾驶安全、无处不在而又独一无二、变化多样而又简单明了，这样的品牌定位所包含的利益点彼此就是负相关的关系。

但是，就像美乐淡啤（Miller Lite）的成功定位——"口味醇美，热量更低"（Great Taste, Less Filling）所显示的那样，明显的矛盾是可以克服的。在消费者看来，口味好和热量低是矛盾的。有三种妙方可以化解矛盾。方法之一是排序。先确立品牌"口味醇美"的声誉，然后再进一步宣传"热量更低"。毕竟，在大多数情况下，消费者不可能一次性地把精力关注在品牌的多个属性和多种利益上。方法之二是充分利用另外一些不相干的属性。为了解决味道好与热量低之间的负相关问题，美乐淡啤推出了广受人们喜爱的名人做代言人，使大家都相信味道醇美之说。有时，我们还可以把矛盾变成事实上的互补关系。例如，苹果公司（Apple）在推出 Macintosh 型电脑时，其关键差异点是"用户友好"（User Friendly）。但是，顾客认为使用简单方便的电脑不会具有强大的功能，而功能又是选择产品的关键因素。为了解决这个潜在的问题，苹果公司推出了一项宣传活动，广告词是这样写的："人们真正使用的计算机，才是功能最强大的计算机。"

8.4.4 保持长青

随着品牌趋于老化，策划人员面临的挑战在于确保它与时代同步，并能够满足消费者不断变化的需求。达到这一目的的方法有多种。在某些情况下，品牌拥有足够深刻和丰富的定位，从而使这一品牌能够历久弥新。例如，自1955年以来，万宝路香烟（Marlboro）就成功地采用牛仔形象以及与旧时美国西部的联想，准确地表达了追求自由和个性的品牌内涵。

但是，在另外一些情况下，长期沿用同样的差异点或者利益点并不能保持品牌的吸引力，这时就需要加深和丰富品牌的内涵。你必须更清晰地展示该品牌与消费者的目的有何关联，你需要洞悉促使消费者使用该品牌的原动力是什么。然后，就可以对品牌进行再定位，使差异点成为品牌的精髓，并暗示该差异点能帮助消费者达到其目的。这个过程我们称之为"进阶"。

在进阶过程中，首先向消费者传达的是产品的具体属性，然后再逐渐上升到更加抽象和概括性的含义。这种方法在某公司的手机系列广告中得到了很好的体现。最初，广告片重点介绍的是独特的手机特征，这保证了通话服务的可靠性。到了第二阶段，广告分析了可靠通话服务的重要性，那就是消费者不必再担心为等待某个重要电话而被困在办公室里。下一阶段的广告可能要围绕着一个更具概括性的含义：让消费者获得更大的行动自由。

维持品牌定位的另外一个方法，是确立一个由李奥贝纳广告公司（Leo Burnett）提出的所谓"大理念"（Big Idea），也就是找出一项对于消费者极其重要的、具备差异性的利益点，此后长期不断地推出各种各样的产品属性来体现这一利益点。广告中的情境必须保持一致，这样人们就会很自然地把广告与品牌名联系起来，从而确保了强大的品牌关联。

绿巨人公司（Green Giant）的广告就是应用大理念的一个例证。该公司的广告始终以山谷作为背景，因此消费者一看开头就知道是绿巨人的广告。由于该背景的持续使用，并且由于该品牌提供的利益点始终是高质量食品这一事实，使得多个独立的广告篇联结成为一项统一的宣传活动。同时，随着时间的推移，绿巨人对产品的属性也进行不断的翻新（这些属性无一例外地都指向同一利益点），从而源源不断地制造新的信息以保持消费者的兴趣。比如，通过一系列的广告，绿巨人告诉消费者——绿巨人的蔬菜是新鲜速冻、真空罐装，并且包裹在黄油酱中，以表明其产品质量上乘、味道鲜美。

策划实践 策划中，如何避开品类创新的四大陷阱

相对于很多行业而言，中国的食品饮料市场更加成熟稳定，每个品类中都形成了几个巨头垄断的格局，新企业和新品牌想分得一杯羹，就需要采用品类创新战略，为企业开创一个新市场，借此改变竞争格局。

品类创新成功了，开辟一个新品类，可能缔造一个品牌传奇，传为佳话；失败了，不仅无法开辟一片新天地，更可能从一开始就是个错误或者笑话，到最后甚至威胁到企业的生存。那么，品类创新背后到底隐藏着什么陷阱呢？

陷阱一：市场中不存在真正需求

很多企业进行品类创新时，往往是从企业本位角度出发，跟风于某一方面的产品创新或纯

概念创新，试图通过命名开辟新领域。其实，这往往是企业自己一厢情愿的事儿。

娃哈哈的"啤儿茶爽"，投入了几亿广告费，形成较高的认知度并把那句"你OUT"的广告宣传语传得沸沸扬扬，使得全国上下一时间都知道了这个奇特的家伙，可最终只是在饮料市场的悲情"英雄"名单册上留下了个身影而已。根据娃哈哈的相关宣传，啤儿茶爽像啤酒一样爽，但它不是啤酒；像绿茶一样健康，但它不是绿茶。乍听像一个全能选手，实际上却是一个"四不像"，甚至都没法找到一个品类的归位，而是向所有饮料开炮。消费者喝饮料的第一需求是解渴，显然在这一点上，谁也无法替代纯净水；再细分，有茶饮料、果汁饮料、功能饮料的区隔。啤儿茶爽从一开始就想"一脚踏多船"，似酒非酒，似茶非茶，结果反而成了被各方不待见的"弃儿"，根本原因就在于没有深层地考虑过消费者的感受。喝酒的人和喝茶的人都是源于其原本味道，讲究纯正，不是"差不多"的概念或者感觉就能取代，而不喝酒和不喝茶的人对这种味道也难生好感，更没有取代其他饮料的理由存在，所以消费者对这个新品类没有需求，于是"啤儿茶爽"即便有雄厚的背景，也避免不了惨淡收场的结局。

所以，我们说，品类创新一定要基于消费者的需求，甚至大部分是消费者的潜在需求，致力于打造消费者所真正需要的品类，才能够赢得消费者的认同，创造一个独特的品类。

陷阱二：与消费者既有生活习惯冲突，造成消费障碍

品类创新中，品类分化是被公认的一种方式，有时是通过技术革新，细分需求，有时仅仅改变产品外在形态，或者使用方式，致使消费场所、方式发生变化，从而形成了新品类。比如，香飘飘把珍珠奶茶从街边店搬进了工厂，装入杯中，一年卖出七亿多杯。

但在某种情况下，这种改变如果与人们多少年来的既有生活习惯相冲突时，反而可能造成消费障碍，起到相反的效果。

快节奏的生活下，都市人的生活方式开始向快、新、奇转变，迅速推动快餐文化的兴起，"速食"瞬间席卷饮食方方面面，如方便面、快便当等。美国金汤宝有限公司旗下的著名品牌史云生顺势所趋，推出汤罐头。在中国，喝汤确实被看作是好的生活习惯，一种养生方式，而汤的养生价值往往就体现在烹饪所花费的时间上，讲究生活的中国人稍有闲暇，都愿意找点食材，费上2个小时煲一锅汤，人们不愿意喝隔夜汤。而这种在工业化生产下诞生的"汤罐头"与消费者喝汤讲究新鲜的需求背道而驰，自然也不可能赢得市场的青睐。从上述案例中，我们也看到，从营销的各个角度检测，无论是需求或者认知都已经奠定了很好的基础，但只是在某种生活习惯上发生了冲撞，而且是不可颠覆的，或者说颠覆是需要花很久的行业教育时间，自然很难如企业所期待的深层打动消费者，产生销售奇迹。

陷阱三：运用意义含糊、模棱两可的语词代表产品

前面已经说过，品类创建需要从消费者角度出发，给予消费者清晰且易被消费者感知的利益。尤其在这个不缺想法且传播过度的信息时代，人的心智开始简化，于是产品能传播进入消费者心中的不二法则就是"越简单越好"。

比如"非茶6+1"，听名字貌似很不错，但若真要购买时消费者就搞不清了，我是要买茶饮料吗？又"非茶"，那是果汁、牛奶……不得而知。其实它是在普洱茶的基础上，混合了沙棘、红枣、白果、山楂、荷叶6种原料组合而成，是一种"植物混合普洱茶饮料"。要说是红茶、绿茶、普洱茶，消费者一听就明白，但这个"植物混合普洱茶饮料"，过于复杂了，界限划得也不清不楚，普洱同样也是植物，大部分消费者都会头晕，更不会抽出时间仔仔细细弄清楚这瓶饮料到底是为何物？自然也很难产生对它的需求。其实普洱自古就有延年益寿、养胃护胃的功效，其中蕴涵的茶多酚不仅能为身体抵抗氧化，还能舒张血管和抵抗辐射。而沙棘、红枣、白果、荷叶、山楂里富含植物黄酮成分，是预防心脑血管疾病的最佳原料。非常适合高压力的城市精英对付亚健康和富贵病的养生饮料，干脆叫"贵养饮料"，寓意"贵族精英的养生饮料"，开门见山传达顾客利益，让目标顾客产生对号入座，就能立即启动消费，而不至于花了上亿的费用而打水漂。

请记住，类别必须有清晰划定的界限，必须精确不可模糊，好的品类名都是简洁、清晰、容易理解的。

陷阱四：自说自话，没有借力消费者既有认知

消费者不懂真相，他们只会按照自己的既有认知和常识来解读自己认为的"真相"。我们在构建品类利益的时候，必须深刻地分析消费者的基本认知，而不能去挑战他们长期固有的"心智防御体系"，也就是一些最基本的固有认知。

营养快线的成功，很多人认为，它把果汁和牛奶混合在了一起，开创了一个全新复合饮料品类。事实并非如此，如果真的是一种复合饮料的话，其认知是脱离于消费者既有认知的。真实情况是，大部分消费者还是把营养快线归类于乳饮料，只不过和以往的不同，是加了果汁的牛奶，加上口感上并无怪异，所以，很容易被消费者接受和认知，包括其名字中的"营养"和"牛奶"是很容易产生联想的。

有个品牌酸梅汤在定位时，将品类定义为"去油解腻"则违背了消费者的认知基础。尽管市场尚存"去油解腻"的需求和巨大商机，但在消费者的认知基础里，酸梅汤是"消暑开胃"的产品。所以，酸梅汤定位"去油解腻"很难做大。

事实上，品类创新不是站在产品的角度，去强行挖掘出某个新概念，形成新品类，然后强行推销给消费者，而是借力于消费者既有认知顺水推舟地让消费者接受新品类。

总之，品类创新的陷阱，究其本质是一种思维陷阱。企业进行品类创新时，最应该避免的，就是只站在自己的角度，去强行挖掘某个新品类，然后再将这个消费者需求与习惯背道而驰的新品类以复杂并违背消费者既有认知的方式强行推销给消费者，这样强行包装出来的新品类无法打动消费者，自然也就无法换来消费者手中的钞票。

8.5 推出并发展品牌

8.5.1 通过公关活动

新品类成长的规则与大企业一贯的做法恰恰相反，这也为小企业留出了打造新品牌的机会。推出代表新品类的品牌面临的最重要的问题是可信度。新概念不可信，尤其是新概念在广告中推出的时候。如果伟哥是通过广告运动推出，它很可能一无所成。广告要有成效，首先需要第三方来提供可信度，第三方可以是朋友、邻居、亲戚或者是媒体。

正因如此，推出新品牌时最有效的营销方案是以公关运动开场。公关推动口碑传播，为品牌建立可信度。品牌只有在获得一定可信度后，跟进的广告才能充分发挥作用。最佳的推出新品类的方式，应该主要利用公关技巧，缓慢打造品牌，然后等待转折点出现时，马上推出大量的广告运动进行巩固和加强。

特别需要指出的是，并不是所有的情况下都适合于以公关启动品牌，对于老品牌重新聚焦的情况就不同，对于老品牌而言，顾客可信度问题并不明显，而老品牌本身已经缺乏了新闻性，要发动一场庞大的公关战役十分困难；另一种情况是抢占心智中品类空缺的情况。这两种情况与全新的品类启动的情况完全相反，在确定恰当的定位之后，还必须通过充分的广告投入来确保心智的占据。

8.5.2 通过原点人群与区域

推出新品牌的第二个要点是首先从最容易影响的人群和区域入手。消费人群通常可以分为两大类：传统或者非传统。

大部分人群属于传统群体，人们想买"传统"的产品，买其他人在买的东西。通常，他们希望被看成是传统的、非叛逆的。而另一部分消费者认为他们是非传统的，他们不仅愿意，有时甚至渴望尝试新东西。

地域也基本体现了这样的特征：有些区域的人群敢于尝试新东西，某些区域保守观念较强。推出新品牌最初的关键在于和非传统人群、非传统区域建立联系。非传统人群以及非传统区域，它们是新品类推广的原点，新品类推出的初期，应该将重点放在原点区域和原点人群，然后再逐渐扩散。

8.5.3 新品牌的推广需要时间

浇水太多或施肥太多，植物就会死掉。这种做法也会扼杀品牌。最强健和最持久的品牌都是由原有品类分化创建的，但是分化是一个缓慢的过程。实际上，越有前景的新品类越需要漫长的时间去发展。电视机于1927年发明，但是直到二次世界大战之后才成为大众商品。20世纪30年代大力推广电视机品牌的公司可能会破产。

新品类被人们广泛接受也需要时间。比尔·盖茨早期碰到的问题之一，就是人们认为软件没有价值，大多数用户从朋友那里复制自己电脑需要的软件（Altair用户中不到10%购买了微软的软件）。

红牛是饮料行业内典型的新品牌。这个品牌在美国花了4年时间年销售额达到了1 000万美元，又花了5年时间年销售额才达到1亿美元。微软花了10年时间，年销售额才达到1亿美元。沃尔玛花了14年时间，销售额才达到1亿美元（如今这个品牌销售额达到1 980亿美元，并且已经成为全球最大的零售商）。老干妈从1996年推出豆豉辣椒酱，2000年销售达到5 000万元，2003年逼近6亿元。

当新产品由早期的销量缓慢增长变成突然加速时，转折点就出现了，根据我们的研究，出现这样的转折点平均需要6年时间。一旦转折点出现，就意味着新产品已经由小众开始进入大众市场，此时企业应该加大广告投入力度，快速扩大市场。

8.5.4 不断夯实在心智中的品类主导地位

在心智中开创品类迈出了成功创建品牌的第一步，第二步就是不断夯实在心智中的品类主导地位，尽可能让每个人都知道你是领先者。

这是一个长期、不间断的策略，即使在品牌已经建立起领先市场地位的时刻，不断强调自己在该品类中的领导地位仍然重要。因为消费者是一个流动的群体，新的消费者会不断地进入，而他们通常并不清楚谁才是品类的开创者，谁是市场的第一，如果忽略了这一点，就会让后来的竞争者有机可乘。

这就是一些朴实的以致被人轻视的传播概念"连续几年销量第一""某某市场领导品牌""连续几年销量遥遥领先"往往比"大创意"效果更加显著的原因。波司登羽绒服的广告口号是"连续12年销量遥遥领先"，箭牌口香糖进入中国市场时的宣传口号是"美国销量第一"。

相当多的企业只见树木不见森林，他们认为宣传的重点应该聚焦在产品的特点或者性能上。实际上，消费者的逻辑与企业的逻辑恰好相反，企业的逻辑是"产品好、功能突出才好卖"；消费者的逻辑是"好卖的产品才是好产品"。

需要指出的是，如果一个品类处于上升阶段，以销量的领先强化心智中的第一是一种有效的方法，但如果品类处于下滑的状态，这种策略则没有多少效果。

长城皮卡的例子很好地说明了这个问题，2003年，由于国内城市普遍禁卡，长城皮卡在广东地区的销售出现了较大幅度的下滑，为了应对这种局面，长城皮卡投入了大量的资金来推广"销量遥遥领先"的概念，结果仍然难以挽回销量下滑的局面。长城汽车的最佳选择应该是着力推广新品类——SUV产品赛弗。事实上，这个被称为"加了盖的皮卡"的产品销量扶摇直上，今天已经成为长城汽车新的支柱产品。

8.5.5 监视竞争，及时封杀，设置门槛

市场竞争是一个长期的、动态的过程，一旦品类发展势头良好，新的竞争者必然进入。因此，要确保自己的品牌地位，就需要跟上竞争步伐，及时进化。

新品类进入消费者的心智认知需要时间，而时间站在领导品牌一边。领导品牌维护品牌的方式就是监视竞争对手，然后封杀其进步。在发展成熟的品类，第二位品牌或第三位品牌要在自己和领导品牌之间找到一个清楚的物理区别几乎不可能，例如家用电器和电脑领域。即使落后品牌确实找到了某种区别，领导品牌也可以很快复制这个概念。这种战术叫作"封杀"，它适合于每个领导品牌。封杀战术的本质，就是进化或者说逐渐改良。最终，市场发展的结果就成为大多数品类是由非常相似的产品构成，而领导品牌拥有主导性份额。

在品牌创建阶段，广告并非有力的手段，但在品牌维护阶段，广告就具有提高竞争门槛的战略价值。宝洁就是利用广告抬高竞争门槛的典范。宝洁是世界上最大的广告主之

一,仅在中国大陆,宝洁每年就有十几个亿的巨额广告费,这足以令竞争者望而止步。巨额的广告预算为宝洁旗下品牌起到保驾护航的作用。

8.5.6 管理品牌形象

品牌在品类中的主导地位已经建立,消费群体逐步稳固,品牌形象初步形成。这个阶段,企业需要通过系统、专业的品牌形象检视和设计(包括 VI 识别、品牌形象创意和管理等),建立系统的传播规范,确保品牌核心主张的精确表达。

在品牌形象管理方面,以奥美为代表的国际 4A 公司,因长期为国际品牌提供品牌传播管理以及形象维护服务而具有丰富经验。奥美专门发展了用于品牌形象管理的"品牌管家"作业工具;品牌形象管理专家大卫·艾格也在如何管理品牌资产方面建立起系统的理论和方法。

必须要强调的是,即使在品牌维护阶段,也不能以单纯的品牌形象传播取代"品类传播",品牌的发展无法脱离品类。大多数企业都热衷于谈论"品牌核心价值观"这样的观念,因为这样蕴涵了无限的创意空间。广告公司也不喜欢品类这个概念,因为表面上它限制了创意的空间。但是要真正建立强大的品牌,企业必须紧紧把握品类这个主题,真正的品牌管理的要义是以在品类中占据主导地位为目标,时刻保持品牌的聚焦和专注。

实践技能训练

技能训练:案例分析

【实训性质】 专业技能训练。

【实训目标】 通过技能训练,了解并掌握品类战略及其方法。

【实训内容】 仔细阅读下面的案例素材,尝试把其中的定位策划原理运用于其他策划方案中。

【案例素材】

王老吉创建成功品牌的 5 个定位要点

2004 年 8 月,"王老吉"的罐装凉茶的销售额突破了 10 亿元人民币,标志着王老吉正式加入了 10 亿元品牌的行列。其实在王老吉登上 10 亿元销售额这座高峰之前,它的销量在 2003 年就比上一年增长了 4 倍,达到了 6 亿元人民币。

王老吉在 2002 年只有 1 亿多元的规模。虽然在中国的饮料以及保健品市场上,品牌在短期内从大起到大落的现象已不鲜见,但是以我们对王老吉的了解以及亲身的实践,我们认为王老吉走的是一条品牌发展的正道,它避开了很多导致品牌短命的陷阱。如果不犯大的错误,再结合精心的照料,它的生命周期很可能会像可口可乐一样不断延伸。

在本案例中,我们将以王老吉这个案例为线索,综合其他品牌的得失,在更普遍的意义上探讨创建成功品牌的 5 个定位要点。

1. 让品牌成为品类的代表

创建品牌的第一步是选择一个有前景的品类,并确认要创建的品牌有机会成为此品类的代表。成功的品牌往往都是某个品类的代表，比如红牛代表能量饮料，星巴克代表高档咖啡店等。为王老吉进行定位工作，也要让它代表一个品类。经过分析，我们确认王老吉有一个很好的基础——100多年来它至少在广东一带成为凉茶的代表，这是整个定位工作的第一步。

（1）品牌和品类。为什么让品牌代表一个品类是品牌定位的首要工作？从消费的本质来说，人们购买的是品类而非品牌，顾客之所以选择某品牌，首先是因为它代表了品类。

消费者喝可口可乐，是因为人们口渴的时候，会想到要喝可乐（在这里可乐是一个品类），而可口可乐则是可乐的代表，因而它成了购买时的选择。没有成为品类代表的品牌，很难获得消费者选择。

（2）品类代表忌复杂。中国企业现在都知道要凭借差异化来战胜对手，但是很多企业往往过分强调产品成分与功能上的微小差异，这就忽略了一个事实：对消费者来说，细微而复杂的差别会导致混乱。

乐百氏2003年推出脉动时，它代表了一个新品类——维生素水，这个品类与可乐、茶饮料和水相比有明显差异。此后，娃哈哈推出激活，添加了所谓的"亚马逊雨林青春活力果瓜拉纳"；康师傅推出的劲跑X，则称可以一起补充维生素、糖原、氨基酸；汇源的营养水，更根据不同性别提供营养。

那么，消费者会如何看待这些产品？对消费者来说，只有维生素水最简单明了。他不会动太多的脑筋来比较这样那样的差别然后掏钱买单，他只会笼统地将所有其他产品都视为脉动的同类。这样，这些产品在本质上就没有了差异。领先的脉动，只要加强铺货，强调自己是维生素水中的第一品牌，就可遏制其他品牌的发展。代表某个品类，实际上使品牌获得了最大的差异。

2. 为新品类重新定位

品牌成为品类的代表之后，确保了消费者购买品类时会首先选购这个品牌，然而这还不够。对于王老吉来说，虽然它代表了凉茶这个品类，但带有广东地方特色的凉茶很难为全国消费者认识和接受。此外，人们一直把凉茶当成药，这必然导致王老吉在销量上无法取得更大的突破。

因此，王老吉定位工作的第二步，是做大凉茶这个品类市场，让更多人想到喝凉茶，并且把王老吉当成茶而非药。而要达到这一目的，必须为凉茶品类重新定位，使之成为一种像茶一样能被人们广泛认可和接受的主流品类。

（1）对立性定位。为品类重新定位的关键是识别出最主流的竞争品类，并界定该品类对消费者的核心价值。然后，从反面出击，建立与之相对立的新品类，在品类上创造出差异。这样做的好处是使消费者在考虑主流品类时，同时也想到它的弱处和对立品类的好处，促使新品类也逐渐变成一种主流选择。

比如，可口可乐诞生之初，当时的主流饮料是酒类，其品类价值是具有精神麻醉作用，可以缓解人们的工作与生活压力。可乐刚好站在"麻醉"的反面，明确提出与之对立的策略——"提神醒脑"，由此建立起与酒类相对抗的饮料品类。

站在主流品类的反面为新品类重新定位，实际上同时也在为主流品类重新定位，指出了主流品类与生俱来（与其品类价值伴生）的弱点，并凸显出新品类的价值。比如，将可乐定位为提神醒脑的饮料,实质上同时也把酒精类饮料归入了麻醉和抑制的类别。

(2) 王老吉的定位。王老吉针对的主流饮料品类是什么呢?是汽水!它们被称为清凉饮料,然而只是暂时性的口感清凉,是假清凉。相反,凉茶可以预防体内上火,因而形成了与汽水对立的品类。把王老吉从"清热解毒去暑湿"的药饮产品重新定位为"预防上火的饮料",还可消除中国人心目中"是药三分毒"的顾虑,进一步拓展消费群和消费量。

这种战略选择有史可鉴。诞生于100多年前的可口可乐,最初同样是功能性药饮,功效是治疗神经性头痛。后来,可口可乐将自己定位为"提神醒脑的饮料",终于走出药房,成为美国饮料业的主流品类。

总之,如果一个品牌要去开创一个品类,最佳的做法是直接向主流品类代表发起冲击,就像凉茶冲击汽水一样。根据这个逻辑,激活、尖叫等品牌的做法并不可取。它们只是强调产品的独特性,忽略了创造品类差异的重要性,从而无法成为主流产品,只能沦为支流。

3. 采用单一产品

既然品牌代表一个品类,就要让这个品类的产品明确化,不能既是这样又是那样。任何一个伟大的品牌,都指代着一种明确的、单一的产品。可口可乐是一种明确的产品,红牛也是一种明确的产品,这些产品的明确性增强了品牌的力量。如果产品不明确,则会削弱品牌的力量。

(1) 不专注之弊。第五季就不是一种明确的产品。它包括了汽水、果汁、茶和水,而汽水又包括可乐、苹果、柠檬、橙汁、冰淇淋等多种口味。消费者要喝第五季,会有几十个瓶瓶罐罐要他进一步确定,这就人为地给消费购买决策设置了障碍。

品牌推出太多产品,骑跨多个品类,也会给后来的竞争者提供可乘之机。比如,娃哈哈品牌下什么产品都有,但它更多地只代表饮用水,它的茶、果汁和加汽果汁卖得并不好,水也正被农夫山泉超过。再比如,尖叫有三种产品,而实际上每一种都可以建立新品类。如果有人建立独立的植物饮料、纤维饮料和活性肽饮料的代表品牌,那么当消费者需要购买这些品类时,首先出现在他脑海的恐怕会是这些独立的代表性品牌,而不是尖叫。

(2) 何时多样。如若一个成功品牌没有竞争,适度扩大产品组合也是允许的,但一定要在品牌成功以后,而且要确定市场上确实没有厉害的对手。

可口可乐推出不含咖啡因的可乐、健力宝推出柠蜜型、农夫山泉尝试长白山矿泉水等这些举动不会混乱人们对原有品牌的认知,也很少会影响到品牌作为品类代表。因为品类已经成熟或成型,而品牌也已经相对稳定。不过,事实上这些成功的品牌后来增加的产品卖得都不好。

还有一种情况会导致产品不能单一,那就是品类一经界定,客观上就存在不同的产品,使企业难以取舍。例如一谈到果汁,就有橙汁、苹果汁、葡萄汁等。这里建议学习鲜橙多,它开创了低浓度果汁品类,而且只选择了橙汁一个产品,但销量远远超出其他低浓度果汁品牌。一般说来,开创品类者总是可以优先选择最好的产品,将差一些的留给对手。

王老吉定位工作的第三步,就是如何看待和处理多样化产品的问题。现在市场上的王老吉,一方面有加多宝的红色罐装产品,一方面有羊城药业的药材煲剂、冲剂和纸包装之分。我们通过论证,认为王老吉这种表面上的多产品现象,其实属于形态不同,本质上可认为是同一种产品,就像可口可乐有瓶装、罐装,还有餐饮业运用的杯装。

4. 不要依赖品牌形象和文化塑造

打造饮料品牌有一个最大的陷阱,就是企图从品牌形象与文化塑造入手。有些企业认为,可口可乐之所以强大,是因为代表了美国精神和文化;百事可乐之所以成功,是因为它代表着年轻和激情。因此,我们看到第五季投入了巨大资源,力图塑造"轻松、自我、叛逆、梦幻、时尚"的品牌形象。

(1) 形象和文化是顾客带来的结果。实际上,品牌形象与文化不是企业塑造出来的,而是品牌拥有的顾客带来的,是品牌成功后具有的光环效应。如果一个品牌很成功,它就会赢得众多的某类顾客购买,就可能形成某种社会或文化现象,品牌也因此会被赋予某些象征性意义。

可口可乐是美国最畅销的商品,百事可乐吸引了最多年轻人购买,所以可口可乐代表美国文化,百事可乐代表激情。然而,品牌不可能反过来,在毫无市场影响的前提下,主动塑造成富有某种意义的形象,然后带动销售。一句话,品牌没有顾客就没有文化。

虽然有时候品牌形象塑造确实能带来销售,就像第五季一样,短期内将销量推到一个较高程度,但是这种效果只是短期的。对于企业来说,往往是在经销商第一轮大量进货后,紧接着就是艰难的推销,然后面临订单的减少。这是因为渠道不清醒,受到大规模广告蛊惑的缘故。

当然,已经成功的品牌是可以进行形象和文化广告宣传的。由于可口可乐就代表可乐,人们接触到任何可口可乐的信息,都会强化"可口就代表可乐"的认知,接触一次提醒一次。因此可口可乐只要维持宣传热度就会有效。既然"可口可乐代表美国文化"能引来广泛的兴趣和口碑,顺势推波助澜一下是可以而且合算的。

(2) 王老吉从原因入手。王老吉定位工作的第四步,是把企业活动纳入到营销"预防上火的饮料"上来,加强餐饮销售渠道建设和定位概念推广,完全摒弃华而不实的品牌形象塑造。

以前,王老吉品牌期望通过"健康家庭,永远相伴"的形象塑造来吸引消费者购买。然而,如果没有事先创造出大量消费者购买这个事实,此口号只能是自言自语,该形象也只是企业的一厢情愿。相反,如果王老吉从餐饮领域突破,成为华人喝得最多的饮料,并在全球通行的可乐、咖啡、乳品和水饮料之外,为世界增添源自中国的凉茶品类,人们自然会赋予它带有东方色彩的形象。

5. 不要排斥竞争

把品类朝着主流的方向重新定位后,将引来众多跟随品牌。这些跟随品牌的到来,可以使新品类做得更大,自然也带来了竞争。

(1) 同行不一定是冤家。品类在竞争扩大后,各个品牌都能得到好处,而领先品牌得到的益处最大。就此而言,所有在同一品类下的竞争品牌都是盟友,都站在同一阵营,共同抢夺着消费者对其他品类的注意。正是这种协同效应能够将整个品类打造成众所周知的主流产品,所以不要排斥竞争。

康师傅、娃哈哈、第五季、农夫果园等品牌的涌现,表面上是侵犯了鲜橙多的市场,但没有它们的介入,低浓度果汁品类不会这样"旺",领先品牌鲜橙多也不会像现在这样成功。如果没有激活、尖叫等品牌的跟风,维生素水品类不会得到那么大的关注,脉动也不会有现在这么好的销量。

(2) 保持领先。在众多竞争对手到来之后，代表性品牌此时需要先行一步，一方面针对竞争品类拓展新品类，另一方面形成新定位下各种运营活动的战略配称，以确保未来占得主动。比如，农夫山泉建立了天然水品类后，还尝试推出了长白山矿泉水。它在推广上提出天然水比纯净水更适合饮用；在经营上则加强对天然水源的获取，掌控了千岛湖、长白山、丹江口、万绿湖四大优质水源地，确保了品牌在天然方面的优势；在营销上，农夫山泉以学生为初始消费群，定价也明显高出纯净水；它还致力于赞助体育运动的公关宣传。所有这些都非常鲜明地传达了这样一个信息：农夫山泉天然水比纯净水更好。

凉茶这种传统功能性饮品，其历史和配方是品牌的核心优势。王老吉战略配称的第一步，是借助170多年的历史树立"凉茶始祖"的身份，完善自己的品牌故事，并塑造配方的传统性与神秘性。值得一提的是，王老吉赞助了中央电视台电视连续剧《岭南药侠》的拍摄，该剧主角即是品牌的创建者王老吉，它利用国人喜闻乐见的形式将品牌故事导入消费者的内心。而在具体的经营中，王老吉领先其他凉茶品牌建立了全国性营销组织，并着重餐饮渠道的建设和推广，特别在国人认为易上火的湘、川菜馆和炸鸡连锁店卖饮料，完全改变了把传统凉茶当成药饮产品的经营方式。另外，王老吉作为传统的成熟产品，创建品牌不能像创新产品那样依靠公关逐步推动（同时留下产品修正时间），它需要广告的全力推动，以获得一马当先的品牌效果。王老吉从原来的品牌形象塑造，转向"怕上火就喝王老吉"的号召性诉求，并在广告上大量投入，确保自己在竞争中领先，也促进了品类的发展。

(3) 推广品类。王老吉定位工作的第五步，即是在初步成功的基础上，从推广品牌有意识地转向推广品类，带动凉茶品类的成长。事实上王老吉作为第一个全国性的凉茶产品，其品牌推广本身就是在开拓品类，"怕上火就喝王老吉"的宣传，将为很多跟进的凉茶产品打开局面。

王老吉现阶段要做的，是站在领导者的地位上，保持开放的态度，与大家共享市场。王老吉力图实现的市场景象，是各种凉茶品牌的共同繁盛。它愿意看到强调"真材实料，现场煲制"的"黄振龙"凉茶铺遍中国城市，尽管"黄振龙"强调它的功效比罐装凉茶更足；它也欢迎"邓老"，不排斥它的"现代凉茶"……总之，王老吉希望看到预防上火的凉茶品类红遍全国。领导品牌既然是品类的代表，就一定要带头让品类兴旺起来，一荣俱荣，共同分享成果。

很多人在潜意识中认为某些国家、区域在某些品类有特别的优势。比如，一般人认为法国适合打造葡萄酒品牌，中国适合打造茶品牌，内蒙古适合打造乳品品牌，山西适合打造醋饮品牌，这些就是国家或区域的心智资源。

王老吉也拥有这样的心智资源，这也是我们对这个品牌充满信心的一个重要原因。王老吉源自凉茶的故里广东，这将成为王老吉立足中国、放眼世界的理由。当王老吉成为中国畅销的饮料品牌之后，下一步就能作为中国中药保健饮品的代表走向全球，像可口可乐一样，进入美国及世界市场进行罐装。随着中国在全球地位的提升，神秘的东方魅力、五千年文明还可以成为王老吉抗衡可口可乐等品牌最强有力的武器，实现其"中国可乐"的愿景。

就国家心智资源优势来说，中国在瓷器、中药、白酒、黄酒、茶和中式餐饮等行业最有可能创造出一群世界级的品牌，王老吉有望为中国企业创建世界级品牌做一个示范。

本章小结

　　心智角度的品类是指消费者心智对信息的归类并存储的命名。也就是说，消费者面对成千上万的产品信息，习惯于把相似的产品进行归类，而且通常只会记住该类产品的代表性品牌。形象地说，品类就是消费者心智中储存不同类别信息的"小格子"。品牌竞争的实质是品类之争，策划人跳出品牌的思维限制，从品类的角度，可以更好地把握市场竞争的关键。

　　如果要打造一个新的强势品牌，应该想办法让产品或服务从原有品类中分化出去。打造品牌的最佳途径不是追逐现有品类，而是创建、引导或发扬第一个能进入的新品类。寻找途径，通过原有品类的分化创造新品类，然后成为新生品类的第一个品牌，这是许多强势品牌或新生品牌市场成功的秘诀。

核心概念

　　品类　　分化　　核心品相　　新品类定位　　参照系

思考与练习

1. 试运用借助新概念开辟新品类的方法为某一个品牌开辟新的品类。
2. 试运用推出新品类的九个要点为某一品牌开辟新品类。
3. 试为某一新品类进行定位。

Chapter 9

第 9 章

差异化原理与策划实践

你要寻找一个能把自己与竞争对手区分开来的概念，找到自己的差异化之后把它转变为客户关注的某种价值，要告诉客户我们为什么和别人不同，为什么你要买我们的产品。在信息过度和竞争日趋激烈的时代，消费者面临的信息和产品选择实在太多，企业唯有让自己的品牌进入消费者的内心并占据一个独特的差异化定位，才能赢得顾客。大竞争时代企业只有两种存在方式：要么实现差异化生存，要么无差异化而逐渐消亡。

学习目标

1. 了解三种差异化类型
2. 掌握三种差异化策略
3. 掌握建立差异化的九种方法
4. 掌握提炼差异化创意概念的 29 种途径

9.1 三种差异化类型

品牌差异可分为三种类型，即品牌性能联想（Brand Performance Associations），品牌形象联想（Brand Imagery Associations）和洞察消费者内心的联想（Consumer Insight Associations）。仔细思考这三种差异，你就能更好地确定你所要传达的信息。

品牌性能联想指的是你的产品或者服务以哪种方式来满足消费者的功能需求。这类联想往往基于品牌的本质特性，涉及的方方面面无非围绕着一个主题——"这个产品真的有它所宣称的那些功能吗？"在购买之前，消费者往往首先调查产品的特性以对品牌做出评估，此时品牌性能联想就开始发挥作用了。

品牌性能联想可分为五大类。第一类是由品牌所联想到的那些能够为客户带来利益、从而促进消费的产品特性。对于赛百味而言，这些联想包括食品的味道、营养价值和品种多样化等。第二类联想与品牌的可靠性、耐用性和服务能力等有关。在这一点上，赛百味可以这样定位：让顾客每次都可以享用到完全不走样的健康食品。第三类联想包括服务的有效性、效率和悉心聆听，赛百味可以在完成顾客订单的速度、礼貌和准确性上来实现此类联想。第四类联想则由风格和设计等组成。例如，赛百味对健康食品的强调可以通过门店简洁而卫生的环境得到体现。最后，与价值和价格有关的联想有助于把你的品牌与竞争对手区别开。比如，赛百味以更低的价格为顾客提供更多种类的三明治选择，这可以帮助它与快餐业巨头麦当劳展开竞争。

在考虑购买计算机、汽车、书籍或者衣服时，消费者会考察这些产品的具体质量和特征。在这类情况下，你只需借助品牌性能联想就可以使产品脱颖而出。但如果消费者的选择是基于经验做出的，例如去哪里美发或者吃饭，他们使用的就是品牌形象联想。品牌形象联想通常是通过描述什么人在什么环境下使用该品牌而建立起来的。赛百味使用了一名减肥成功的代言人来体现品牌差异点，这就给人们一个暗示——对于想通过某种简单方式来保持体形的普通人来说，赛百味就是正确的选择。

如果性能联想和形象联想不能很好地把该品牌和竞争对手区别开来，就需要采用第三种联想——洞察消费者的内心。假设所有其他营销手段都相同，如果某个品牌能够向消费者证明自己洞察他们的问题或者诉求，那么这个品牌就会被消费者视为解决方案。例如，Lee 牌牛仔裤在广告中描述了女士们为了寻找一条合身的牛仔裤是如何历经艰难（还描述了她们在穿上牛仔裤之前所举行的仪式），并据此把自己定位成提供超一流合身牛仔裤的品牌。

但是，不要过于依赖这种洞察消费者内心的联想。把它作为一个差异点并以此来定位品牌，通常不如强调品牌的利益点或者形象联想那样有效，因为对消费者的洞察很容易被对手所模仿。例如，年轻男性渴望追逐时髦并且得到同伴的艳羡，对消费者内心的这一洞悉已经成为众多汽车制造商的相似点而非差异点——无论是大众（Volkswagen）、丰田（Toyota），还是富士重工（Subaru），它们的广告都是建立在这种理解之上的。

下面这两个问题，能够对创造客户利益的品牌差异点进行必要的筛选：它们是否符合消费者的心愿？你能否提供这些利益？如果两个问题的答案都是肯定的，那么这个差异点就能够成为一个强烈的、独特的和良好的品牌联想。

（1）合意性。要够得上合意，必须令该品牌的消费者认为这个差异点有实际意义，而且可信。这一点很容易被人们忽视。例如，20 世纪 90 年代初，分属不同产品种类的多个品牌（可乐饮料、洗碗皂、啤酒、除臭剂、汽油等）都推出了它们的"清澈版"（无色甚至透明）新品，以求更好地与对手的品牌区分开。虽然清澈这一特性在最初传达了自然、纯净和清淡等性质，但随着类似产品的增多，这种特性的意义也就变得模糊了。因此，我们很难说这个差异点具有实际意义。值得注意的是，只要人们认为这些差异点可以提高产品性能就足以奏效了，它们并不一定要有真正的功效。例如，宝洁公司曾经成功地利用片状晶体来促销 Folgers 咖啡，尽管压片流程对产品性能到底有何改进并不明确。

取得可信度最简单的方法就是突出产品的某项独特而且可证实的属性。如果咖啡因含量较高的软饮料要表明它比其他饮料更能使人精力充沛，它就要强调高咖啡因浓度，以支撑这一说法。例如，PalmPilot 最初就声称自己比其他电子日程管理器便捷得多，因为它具有只需一键操作的电脑同步传输功能；赛百味则在广告中宣称自己三明治的脂肪含量低于竞争对手的产品，以此来强化它对健康食品的主张。

（2）可交付性。产品的差异点必须满足可交付性的三个标准。首先，这个差异点的创造必须切实可行。最近，航空公司明智地放弃了把航班准时作为差异点的尝试，因为管理层认识到实现这一差异点的能力会受到许多不可控因素的影响。其次，基于某种客户利益的定位必须有利可图。某大银行曾经向客户提供的个人理财顾问（Personal Banker）就是一个很好的例子，它说明了什么是无利可图的客户服务——来自会计师、保险公司高管和其他专业人士的大量咨询，让银行职员不堪重负，于是该银行只好终止了这项业务。最后一点，品牌定位必须是先发制人而且易守难攻。把价格低廉和免费送货作为差异点可能会对顾客产生吸引力，却往往损害赢利能力，并且易于被对手模仿。例如，Outpost.com 曾经为顾客购买的商品提供免费送货，但一年后公司发现继续这项客户服务将无利可图，于是取消了这项服务。

市场领先者通常基于同类产品的相似点来进行营销，他们试图传达"我们就是参照系"这个信息。比方说，可口可乐（在广告里暗示）就是爽快提神，麦当劳等于好味道。即使领先品牌在产品性能上并不占优势，但有时却可以凭借庞大的广告费用宣称自己拥有这项优势。例如，占据主导地位的几大银行宣称自己的营业时间很长，就好像那是一个差异点，而实际上规模较小的竞争对手也提供同样的服务。居于跟从地位的品牌绝对不能忽视相似点，而必须将其作为一种手段来表明自己的参照系，同时却要依赖差异点来展开竞争。麦当劳就是好味道，赛百味则宣称其食品味道也不错，况且比麦当劳的更加健康。潘婷（Pantene）的护发功效很强，但 Suave 洗发水也同样健康护发，而且价格更加实惠。

9.2　三种差异化策略

1965 年，西奥多·莱维特提出了产品生命周期这个概念，并介绍了如何用它来赢得竞争优势。时至今日，这个概念仍然被大多数公司奉为铁律。在过去的几十年里，这种管理模式的确卓有成效。但与此同时，它也限制了策划人员的视野，让他们觉得产品会无一例外地依次走过导入期、成长期、成熟期和衰退期，最终迈向消亡。这样，所有企业眼中的产品生命周期都毫无差异，在各个发展阶段所采用的产品和服务定位方法，也往往趋于雷同。可事实上，他们完全可以通过重新划定不同产品类别之间的界限，打破产品生命周期的限制。

9.2.1　逆向差异化策略

提供同一类产品的大多数公司，都会不断扩充自己的价值主张（Value Proposition），因为他们想当然地认为消费者永远不会知足。换句话说，他们会不断为自己的产品增加新功能。实施逆向差异化策略的公司则不同。他们认为：虽然消费者除了基本的产品属性以外还会有其他要求，但这并不一定表明他们希望产品无休无止地推陈出新。他们不会走上不断增加产品属性这条老路，而是另辟蹊径，舍弃一些被同行奉若珍宝的产品属性，在产品回复到只具备基本属性的状态之后，再从只有增强型产品才拥有的属性中精心挑选出一到两项，补充到这个产品当中去。这种打破常规的属性组合，能够改变产品在该类别中的竞争地位，并促使产品从生命周期的成熟期重返成长期。

策划实践   宜家集团

长期以来，全球家具零售巨头宜家集团（IKEA）以营销创新和高速增长而频见于报端。宜家取得成功的原因多种多样，其中较为重要的一点就是它的家具价格低廉、款式新潮。不过，宜家取得出色业绩的关键，还是它出色的逆向差异化策略。

与成熟行业中的大多数企业一样，许多家具企业也持续不断地增加自己的产品属性。为了赢得竞争，大的家具零售店不仅家具种类繁多，而且持有大量存货，以确保顾客能够买到他们切实需要的家具。而且，顾客要是买把躺椅，就要保证它跟邻居家的肯定不一样。销售顾问会极力迎合顾客的需求，帮助他们测量家具尺寸，推荐备选家具。在顾客购买了新家具后，大多数零售商会送货上门，甚至还负责把旧家具运走。另外，家具零售商们千方百计想让顾客接受这样一个观念——家具能够经久不朽，甚至成为传世之宝。

在这样一种行业背景下，宜家的成功出人意料。走进宜家，消费者会发现店内没有销售支持人员（尽管他们可以找到一次性卷尺，自己动手测量家具尺寸），品种也不那么丰富（宜家的家具只有几种基本款式），不提供送货服务（消费者必须自己搬运笨重的箱子），大部分家具还要自己组装，而且不能指望家具能够经久耐用（宜家试图让消费者相信，家具应该经常更换）。

不过，倘若宜家仅仅坚持提供简化的产品和服务，它能否在强手林立的家具行业脱颖而出，还很难说。宜家之所以能够成功，在于它巧妙地实施了逆向差异化策略：在坚持最基本的价值主张的同时，辅以普通低档家具零售商几乎闻所未闻的门店环境和服务。它的零售店装潢风格轻快，极富现代感。店里设有漂亮的日托所，供带着孩子的顾客在购物时免费托管孩子。在午餐时间，顾客们可以到店内雅致的餐厅用餐，品尝熏鲑鱼等美食。除了家具以外，他们还可以在这里买到色彩明快的家用器皿和设计精巧的玩具，这些东西在其他大多数家具店里是买不到的。

宜家的逆向差异化策略取得了成效。来看看它在美国市场的表现。这些年来，因为沃尔玛（Wal-Mart）等零售商的竞争，美国专业家具零售店的市场份额不断下滑。就在这样的环境下，宜家一跃成为美国第七大家具零售商。在过去8年的时间里，它在美国市场的份额翻了一番，销售收入增长了差不多2倍，从6亿美元上升到了17亿美元。通过实施逆向差异化战略，宜家与中档家具店、低档仓储店和大型购物中心明显地区别开来。它撼动了整个家具行业，吸引了从学生到年轻的都市专业人士的各种顾客——他们此前在各种不同的门店购置家具，实际上创建了一个全新的顾客细分市场。

9.2.2 分离差异化策略

使用逆向差异化策略的产品，虽然在所属类别中建立了独特的差异化，但仍然明白无误地属于这个类别。使用分离差异化策略则有所不同。它会有意与一个新的产品类别建立关联，使产品脱离原属类别，从而让策划人员能够使用新类别的各种惯例，改变产品的消费方式和竞争对手。

产品的类别归属体现在许多方面，例如设计、分销渠道、促销和定价方式等。这些营销组合要素对消费者有暗示作用，会引导他们以某种方式划定产品或服务的类别。通过巧妙地利用这些暗示，企业可以改变消费者"框定"产品的方式，进而改变他们对产品的反应方式。产品实现分离差异化策略之后，消费者不会把它当作原属类别中的一种选择，而是把它看成另一个类别的产品。

在产品通过分离差异化成功脱离原属类别，并被消费者归入新类别之后，企业的竞争对手也会随之改变。与逆向差异化策略一样，分离差异化战略也能促使产品从生命周期的成熟期重返成长期，摆脱走向衰落的命运，重新迸发出勃勃生机。同样重要的是，它对原属类别和新类别都能产生积极的破坏性作用，尤其是当其他公司开始效仿这种分离差异化策略时，这种作用会更加明显。

策划实践　　　　　　　　　　斯沃琪集团

斯沃琪（Swatch）的成功历程可谓尽人皆知，但很少有人把它看作成功实施分离差异化策略的典范。

1983 年以前，瑞士手表被当作珠宝出售。它造型端庄，经久耐用，价格昂贵，小心翼翼地促销。每个消费者只买一块，终身使用。但是，1983 年斯沃琪手表的面市彻底改变了这一切。斯沃琪没有延续瑞士手表的传统定位，而是把手表当作一种带有休闲色彩的时尚配饰。造型有趣，容易过时，价格低廉，大张旗鼓地促销。它们能够激发人们的购买冲动，消费者常常会一口气买下多块款式各异的手表。它们在推出时的价格仅为 40 美元，突破了瑞士手表的常规品类（高档珠宝），打入时尚配饰这个类别，消费群体和竞争对手也随之发生了改变。

通过实施分离差异化策略，斯沃琪打破手表这个产品类别的传统界限，开创了时尚配饰手表这个子类。这样，它不仅为自己开创了毫无竞争的增长空间，而且为其他企业带来了通过这种手表扩张的机会，惠及天美时（Timex）和西铁城（Citizen）等几乎所有钟表业巨头，以及卡尔文·克莱恩（Calvin Klein）和 Coach 等众多时尚品牌。例如，在斯沃琪手表推出一年后面市的 Fossil 手表，就是冲着这块市场来的。通过实施分离差异化策略，斯沃琪成为有史以来最畅销的手表。

亨氏番茄酱"唧唧装"

做父母的总是告诫孩子们不要把食物当作玩耍的对象，这一习惯代代相传。那么，亨氏公司（Heinz）在 2000 年推出"唧唧装"番茄酱时，它又是怎么想的呢？

这种番茄酱有绿色、紫色、橘黄色、粉红色和深青色等多种颜色，可谓色彩斑斓；装在艳丽的、可挤压的塑料瓶中销售，瓶嘴的设计也很适合孩子们使用。亨氏公司在广告中强调了这种产品的"创造性"用途，鼓励孩子们用它在热狗上写自己的名字，或者在汉堡包上画恐龙。这立刻让孩子们认识到，"唧唧装"番茄酱不仅仅是一种食品，而且是一种可食用的工艺品。有些家庭过去常常每次只买一瓶番茄酱，然后吃上好几个月，现在，他们开始每次买上好几瓶不同颜色的番茄酱，在几天之内就吃个精光。"唧唧装"番茄酱成为亨氏公司有史以来最成功的产品之一，亨氏番茄酱的市场份额也因此提高了10%。

此后，其他公司纷纷效仿亨氏的做法，推出一些颜色稀奇古怪的食品，但都没有成功。因为他们没有弄清："唧唧装"番茄酱的成功，跟标新立异的颜色并无多大关系，真正起作用的是它的差异化策略。在实施了分离差异化策略后，它已不再是纯粹意义上的食品，而是与工艺品挂上了钩。这改变了孩子们（及其父母）在心目中为这种产品划定的品类，可谓匠心独具。通过重新定义番茄酱的内涵，亨氏公司为这个销售停滞的成熟产品找到了新的差异化卖点，恢复了它的增长动力。

9.2.3 隐匿差异化策略

在采取逆向或分离差异化策略时，企业不会掩饰自己的真实意图。他们会有意打破常规，利用一些不同寻常的促销、定价手段和产品特性，巧妙地对产品进行定位，从而吸引消费者的关注。与此相反，实施隐匿差异化策略的公司会采取一种较为隐蔽的策略，把产品与某个完全不同的类别联系起来，故意掩盖产品的真实属性。

当某类产品存在一些不利因素的时候，采用隐匿差异化策略会十分有效。例如，消费者可能对该类产品望而生畏（新技术面世时就是这样）；他们也可能对产品持怀疑态度，因为此前推出的类似产品未能达到他们的预期；他们还可能对某类产品或者生产商抱有成见。在这样的情况下，采取隐匿差异化策略可以巧妙地将产品推入市场，并为消费者所接受。除此之外，企业可能很难做到这一点。尽管隐匿差异化策略一般不会让产品突破原属类别，却能让产品获得新生，避免在生命周期的导入期就趋于凋萎，甚或完全消亡。

需要特别指出的是，隐匿差异化策略并不等同于欺骗。无论是从伦理道德，还是从经济角度来看，两者之间都存在着本质的区别。经过缜密的思考，我们可以合法地使用隐匿差异化策略来驱散消费者对产品或企业的成见，促使他们接受该产品或企业，并为他们带来价值。但是，如果消费者发现企业是在利用这种方法骗取他们的信任，那么运用这种策略就无异于引火烧身。通过下文这些例子，我们可以清楚地看到隐匿差异化策略与欺骗的不同之处，了解该如何审慎地运用隐匿差异化策略。

AIBO 机器狗

为了在刚刚萌芽的家用机器人市场占据一席之地，索尼公司也采取了类似的隐匿差异化策略。当时，它的机器人尚处于初期开发阶段，在许多方面仍不够完善。因此，如何让消费者接受这一产品，成为索尼必须应对的一大挑战。

索尼耗费了数千万美元，用于开发世界上第一个家用机器人，希望抢在本田（Honda）、丰田（Toyota）和松下（Matsushita）等强大的竞争对手之前，占据这个新兴市场的领先地位。但事实证明，研制真正能做家务的机器人，实非易事。该公司十分清楚，如果向消费者推销一个性能不可靠，而且连简单家务也干不了的家用机器人，结果只会适得其反。这是因为，不够完善的产品最终只会让消费者大失所望。针对这个问题，索尼采取了隐匿差异化的策略。它放弃了将AIBO作为家用机器人推出的计划，而是把它定位成一只可爱的电子宠物狗别无他用。尽管AIBO机器狗存在很多小问题，性能也不够稳定，但它一经推出，即大获成功。在面市的头两年里，索尼限量生产的10万只AIBO机器狗被一抢而空。同时，索尼还利用这次机会，对这项存在缺陷的技术进行了长达5年的市场测试，从消费者的反馈中收集到了宝贵的信息，用于指导后续开发。目前，索尼正在对下一代机器人QRIO进行原型设计——这种机器人开始具备人类的少许特点。

9.3 建立差异化的九种方法

9.3.1 成为第一

人们认为第一是原创，其他都是仿冒者。原创意味着具备更多知识和专业化程度，这就是可口可乐"正宗货"获得消费者响应的原因。成为第一，你自然就会与众不同。如果你能坚持住，并击退模仿者，就会获得巨大成功。成为第一是最好的定位。人们记住的永远是第一名，第二名即使再优秀，也注定是被遗忘的角色。试问：还有谁记得第二个登月的人，第二个发现美洲大陆的人呢？当某个品牌第一的形象一旦树立，就很难被撼动了。如果无法成为第一，就必须差异化，迅速选择一个新的细分市场，并在新的细分市场成为第一。

成为第一的品牌会拥有很多其他品牌所不具备的优势：人们倾向于坚持已有的东西；如果你第一个抵达，当你的竞争对手试图模仿你时，他们所有的行动都会强化你的概念。在大多数情况下，成为市场第一比后来者能获得更显著且可观的市场份额；第二品牌找不到差异化很难幸存下去；第一品牌倾向于保持主导地位的原因之一，就是它的名字通常会成为品类的代名词。如果你正在一个新品类中推出第一个品牌，你应该想方设法找一个能成为代名词的品牌名称。

《圣经》中"马太福音"第25章有这么几句话："凡有的，还要加给他，叫他多余；没有的，连他所有的也要夺过来。"这种典型的现象被称之为"马太效应"，简而言之就是"强者越强，弱者越弱。"马太效应在生活中极为常见，比如人们往往关注第一，却忽视第二，体育比赛中大家都记住了冠军，却忘记了亚军、季军；提起世界第一高峰，我们马上会想到珠穆朗玛峰，可是有多少人知道世界第二高峰呢？

马太效应也同样适用于品牌竞争中。某一品牌认知与联想如果率先在消费者心智中建立起来,被冠上"第一"的光环,也会产生马太效应,优势不断加剧"裂变",最终独霸消费者心智空间,从而形成竞争区隔优势。消费者往往认为,第一品牌意味着正宗和货真价实,其他追随品牌都是"模仿秀"。要知道,即使"模仿秀"的领悟力很强,付出的艰辛努力再多,最终还是为第一品牌做出了辅助贡献。

哈佛大学乔治·米勒教授的研究发现也佐证了这一现象,消费者购物时大脑出现的候选品牌不会超过7个。特劳特则进一步发现,7个品牌其实还只是在市场竞争的初始阶段,随着市场的日趋成熟,大多数人购物时往往只记住2个品牌,并二选其一就行了。特劳特把这个原则叫作"二元法则",指出任何一个市场最终会变成两个品牌竞争的局面,比如说,可乐饮料行业是可口可乐与百事可乐,牙膏业是高露洁与佳洁士,香皂业是舒肤佳和力士,胶卷业是柯达与富士,飞机制造业是波音与空中客车等。居于第三位以下的品牌,在消费者心智中往往被忽视,需要不断促销才能引起消费者的注意力,因而存在着很大的生存压力。

可见,领导品牌拥有巨大的优势,品牌一旦成为某一领域的"第一",只要科学管理,与时俱进,其他品牌则很难撼动其霸主的地位。我们不难理解,为什么美国的十大品牌——可口可乐、高露洁、吉列、固特异、好时、家乐氏、柯达、立顿、纳贝斯克、麦哈顿,从1923年至今,除了麦哈顿以外,其余9个一直保持着"第一"的地位。上海家化1996年推出以"清凉、清爽"为独特诉求的六神沐浴露,成为夏季洗化类产品中的霸主,2005年宝洁曾投入10亿元巨资打造"激爽"沐浴产品,向六神发起进攻,然而最终还是黯然退出中国市场,显示了六神这个领导品牌的强大生命力。

在市场竞争白热化的今天,品牌多如过江之鲫,几乎任何一个细分市场都存在着一个或多个竞争品牌。然而,随着生活水准的不断提高,人们的消费需求日趋个性化,那些老成持重的中年人、活力四射的年轻人、男人和女人、富人和穷人等,一起缔造出丰富多彩的市场多元化需求,没有任何一个品牌能满足所有消费者的口味,成为人人喜爱的"大众情人"。在这种情况下,品牌要想脱颖而出,就必须用心挖掘或制造消费者心智中的空白点,提炼出高度差异化的品牌核心价值,彰显个性,抢占"第一"要位,成为鹤立鸡群的领导品牌。相反,如果品牌核心价值个性模糊、空洞或趋于雷同,拾人牙慧,醉心于"模仿秀",则无法在消费者心智中长久占据一席之地,也不可能形成品牌自身的竞争壁垒,给品牌自身带来增值。这样的品牌生命力是非常脆弱的,很容易淹没于茫茫的品牌海洋中,最终成为过眼云烟。

不难发现,那些成功品牌的核心价值无一不个性鲜明,成为消费者心智中的"第一"。星巴克率先选择在办公室与家之间的"第三空间"开设咖啡店,一开就是世界"第一";M&M巧克力通过"只溶在口,不溶在手"的独特卖点,奠定了糖衣巧克力领导品牌的地位;娃哈哈第一次把纯净水的纯美的情感演绎得淋漓尽致,以至于无人能出其右;雅客V9打造了"维生素糖果"这个新品类,所以一炮走红;脉动通过"运动饮料"的独特诉求,开辟了自己的生存空间。

当然，第一并不好当。当你是第一时，你必须做好坚持到底的准备，别让别人窃取你的创意；第一有时很慢（有时坚持做了也未必成功）；成为第一是一回事，保持第一是另一回事；驾驭浪潮需要花费极大的努力和精力。

9.3.2 拥有特性

拥有一个特性可能是为一个产品或一项服务实施差异化的第一方法。企业试图模仿领导品牌的情况时常发生，但正确的方法是找一个相反的特性，并以此同领导者较劲。给竞争对手加上"负面"特性，是建立你的特性的行之有效的方法，我们把这种方法叫作为你的竞争对手重新定位。比如，宝马针对奔驰就是这么做的：顶级驾驶机器对抗顶级乘坐机器。

特性就是你拥有某个个性、特点、与众不同的地方。特性也是产品和服务找到差异化的第一个选择，是想要做到差异化的最基础的做法，也是首先想到的做法。一旦这个特性不断强化，得到市场的认同，就会形成品牌的特征，产生强大的竞争力。存在即合理，有特性才会存在，从这个意义上讲，任何一种物种，其存在就因为有其特性。轮船有其特性，汽车有其特性，火车有其特性，飞机有其特性。同样的道理，白酒、啤酒、红酒等的存在是因为有其特性。我们生活中存在的任何类别的物体，其存在就是因为有其区别于其他行业的特性。特性要有合理性，经得起推敲，符合大众基本的认识。特性必须是真正与众不同的地方，并不仅仅只是一个概念，必须有相应的内容。

可口可乐的特性是经典，是"正宗"，是因为它是可乐的首创；百事可乐的特性是年轻化、时尚化。娃哈哈公司的非常可乐的特性是什么？是"非常"？"非常"是什么特性？与众不同不是一个"非常"就可以解决的。所以"非常可乐"消失了。饮料分男女？是的，曾经有一款叫"他+她"的饮料，给饮料树立了男女的特性。但是饮料真的可以分为男女吗？这样的特性站不住脚，所以也是昙花一现。现在市面上有一款牙膏，也分男女。我们买牙膏的时候会有所选择吗？如果市面的牙膏都分男女的，就算服装、化妆品一样，那我们肯定会自然选择，而牙膏呢？是不是像服装，化妆品一样？不好说。

在培训行业中，拥有特性已经成为业内的共识，很多有远见的老师都在寻找特性，也在不断地开发特性，从而实现差异化。而且在某种程度上，对于"差异化"，对于与众不同，人们的第一反应就是具有某个与众不同的特性，所以，与众不同应该是一种思想，在培训师的脑海里产生根深蒂固的印象，无论是在开发课程，还是在授课过程中，一定要有"特性""新意"的思维。以某种特性广为人知，可以产生强大的竞争力。当然这里面暗含了市场的细分。记住，这个特性是你才拥有的，也就是"独家拥有"。你不能与竞争对手拥有一样的特性，这样的特性就不能产生差异化。如果你跟随你的对手建立了相同的特性，只能叫"模仿"。同样，如果你的特性很快被模仿，就有可能很快被超越，这样也不能建立持续的竞争力。那么怎么做到特性呢？特性需要聚焦。你的特性只需要一到两个突出的亮点，如果太多的特性导致不够聚焦，反倒没有特性。

拥有特性的几个战略要点：不能同对手一样，要"相反"；要聚焦，聚焦在心智中才会有"光环效应";独占,与用户真正利益相关;不要放过任何特性(吉列战略);要么与众不同,要么消亡;有的相反特性行不通,特性意味着舍弃,先找对手的特性;充分利用自己的特性(已有的东西);重新定位对手,利用负面特性;开创一个新的特性。

9.3.3 领导地位

领导地位是一种为品牌确立信任状的最直接方法,你的预期顾客可能因此相信你说的关于你的品牌的所有言论。一些领导品牌不想谈论它们的领导地位,这对于它们的竞争对手来说是再好不过的事情了。一个企业的强大凭借的并非是产品和服务,而是它在顾客心智中占据的位置。领导地位是最有号召力的差异化方法。当你在消费者心智中占领了"领导者"的位置,他们会相信你说的任何东西。人们同情失败者,但他们更相信成功者。

领导地位是为品牌实施差异化的最强有力的方法,原因在于它是一种品牌确立信任状的最直接方法,而信任状则是你用来保证自己品牌表现的担保物。此外,当你有了领导地位的信任状,你的预期顾客就可能会相信你说的关于你的品牌的所有言论。

领导地位这一差异化概念有着心理学的基础:人类倾向于把"大"等同于成功、身份和领导地位。我们尊敬并且羡慕市场最大者。"大"能带来金钱利益,商业中也是如此,只是商业中的"大"是以销售额和市场份额衡量的。

强大的领导品牌能占据代表整个品类的词。你可以通过词语联想测试去检验某个品牌宣称的领导地位是否属实。精明的领导品牌还会进一步巩固它的地位,并通过各种方式宣传自己的领导地位,不自夸的领导品牌对于它的竞争对手来说是再好不过的事情了。当你吃力地爬上了山顶,你最好插上你的旗子并拍些照片记录下来。如果你不为自己的成就建立声誉,紧跟在你后面的人就会想办法认领原本属于你的东西。

领导地位表现为不同形式,任何一种都能有效地让你的品牌实施差异化:

- 销售上的领导地位:这个方法有效,是因为人们喜欢跟风,总是买其他人在买的东西。
- 技术上的领导地位:这种形式的领导地位有效,是因为人们会对开发出新技术的公司记忆深刻(人们认为这些公司知道得更多)。
- 科学上的领导地位:技术上的领导地位的变种。

领导地位是一个极佳的平台,你可以在此讲述自己如何成为第一的故事。如果人们把你视为领导者,他们会相信你所说的每一句话。

一个企业的强大凭借的并非是产品或服务,而是它在顾客心智中占据的位置。保持第一比成为第一容易得多。甚至领导品牌的排名也很少发生改变。公司或品牌年复一年保持原位的倾向,这种营销竞赛中的"黏性",强调了在一开始就获得一个好位置的重要性。改善你的位置可能有难度,但是一旦你做到了,保持这个位置就相对容易了。

一旦你获得了第一位置,就要让市场知道这个事实。如果你获得了机会,就一定当着竞争对手的面狠狠把门关上。

9.3.4 经典与传统

经典具有让你的产品脱颖而出的力量,因为拥有悠久历史看起来天然地具有心理上的重要性,这让人们选择时有安全感:如果这家企业不是最大的,它也肯定是资历上的领导者。比如,百威时不时地谈论自己的经典,称自己是"始于1876年的美国经典窖藏啤酒",这听上去就很吸引人。行为学家说没有过去的线索,要相信将来是困难的。

9.3.5 市场专长

人们把专注于某种特定活动或某个特定产品的公司视为专家,会认为它们必定有更多的知识和经验(有时超过它们的实际水平)。成功的专家品牌必须保持专一性,不能追求其他业务,否则会侵蚀其在顾客心智中的专家认知。一旦开始迈向其他业务,专家地位就可能让位于人。大众汽车公司曾经是小型汽车专家,后来推出了大型车、开得更快的车以及休闲车。如今,日本车主导了小型汽车市场。

9.3.6 最受青睐

我们的经验表明,顾客不知道自己想要什么。更多情况下,他们好比是跟着羊群移动的羊(从众行为)。利用"最受青睐"作为差异化,就要向顾客提供"别人认为什么是对的"的信息。耐克是运动鞋第一品牌,主要凭借的就是大量著名运动员最爱穿它的运动鞋;雷克萨斯是热销的豪华车,凭的就是 J. D. Power 的顾客满意度调查对它的青睐。

9.3.7 制造方法

很多人认为:"人们关心的不是产品的制造过程,而是产品能给他们带来什么用处。"问题是,在很多品类中,有大量的产品能给人带来一模一样的好处,相反,产品的制造方法往往能让它们变得与众不同。正因为如此,我们喜欢关注产品本身并找出那项独特的技术。产品越复杂,你就越需要一个神奇成分把它同竞争对手的产品区别开来。并且,一旦找到了差异化,就要不遗余力地炫耀它。

委内瑞拉有一个番茄酱大品牌叫潘派罗,后来被挤下第一的位置,走了下坡路。做了一番调查之后人们发现,潘派罗去除了番茄的皮,从而口味和颜色更好,而它的大的竞争对手在生产过程中都没有这么做。这是个有趣的概念,潘派罗可以利用"去皮"带来的质量和口味认知。当我们告诉公司管理层时,他们非常不安,因为公司为了降低成本正在转向不去皮的自动生产流程。我们的建议是停止工厂现代化计划,因为"去皮"才是差异化概念。像你的大竞争对手那样做,就会被消灭。

9.3.8 新一代产品

新一代产品带来的心理反应是显而易见的,企业应想方设法推出新一代产品,而不是试图推出更好的产品,前者才是差异化之道。强大的领导者要用新一代产品攻击自己老的产品，这方面没有人比英特尔公司做得更好。吉列不断推出新一代剃须刀片的战略，苹果公司也不断推出新一代手机、电脑等，也是采用这种方法主导市场的例子。

让新产品"突破"老产品是很重要的，因为这样才能让顾客相信这的确是新技术。新老产品之间的差别越大，新产品就越容易销售。微波炉和传统烤炉之间的竞争就是这种例子。如果你之前推出过"新一代"产品，你在推出后面的新一代产品时，就会有巨大的信任状作后盾。

9.3.9 热销

一旦你的产品热销起来，你就该让整个世界知道你的产品是多么火爆。口碑在营销中是一股强大的力量，通常是指一个人把一个热点告诉另一个人。如果你的品牌很热，或者销售的增长幅度高于竞争对手，就能为它抵达一定高度提供所需的推动力。"热销"战略的妙处在于它为品牌建立一个长期的差异化概念做了预备，它让消费者准备好相信你成功背后的故事。

9.4 提炼差异化创意概念的 29 种途径

每一种产品总要给消费者购买的理由（利益或价值），我们需要把这种理由传达给消费者，而这种传达需要一些清晰的概念以便消费者更容易地理解，这就是我们需要的策划传播概念。传播概念并不单指一句广告语，还可以是一个说辞，或者是广告文案中的一部分解释等。

就产品本身来讲，大家给消费者的购买理由似乎都一致，如手机为你提供沟通的便利，汽水让你解渴，冰箱让你冷藏食物，等等。但是在竞争激烈的市场环境中，这远远不足以成为购买的理由，因为产品本身的功能是同质化的，而消费者的需求却是多样化、个性化的，这种情况下，差异化概念成了制胜的法宝。由于产品本身实质性的差异很难找到而且实现的难度较大（如涉及技术成本、模具成本等），在这种情况下，提炼优秀的传播概念成了一种简洁有效的法宝，功能有限、技术突破有限，而消费者心理感受是无限的。

1. 产品的原材料

仲景提出"药材好，药才好"的传播概念，突出了产品的原材料优势，使消费者对其产品产生信任感。

潘婷洗发水宣称成分中有 70% 是用于化妆品的，让人不能不相信其对头发的营养护理功效。舒蕾现下推广的"小麦蛋白"洗发水也是在试图通过原料成分来加强产品的价值感。

2. 产品的重量

有的家具产品在推销中强调产品的分量重。因为在消费者的眼里，分量重就是结实的表现。

3. 产品的大小

世界著名的"甲壳虫"轿车怎一个"小"字了得，风靡世界几十年。

4. 产品的手感

TCL电工通过李嘉欣告诉大家"手感真好",因为手感好也是消费者自己判断开关质量的简单而又重要标准。

5. 产品的颜色

普通的牙膏一般都是白色的,然而,当出现一种透明颜色或绿色的牙膏时,大家觉得这牙膏肯定更好。高露洁有一种三重功效的牙膏,膏体由三种颜色构成,给消费者以直观感受:白色的在洁白我的牙齿,绿色的在清新我的口气,蓝色的在清除口腔细菌。

6. 产品的味道

牙膏一般都是甜味的,可是LG牙膏反而是酸味的,大家觉得这牙膏一定好。那么,如果有种咸味或苦味的牙膏呢?大家还会觉得好,这就是差异化的威力。

7. 产品的造型设计

摩托罗拉的V70手机,独特的旋转式翻盖成为其最大的卖点。

8. 产品功能组合

组合法是最常用的创意方法。许多发明都是据此而来。海尔的氧吧空调在创意上就是普通空调与氧吧的组合。

白加黑也是一种功能的分离组合,简单的功能概念却造就了市场的奇迹。

9. 产品构造

"好电池底部有个环",南孚电池通过"底部有个环"给消费者一个简单的辨别方法,让消费者看到那个环就联想到了高性能的电池。

海尔"转波"微波炉的"盘不转波转"也是在通过强调结构的差异来提高产品价值感。

10. 新类别

建立一个新的产品类别概念。最经典的当属地球人都知道的"七喜"的非可乐概念,这里不再多言。

"老万"在进入民用炉具行业时,大家都叫"采暖炉"。为了从纷杂的市场中"跳"出来,老万发明了"家用锅炉"的类别概念,单从名称上就显示出比其他采暖炉的高级。几年的营销传播下来,"家用锅炉"已经成为高级采暖炉的代名词,"老万"也成为炉具行业的第一品牌。

满足同一需求,大家实际上还是正面竞争,但重新定义新品类概念,却让消费者面对一个新的选择,一个新品类的选择。这时你享有的是一个品类的市场。

11. 具体目标市场定位

直接针对某具体目标市场也可以成为优秀的营销传播概念。如百事可乐"新一代的选择"。最近,清逸的广告后面加了句"年轻的选择",反映出企业品牌运作水平的提高。

功能性差的产品，较多走感性路线，其中对目标市场的具体定位概念可以直接获得目标消费者的认可。功能性产品在也可以通过具体目标市场定位概念强化其品牌"领地"。

12. 隐喻

瑞星杀毒软件用狮子来代表品牌，以显示其强大"杀力"；胡姬花通过隐喻概念——"钻石般的纯度"，来强化其产品价值；白沙烟用鹤来表现飞翔、心旷神怡、自由的品牌感受。波导用战斗机来代表，但不知道隐喻的是什么，不与产品或行业特点结合的隐喻显然是失败的，到头来只能是竹篮子打水，什么也得不到。

13. 企业的规模实力

如果企业在行业具有一定的地位，也是很好的传播概念。如波司登一直称自己"连续N年销量遥遥领先"；虽然从来没听说过"瑞嘉"地板，但当看到其广告伞上印着"全国销量第二"的字样时，却一下子对该品牌放心起来。而最经典的当然还是美国那家自称第二的出租车公司："我们位居第二，所以更加努力"。

14. 典故

企业的一个典故也能成为良好的传播概念。尤其是一些历史悠久的品牌，挖掘典故进行传播是一种有效的方法，如王致和的故事等。多星电器集团是山东小家电的强势品牌，"多星"的名字来自天上多了一颗星——中国第一颗人造卫星上有一种电子元件就是该厂生产的。但可惜的是，企业并没有把这一绝好的典故传播给大众。

15. 价格

对于一个价格上有优势的品牌来讲，小心的应用，价格也可以成为好的营销传播概念。比如，在神舟电脑的成功当中，"四千八百八，奔四扛回家"的主题传播概念功不可没。

价格的概念在直面冲突明显、价格敏感的行业如手机、电脑、汽车等比较多见，也是很有效的。但在操作价格概念中，要注意的是不要让价格优势影响到消费者对产品品质的怀疑。因此还需要传播副主题及其他营销传播方法提高产品的信任度。

16. 事件

相信全国人都知道海尔的"砸冰箱"事件，直到多少年后，海尔还在不厌其烦地经常拿出来吆喝几声，该事件为海尔的"真诚到永远"立下了汗马功劳，可见事件概念的传播也是威力巨大的。

事件行销要注意把握时机，如能与社会上的热点话题联系起来，则会起到事半功倍的效果。2003年的一大热点当然是神五飞天，"蒙牛"及时"对接成功"，有效地提升了品牌形象，是近年来少见的优秀事件营销传播案例。

17. "恐吓"

让消费者认识到现状的"可怕"从而试图改变现状是一种常见的营销手段。英国的贝斯特牙刷大肆宣传自己牙刷的柔软，不伤害牙龈，但市场反应并不好。经调查发现，原来大家没有意识到自己用的普通牙刷对牙龈有什么危害。于是在新的广告中，先用一支普通牙刷在一只西红柿上刷来刷去，一会西红柿外皮就破掉，流出了"血水"，画外音说：你每天都在这样刷牙吗？然后换用贝斯特牙刷在西红柿上刷来刷去却没有破皮，这时再说贝斯特牙刷不会伤害你的牙龈。这支广告"吓"坏了英国人，大家一刷牙就想到那只可怕的"流血"的西红柿，总感觉自己的牙龈要出血。于是大家只好都用贝斯特牙刷。

"舒肤佳""海尔防电墙""潘婷"等案例用的也是此法。

18. 产品卖点（利益）的组合

产品功能（利益）的细分是提炼营销传播概念的重要来源，然而，逆向思维下的重新组合也能产生于市场有效的好概念。在美国的香皂市场，"象牙"是柔和型、"舒肤佳"是除菌型、"卡美"是保湿型、"依斯特"是清新型，各自都依靠清晰的功能定位概念牢牢占据一块市场。然而，"李沃 2000"却打出了既除菌又保湿的概念，用了短短 6 个月，就从各大巨头碗中抢走了 8.4% 的市场份额。

19. 技术

有的时候，一项新的技术应用在产品上后，需要用一个消费者感觉明显（但不一定懂）的概念来传达。有的时候，一个技术上的简单改进也可以成为营销者的概念利器。脑白金的"脑白金体"，大家都不知道是什么东西，但都会感觉"脑白金"里面含有一种"神奇"的成分，所以就觉得有效、买得值。因为对消费者来说，"神秘"的东西都是值钱的。相信大多数人说不清楚到底"变频"是什么概念，但大家都知道变频空调好。大家都有免烫衬衣，但因为雅戈尔免烫衬衣是"神秘"的"VI 免烫"，所以觉得还是雅戈尔的好。2003 年的保暖内衣市场出现的"造卡热"如暖力卡、热力卡、赛维卡等也是该策略的应用，大家都不知道你说的是什么，但都相信有这"玩意"的产品一定好。这就是消费者经常表现出的可爱的傻气。

20. 直白

通过广告创意寻找概念也是常用的方法，优秀的广告人总能为产品找到绝妙的创意概念。广告总要表现利益或价值，但需要找到一个直观的往往也是很微妙的东西来表现。这种微妙能够直达消费者内心深处，要生动而形象，这个微妙的生动会给大家潜意识里的暗示，而恰当暗示的力量是大于直白的表述的。

"农夫果园摇一摇""乐百氏 27 层净化""金龙鱼 1:1:1"都属此类型。

21. 专业

专业感是信任的主要来源之一，也是建立"定位第一"优势的主要方法。因此，制造专业概念也是提炼营销传播概念的有效方法。所以很多品牌在塑造专业感时经常直称专家：方太——厨房专家；华龙——制面专家；中国移动——移动通信专家；李医生——皮肤护理专家；九牧王——西裤专家；老万——家庭热能专家；金城——中国摩托车制造专家。虽然说喊的人多了难免俗气，但对于市场来说还是有效的，消费者相信，喊专家的一定是专家，而且还相信，号称专家的一般都是行业第一或最好的。

22. "老"

时间长会给人以信任感，因此，诉求时间的概念也是一种有效方法。而且，时间的概念感觉越老越好，如玉堂酱园——始于康熙五十二年，青岛啤酒——始于1902年。老字号品牌一定要注意提炼自己的时间概念，而不是很老的品牌也可以提炼相对"较老的概念"，如"18年制造经验"等也可以作为时间概念，也是对市场有效的。也有一些品牌制造老的概念，如某刚成立几年的眼镜店愣是起了个古色古香的名字，把店面装修得古色古香还自称百年老字号。从某个角度来讲是不符合道义的也是不合法的，但对市场的确是很有效的。

23. 产地

总有许多产品具有产地特点，如北京的二锅头、烤鸭，山东的大花生，新疆的葡萄，还有我们常说的川酒云烟等。这些地域特色强烈的产品提炼地域概念显然是很有效的方法。如云峰酒业的"小糊涂仙""小糊涂神""小酒仙"等都在说"茅台镇传世佳酿"。"鲁花"花生油说"精选山东优质大花生"等。

产地概念还体现在担保品牌策略的提炼，如别克——来自上海通用汽车。大品牌推出新品牌时经常用到该方法，上市初期强调出身是很有效的，可以迅速建立信任度。如第一次看到"顺爽"的广告时，由于广告创意不好，立刻感觉又是哪儿来的杂牌子，但看到丝宝集团出品时却一下子打消了对该品牌的顾虑。

24. 具体数字概念

越是具体的信任感越强。因此，挖掘产品或品牌的具体数字也是常用的方法。如"乐百氏27层净化""总督牌香烟，有20 000个滤嘴颗粒过滤"等都是该方法的应用。

25. 服务

同样的服务，但如果有一个好的概念则能加强品牌的美好印象。比如海尔提出的"五星级服务"也为其"真诚到永远"做出不少的贡献；另外还有"24小时服务""钻石服务"等都是不错的服务概念，在加强品牌美誉度方面起到不可忽视的作用。

26. 促销

同样的促销活动，如果冠以好的传播概念，则会带来截然不同的品牌感受，使促销活动增加了些许"正义"色彩。如某笔记本电脑品牌的降价促销概念叫作"笔记本普及运动"、家庭热能专家——老万，在大力推广家用锅炉的活动中，以"暖居工程"为推广概念，引来支持无数。

27. 节日

"每逢佳节数倍销售"，节日期间给了商家促销的理由。节日是各品牌的销售旺日，各商家都盼望节日的到来。聪明的商家懂得自造节日，济南的人民商场每年的"感恩节"总是人山人海，十天的"节日"期间，销售量顶得上平时的几个月。家电商场经常开展什么"电脑节""彩电节"，看似没什么好玩，其实很具销售力。近来某内衣品牌搞起了"内衣节",看来聪明的厂商也开始学着自己过节了。

28. 上市

概念无处不在,好的概念会给人以崭新感受。在原来,产品上市概念无非是什么"隆重上市",但在新市场环境中,也开始各具特色:洗衣粉——洁净上市;饮料——清凉上市;家用锅炉——温暖上市;服装——动感上市;家居用品——温馨上市;方便面——弹跳上市。

29. 副品牌名称

副品牌名称的提炼也是建立品牌印象的重要方法,可以直观地实现单类产品的品牌概念化,而且,好的副品牌名称能集中体现出产品特点,成为概念的集中点。如海尔洗衣机中的"小小神童",产品本身小巧方便的特性集中体现出来,比起常规的技术编号推广形象贴切得多,显然对市场是有效的。老万在 2003 年推出了四款家用锅炉,产品特点各不相同,"谁说火气大就不美丽了"的一款冠之以"丽能","省煤就是省钱"的一款冠之以"洁能","燃烧彻底,超强热力"的一款冠之以"超能","火热内'心'",外观雅致的一款冠之以"雅能"。形象贴切的副品牌名称概念非常有利于丰富产品卖点,于销售推广非常有利。

概念无处不在,创意无处不在,我们要找营销传播的每个细节建立好的概念,比如上面谈到的事件行销概念、促销概念、上市概念等。这样,我们的品牌才会丰富,整合的力量才能更加强大。

总之,创意概念的提炼无常法,全部隐藏在市场需求,只要深刻洞悉消费者心理变化,你也一定能提炼出优秀的好概念。

实践技能训练

技能训练:差异化策划方法与工具训练

【实训性质】 专业技能训练。
【实训目标】 通过技能训练,了解并掌握差异化策划方法与工具。
【实训内容】 阅读下面的案例素材内容,回答如下问题:
这是什么类型的策划?
策划的目标是什么?
策划需要解决的关键问题是什么?
差异化的创意诉求如何实现?
【案例素材】

同质化豆腐市场的策划迷思

在传统观念里,豆腐产业始终被看作一种同质化消费品,产品老化、用途单一、消费者老化,豆腐是被认定为"不可能做出花样来"的商品。认知高度,决定了竞争的高度,绝大多数豆腐品牌都在追逐模仿延续了千年的产品的形式:"四方板正,款式单一,烟火味十足",

只是为了在这个餐桌上获得一点分食的机会,价格战毫无悬念地成为各个品牌争夺市场的唯一选择。于是在豆腐市场上,豆腐企业芜杂,产品雷同而缺失个性,仅有的一点差异,无非是多了几个消费者根本记不住的生产企业名称而已。低层次、无差异,缺乏个性的竞争导致的后果是,让整个豆腐产业奄奄一息而缺少生气,勉强求生,没有一个品牌能够成长起来或成为市场的有影响的品牌。

如果你是一个豆腐企业的策划经理,接到老板的策划任务,策划一款差异化的豆腐产品进入豆腐市场,那么你该如何着手呢?

本章小结

在信息过度和竞争日趋激烈的时代,消费者面临的信息和产品选择实在太多,企业唯有让自己的品牌进入消费者的心智并占据一个独特的差异化定位,才能赢得顾客。大竞争时代企业只有两种存在方式:要么实现差异化生存,要么无差异化而逐渐消亡。

有三种实现差异化策略的方法,分别是逆向差异化策略、分离差异化策略和隐匿差异化策略。

建立差异化的九种方法,分别是:成为第一、拥有特性、领导地位、经典与传统、市场专长、最受青睐、制造方法、新一代产品和热销。

核心概念

品牌性能联想　　品牌形象联想　　洞察消费者内心的联想　　逆向差异化策略

分离差异化策略　　隐匿差异化策略

思考与练习

1. 试运用逆向差异化策略为某一品牌提出策略创新思路。
2. 试运用建立差异化的九种方法中的一种为某一品牌提出策划思路。

Chapter 10

第 10 章

战 略 配 称

定位好比散落风中的种子,要想在消费者心智中生根发芽,还必须借助产品、研发、终端、品牌、渠道等的系统配称来建立认知。

学习目标

1. 了解配称的概念
2. 了解配称的种类
3. 掌握配称的方法

10.1 理论基础

如何让企业各项活动有机组合,以协同活动创造整体优势就是配称。战略配称是企业内的运营活动系统,以能够创造真正经济价值的方式进行相互补充体现并形成定位独特性,从而创造出竞争优势和出色赢利能力,将模仿者阻挡在外。策划活动的主要逻辑,是首先确定定位战略,然后再辅以战略配称协同。

配称的主要含义是对各项活动之间的配合不断优化、持续改进,从而发挥协同效应,起到 1+1>2 的作用,实现认知优势,并最大限度地张扬和利用之,产生对手无法模仿的持续竞争优势。如果说定位是瞄准顾客心智的钉子,战略配称就是充满势能的锤子。

战略配称的内容通常会包含产品、价格、目标客户、渠道、市场、广告、公关、研发等。特劳特在《什么是战略》中指出:确立差异化概念和支持点意味着战略成型。自此,战略开始实施,企业将围绕差异化概念进行战略配称与整合传播。

百事可乐围绕"年轻人"的定位进行配称:在产品配方上,百事可乐口味偏甜;价格偏低、容量较大;目标消费群锁定年轻人;在学校做宣传推广;聘请流行巨星等年轻人喜欢的歌手做广告;用街头音乐、体育竞赛等方式进行公关活动。其一系列的动作都是围绕一个主题进行,即年轻一代的选择!

沃尔沃围绕"安全"定位进行战略配称：车型像坦克、安全气囊、防侧翼碰撞安全装置、车体的一次成型、方向盘上的免提电话、开发安全电子系统等。所有的一切活动都围绕安全定位进行。

农夫山泉围绕"天然水"定位进行战略配称。产品：来自千岛湖；价格：高于纯净水；促销：运动员赞助；广告：与纯净水作花草生长比较；明确目标消费群：学生；公关事件：停产纯净水、倡导天然水。

定位选择不仅决定企业将开展哪些运营活动、如何配置各项活动，而且还决定各项活动之间如何关联。运营效益涉及如何在单项活动或单项职能中实现卓越，而战略是关于如何将所有活动整合在一起。

西南航空公司的快速泊机周转，是它的便捷性和低成本定位的关键，因为该做法使得它能排出更密集的班次，并提高了飞机的利用率。西南航空公司是如何做到这一点的呢？部分答案在于该公司付高薪给地勤人员，他们在管理泊机周转时的生产率因灵活的工会制度而得到了大幅提升。然而，更重要的还在于西南航空公司实施其运营活动的方式。它不提供餐饮、不指定座位以及跨航线行李转运服务，因此避免了那些可能耽搁其他航班的活动。西南航空公司对机场和航线进行了选择，避免可能导致航班延误的拥堵。此外它还对航线的类型和距离作了严格限制，让飞机的标准化变得可行：它的飞机全部是波音737机型。

西南航空公司的核心竞争力是什么？它的关键成功因素是什么？正确的答案是：每个环节都重要。西南航空公司的战略囊括了整个企业内的运营活动系统，而不是各个部分的简单集合。它的竞争优势来自各项活动之间的配称和相互加强，由于企业运营活动围绕"单一经济舱飞行"这一定位整合在了一起，形成战略配称，这就超出了单项运营效益的简单集合。战略配称可以建立一个联结最紧密的链，进而将模仿者阻挡在外。同大多数拥有优秀战略的企业一样，西南航空公司的各项运营活动以能创造真正经济价值的方式进行相互补充。例如，某项活动的成本因为其他活动的实施方式而降低。同样的，某项活动对客户的价值，可以因其他活动而得到提高。战略配称就是通过这种方式创造出竞争优势和出色赢利能力。事实上，各项运营活动跟得上行业的最佳实践，只能赢得行业的应有利润，建立定位的独特性令企业赢得溢价。

各职能部门的政策应该互相匹配，这是早有的战略思想之一。然而渐渐地，这一思想不再是管理层的考虑重点。管理者不再把企业看成一个整体，而是转向所谓的"核心"竞争力、"关键"资源，以及"关键"成功因素。实际上，配称才是竞争优势的核心要件，其重要性远远超过大多数人对它的认识。

配称之所以重要，是因为分散进行的活动往往会相互影响。比如，一支高素质的销售队伍，在企业的产品具有很高的技术含量，营销上强调协助与支持客户的做法时，就能释放出更大的优势。一条模型多样化程度很高的生产线，与一套能够把成品仓储的需求降到最低的订货处理系统、一套解释并鼓励客户定制的销售流程，以及一个强调产品多样化有利于满足客户特殊需求的广告主题相结合，就能产生更大的价值。这种互补在战略中普遍存在。尽管有些活动之间的配称是通行的，可以运用于许多企业，然而最有价值的配称还是那些只适用于特定战略的配称，因为它能增强定位的独特性，并放大取舍效应。所谓的"二八原则"，就是指只要加强这类运营活动，就可以产生最大绩效，使企业超出业界平均利润获得溢价。

10.2 配称的种类

配称有三类，不过它们并不相互排斥。第一层面的配称是让各运营活动（职能部门）与总体战略之间保持简单一致性（Simple Consistency）。一致性策略就是让你的产品价格、渠道、广告、公关、命名、包装等各种营销手段与品牌定位形成统一认知。品牌战略，就是基于定位的一致性经营。麦当劳、肯德基的定位是"快餐"，所以它不设服务员，甚至为了方便，它整个店面装修、桌椅设计、摆放顺序都要以简单、快速为主。违背一致性，消费者的认知就会产生模糊。一致性会让客户对整个品牌的认知加深。越简单越容易抢占客户认知，越持续客户越有信任感，越一致客户的认知就会变得越强烈。无论是大公司还是小店面，在品牌定位的过程，从包装到产品，从价格到客户群，从广告到营销渠道，必须与品牌定位相一致，这样才能长时间形成认知。

第二层面的配称是指活动之间相互加强。例如，露得清公司针对高级酒店营销自己的产品，这些酒店渴望向客人提供由皮肤专家推荐的香皂。酒店给予露得清使用自己原包装的特权，而要求其他香皂在包装上打上酒店的名字。一旦客人在某豪华酒店使用过露得清香皂，他们就很可能会去药店购买，或者征询医生对这种香皂的看法。这样一来，露得清公司针对医生的营销活动和针对酒店的营销活动就起到了相互加强的作用，从而降低了公司的营销总成本。

另一个例子是比克公司（Bic Corporation），它通过所有销售渠道向所有主要客户市场（零售业、商用、促销用品和免费赠品）销售种类有限的廉价水笔。基于产品品类的定位都是要服务广普的客户群，比克公司同样强调一种共同需求（可以接受的廉价水笔），并采用覆盖面广的营销方法（一支庞大的销售队伍以及大量电视广告）。比克公司从几乎贯穿所有活动的一致性中获益匪浅，这些活动包括强调便于生产的产品设计、低成本工厂布局、通过大批量采购将原材料成本降至最低，以及通过内部生产部件获得经济效益。

但比克公司的做法超越了简单一致性的层面，因为它各项活动之间是相互加强的。例如，它采用售点陈列和频繁更换包装的方法来刺激消费者的冲动性购买。要完成售点工作，企业通常需要一支庞大的销售队伍。比克公司的销售队伍规模是行业之最，它对售点活动的管理也强过竞争者。此外，售点、大量电视广告以及频繁更换包装这些活动的相结合，比单独开展其中任何一项活动更能刺激消费者的冲动性购买。

第三层面的配称突破了各项活动之间的相互加强，称为投入最优化（Optimization of Effort）。Gap 是一家休闲服饰零售商，它把店内产品的可获得性视为自己战略的最重要元素。Gap 可以通过在店内囤货或者从仓库补货来保证产品的供应。Gap 对这些活动的投入进行了优化，它几乎每天都从3个仓库为它的基本服饰进行补货，这样店内的囤货需要就被降至最低。Gap公司之所以强调从仓库补货，是因为它的商品策略是锁定在颜色品种相对较少的基本货物上。其他具有比较性的零售商每年的库存周转是3~4次，而Gap达到7.5次。此外，由于Gap实施的是短周期服装更新（每6~8周就更新一次），所以从仓库快速补货还可以降低此项活动的成本。

各项活动之间的协调和信息交流，可以消除冗余并将投入浪费减少到最低程度，这是投入最优化中最基本的类型。不过还有更高层次的最优化。例如，对产品设计的选择可以消除售后服务的需要，或者可以让客户自行服务。同样，与供应商或经销渠道之间的协调，可以消除由公司内部实施某些运营活动的需要，如对终端用户的培训。

在以上三种类型的配称中，整体系统比任何个体部分都来得重要。体现在外部的竞争优势源自企业内各项活动形成的整体系统。各项活动之间的配称可以大幅降低成本或者增加差异性。此外，单项活动的竞争价值或者相关的技能、能力或资源无法脱离系统或战略而独立存在。对于有竞争力的企业，通过找出个体活动的优势、核心竞争力或者关键资源来解释它们的成功都是误导性的。事实上，这些优势贯穿于各个职能部门，彼此渗透。因此，更可取的方式是以渗透于各项运营活动中的定位主题为视角进行思考，比如低成本、某个独特的客户服务理念，或者某个独特的价值理念，主题始终贯穿于由各项运营活动紧密联结而成的系统之中。有了战略定位为主题，企业很容易达至第一层"简单一致性"配称，使每一项活动都指向明确的同一方向，发挥应有作用；第二层"活动之间互相加强"，则使每一项活动通过定位联结，超出其本身应有作用；第三层"投入最优化"配称，使企业所有活动没有多余动作，整体上创造出最大价值。一旦在特定定位下达至投入最优化配称，企业表现在运营效益上也是无可匹敌的，就像戴尔"直销电脑"下的低库存运营和西南航空"单一经济舱飞行"下的低成本运营。

10.3 配称与可持续性

在众多运营活动中建立战略配称，不仅是获得竞争优势的关键，也是保持这一优势的关键。竞争对手要复制一批环环相扣的活动，远比仅仅复制某个特定的销售队伍策略、某项工艺技术或者某套产品性能困难得多。因此，建立在活动系统之上的定位要比那些建立在个体活动之上的定位更容易持久。

看一个简单的数学题。竞争对手成功复制某项活动的概率通常小于1，而成功复制整个系统的概率就迅速降低（$0.9 \times 0.9 = 0.81$；$0.9 \times 0.9 \times 0.9 \times 0.9 = 0.66\cdots$以此类推），所以竞争对手几乎不可能复制整个系统。既有的企业若要重新定位，就得被迫重新配置许多运营活动。即使是新进入者，尽管它们碰不到既有企业所面临的取舍问题，仍将面临令人生畏的模仿阻碍。

一个企业的定位越是依赖于内部运营活动系统第二和第三层面的配称，其外部竞争优势的可持续性就越强。这样的系统，其天生的特点就是很难被企业之外的人破解，因此难以模仿。即使竞争对手能找出其中的相互联系，他们在复制时也会遇到困难。达成配称是一件难事，因为这需要许多相互独立的下级单位整合各自的决策和行动。

想要模仿整套活动系统的竞争对手，如果仅仅复制某些活动而不是整个系统的话，其收效就微乎其微。绩效非但不能提高，反而会下降。大陆航空公司企图模仿西南航空的惨剧，就是明证。

最后，企业各项运营活动之间的配称会为改善运营效益创造压力和动力，这使得对手更难以模仿。配称意味着某项活动的糟糕绩效会损害其他活动的绩效，这样缺陷就会暴露，也更容易得到关注；反之，某项活动的改善，则会使其他活动受益。因此，在各项活动之间形成强大配称的企业很少会成为模仿对象。它们出色的战略和执行将进一步加强它们的优势，从而为模仿者设置了障碍。

当各项活动形成互补时，竞争对手除非成功地复制整个系统，否则就难以从模仿中获得多少好处。这种形势将推动竞争向"赢家通吃"的方向发展。建立了最佳运营活动系统的企业将赢得竞争，比如玩具反斗城（Toys R Us）。而采用类似战略的竞争对手，比如Child World 和 Lionel Leisure，却落后一大截。因此，找到一个新的战略定位通常要比抄袭他人的定位更为可取。

除非一个定位还没有被建立，竞争对手才有仿效甚至超出的机会。一旦企业在内部运营上围绕某个定位形成了战略配称，最佳地向顾客提供出独具价值的产品或服务，进而在顾客心智中也建立了定位认知，第二、第三公司的模仿与复制不但得不到好处，反而会因此将先行企业推向更大成功。一方面，追随创造了更大的市场，而领导者自然获益最大；另一方面，因众多追随者的跟进，使得领导者建立的标准更加重要，从而使其领导地位也更为牢靠。比如，当高露洁牙膏率先在中国建立了"防蛀"定位，作为后来者，宝洁公司的佳洁士用了好几倍预算试图夺取同一定位，但几年争夺下来，高露洁的市场份额反而上升，领导地位也愈发牢固。因为高露洁已通过先行战略成功创建了"防蛀"的定位，先入为主之后，当佳洁士大规模复制与跟进时，只会教育了顾客买牙膏最重要的标准在于"防蛀"，而不是其他。那谁防蛀最好呢？是率先建立了定位认知的高露洁。最后佳洁士只好无功而返，转而寻求其他的定位机会。

事实上，当一个市场定位已被先行者创建之后，后来者的最佳战略就是另行创建一个新的战略定位。如，当 IBM 创建了"大型主机"定位之后，一时追随者众多，就连通用电气、RCA 这样的大企业也不例外，但结果都不成功，反而使 IBM 成为一个更耀眼的企业。因为正是众多大企业的追随，一方面迅速启发了顾客对电脑的需求，作为领导者的IBM 自然获益最大；另一方面，像 RCA 与通用电气等行业巨人的加盟，使 IBM 所倡导的电脑潮流得到证实与强化。但是 DEC 公司却没有模仿与复制 IBM 的定位，转而在市场中创建了一个新定位——小型主机，获得了很大的成功。于是又有很多企业纷纷复制 DEC 的小型主机的定位，甚至包括 IBM 在内。正是这些对手的帮助，一举将 DEC 公司推向了成功的巅峰，成为全球第二大电脑公司。1993 年，杰克·特劳特在其经典著作《22 条商规》中，将这一现象总结为两条定位规律：成为第一个创建定位者，胜过提供更好的产品；如果不能第一个进入某个领域，就创造一个新领域使自己成为第一。

不同定位下的运营活动系统若因为取舍而互不相容，那么这样的定位最为可行。战略定位设定了取舍原则，这些原则界定了各个单项活动如何进行配置并整合在一起。从运营活动系统的角度来看待战略，会更清楚为什么组织结构、系统和流程必须与特定战略相配套。反过来，依据战略设计组织，使得各项活动更容易实现互补，同时也使竞争优势更加持久这说明了为什么缺失战略定位，许多企业即使采用了管理咨询公司提供的"最佳"组织架构和 KPI 考核等管理流程，仍然创造不出竞争力，有时甚至成了一种硬性套用和自缚。

这意味着战略定位应该有十年或更长时间的视野，而不仅仅是着眼于一个战略规划周期。战略定位的延续性可以不断推动单项活动的改善和各项活动之间的配称，从而使组织建立起与战略相匹配的独特能力和技能。此外，延续性还可以不断强化企业的形象识别。

以沃尔沃汽车公司为例，自从在外部市场竞争中确立"安全"定位以来，其内部运营就从未停止过延续这一战略定位，它在各个单项活动中做出持续的定位强化，从而使其配称得到不断加强。首先，沃尔沃作为豪华汽车，其外观没有以奔驰为标杆进行仿效，而是显得笨拙，甚至像一辆坦克，这样的设计给顾客带来"安全感"。其次，沃尔沃在安全技术上一直是豪华车的引领者，从其发明三点式安全带以来，先后开创了防侧撞钢板结构、一次性整体成型、侧翼安全气囊等领先技术。比如，当行车打电话而导致车祸增加时，沃尔沃又是第一个采用电话免提功能，可以在双手开车的同时接听电话。近年来，该公司更是投资于一项让外人觉得不可思议的研发：当汽车行驶在 500 公里/小时的状态下如何确保安全。战略定位对沃尔沃企业运营的方方面面都提供了前进的方向，它会在营销时做出这样的广告：好男人不会让心爱的女人受一点点伤。在公关方面，当戴安娜坐奔驰出事后，沃尔沃总裁在媒体上沉痛无比地诉求："没有安全的豪华只是多余的奢侈，如果王妃乘坐的是沃尔沃汽车，我们就不会失去人间最美丽的玫瑰"，在全球引起巨大反响。甚至沃尔沃的企业文化，也是为了强化安全的定位——"For Life，为了生命"，企业认为来沃尔沃上班不能只是工作那么简单，而是捍卫生命的尊严，维护生命的价值。沃尔沃倡导，每多卖一辆汽车的同时，就多保护一个最能为社会创造财富的生命（其顾客属社会精英层），以此激励员工像义工一样充满激情地投入工作。现在，沃尔沃汽车被认为是豪华汽车中的"安全"代表。

任何成功企业，都是像沃尔沃一样多年来坚持战略定位的结果，并以其品牌在顾客心智达至定位认知为成功标志。更多的例子如：奔驰——尊贵，宝马——驾驶，联邦快递——隔夜送达，沃尔玛——天天低价，宜家——自助家居，西南航空——经济舱飞行，可口——可乐，百事——年轻人可乐，麦当劳——汉堡快餐，肯德基——炸鸡快餐，吉列——剃须刀，金霸王——碱性电池，微软——PC 软件，英特尔——电脑芯片，等等。

反过来，频繁切换定位的成本就非常高，如在中国，很多企业偏离既有强势定位，已日渐失去了竞争力：长虹——彩电，春兰——空调，小天鹅——洗衣机，奥妮——植物黑发，健力宝——运动饮料，乐百氏——纯净水，等等。企业不仅必须重新配置各个单项活动,还必须重新调整整个系统。有些活动可能永远跟不上多变的战略。频繁切换战略或者一开始就没有选择一个独特定位,其结果必然是"跟风"或模棱两可的运营活动配置、各职能部门之间的不一致以及整个组织的不和谐。

实践技能训练

技能训练:配称方法与工具训练

【实训性质】 专业技能训练。
【实训目标】 通过技能训练,了解并掌握配称策划方法与工具。
【实训内容】 阅读下面的案例素材内容,并应用配称的原理与方法进行案例分析。
【案例素材】

加多宝神话

1. 案例背景

失去王老吉品牌这种毁灭性打击,激发了加多宝的惊天能量,新品牌从零做起,两年间再度攀上 200 亿元销售巅峰,换作可口可乐也未必能做到。加多宝究竟做对了什么?

人们常常引用可口可乐的案例,用来证明品牌的力量是如何的强大。他们往往这样描述——可口可乐的某位总裁曾经说过,"如果可口可乐在世界各地的厂房被一把大火烧光,只要可口可乐的品牌存在,一夜之间就可以让所有厂房在废墟中拔地而起"。

这句话被营销界奉为经典。但是,至今没有人引用过这样的反例——就是厂房、渠道、员工、资金一切都还在,唯独不允许再使用原来的品牌,可口可乐还能存活下去吗?换句话说,摆在货架上的可口可乐必须在一夜之间全部换上一个新的品牌名字,消费者还会接受它吗?

加多宝公司就经历过这样的惨痛抉择。2012 年 5 月,加多宝公司经营了 10 多年,创下年销售额 180 亿元神话的王老吉品牌,被广药集团收回。加多宝的凉茶业务被迫启用"加多宝"品牌后,面临巨大的挑战,因为"加多宝"这个名字以前一直是公司名字,很少传播,对于绝大多数消费者而言,是一个全新的名字。

消费者的自然反应,将会认为加多宝是个新推出的凉茶品牌,这种认知将让加多宝处于极大被动,因为一个新品牌要获得顾客的接受需要很长时间,而顾客心智中的凉茶位置已经被一个叫王老吉的品牌占据。另一方面,加多宝又无法承受新品牌漫长的成长过程,因为全国布局的生产厂房、上万人的员工队伍、众多供应商和经销商,都面临大量停产和失业风险。

然而,当时间走过两年,人们看到的是这样的画面:2012 年,加多宝销售额 70 亿元(剔除上半年销售王老吉数据),王老吉销售额 17 亿元。双方分手之后,加多宝的销售额从 0 到 70 亿元,王老吉的销售额则从 180 亿元降至 17 亿元。2013 年,加多宝销售额 200 亿元,王老吉销售额 65 亿元。双方运作品牌的能力立见高下,形成巨大的落差。

在与王老吉战火燃烧的两年间,加多宝销量持续大幅攀升,这不能不说是世界营销史上的一大奇迹。仅仅两年前,加多宝企图借助王老吉的流通渠道重塑一个凉茶品牌,这被认为是天方夜谭。确实,在一个行业里面创造一个销售神话,已是了不起的成就,要再造一个销售神话,已经超出了人们的常识。

关于加多宝当下成功的分析，主流意见概括有两种：加多宝强有力的渠道，加多宝的广告预算超过对手。有人会说，"我要是有几十亿砸广告，我也能成功"。事实上，这都是建立在假设之上，并没有实践基础。若论实力，背靠广药集团的王老吉，"弹药"更加充足。给出同样的条件，即使是可口可乐也未必得能打造出超越自己的第二个可乐品牌。

这样的经典，在中国发生了，在加多宝身上发生了。那么，加多宝究竟是如何实现惊天大逆转的呢？加多宝究竟做对了什么？

2. 两条广告语轻松灭掉对手

加多宝运营红罐王老吉15年，年销售额从0到180亿元，这与加多宝公司创作的那句脍炙人口的广告语紧密相关——"怕上火喝王老吉"。正如营销界流行的说法，这是定位的成功。

定位理论在中国已经落户12年。12年前，当特劳特告诉中国企业，消费者心智资源才是企业最宝贵的资产时，听众大都回应以质疑的眼光。然而，当越来越多的企业陷入同质化和价格战的淤泥里时，当挣扎中的企业用尽了以前被认为的核心资源而仍然不能自拔时，他们把希望寄托在特劳特身上，因为特劳特说他能用定位理论帮助企业从众多的竞争者中脱颖而出，让消费者买该企业的产品而不买竞争对手的产品。

杰克·特劳特是定位理论的开创者，也是美国特劳特咨询公司总裁。他的《定位》一书，对企业在一个非成熟市场取得领导地位有切实的指导意义。《重新定位》一书，则对企业在一个成熟市场如何挑战领先者给出了中肯的建议。

特劳特与加多宝公司的合作始于2002年，在合作的前10年时间里，红罐王老吉的成功，更多源自《定位》一书的指导。那么，红罐加多宝的成功，其秘诀无疑就是《重新定位》一书。

时间回到2012年5月。正是加多宝公司事业陷入最低谷的阶段——自己一手养大的红罐王老吉品牌，被广药集团收回。

尽管很多媒体事后报道称，加多宝当时已经做了最坏的准备，从各方面为分手做了安排。实际上并非如此。直到最后一刻，明知可能性很小，加多宝仍然一直希望能出现某种奇迹。一方面，是经营者不敢想象"可口可乐失去品牌"这种戏剧化的震撼事件真的会发生，任何熟悉经典营销理论的商业人士都会对加多宝失去王老吉品牌之后的前途感到悲观；另一方面，经营者从情感上也无法接受和曾经属于自己的品牌"王老吉"作战，正如加多宝一位高管所言，"自己的儿子才九岁，但是做'王老吉'品牌已经十几年了"，一下子"王老吉"品牌不再属于自己，甚至还要和它短兵相接，情感上也接受不了。

从任何角度看，加多宝都是处于劣势的一方。失去了品牌，等于失去了99%的元气。在这种情形之下，厂房、渠道、员工、资金等优势，只能发挥1%的作用。在中国，唯独缺的是强有力的品牌，其他都是过剩的。动作品牌的能力，更是众多中国企业梦寐以求的财富。

过去10多年，加多宝在经营王老吉品牌时，一直遵循定位理论。2012年品牌地震之后，特劳特战略定位咨询公司应邀为加多宝立即重启了定位研究，对消费者、经销商、促销员进行了大量访谈。定性研究的结果也验证了这一条——消费者很难接受新的"加多宝"品牌。

这也符合特劳特战略定位理论的一贯观点。在1981年出版的第一本关于定位的书——

《定位》一书第一章"到底何为定位"中，为了说明定位的重要性，杰克·特劳特写道：人的心智是海量传播的防御物，屏蔽、排斥了大部分的信息。一般而言，人的心智只接受与其以前的知识与经验相匹配或吻合的信息。心智一旦形成，几乎不可能改变。尤其是在传播过度的社会中，人的唯一防卫力量就是过度简化的心智。这时，普通的心智像浸水的海绵，充满了信息。然而，越来越多的品牌却想继续不断地把更多的信息塞进已过度饱和的海绵中，他们最后会发现自己原来无能为力，因为他们根本无法使人接受自己的信息。

加多宝2012年上半年品牌地震之后，临时启用的应急广告词是"怕上火喝正宗凉茶，正宗凉茶加多宝"，对消费者发起正面进攻，按照定位理论看来，这就属于企图改变顾客的心智。特劳特公司中国区总经理邓德隆说，"怕上火喝王老吉"这句经典广告语经过10年时间300多亿元的投入持续强化，其在顾客心智中打下的烙印之深，已如同钢印一般。你只要一提"怕上火"，心智中就立刻链接到了王老吉品牌之上。

他认为，消费者在此时已经心如铁石，无论你花多少钱砸广告，也难以穿透消费者心中的铜墙铁壁。特劳特公司对消费者、经销商的调研也说明了这一点，终端消费者对"正宗凉茶"的广告感到困惑不解，广告投入虽然不少，但是效果并不尽如人意。

不要试图改变人类的心智成了定位理论最重要的原则之一。这也是营销人员违背得最多的一项原则。说实话，很多公司每天都在企图改变潜在顾客的心智，从而浪费了数以百万计的广告投入。

在杰克·特劳特的封笔之作《重新定位》一书中，特劳特总结了定位的五条基本规律，其中一条命名为"心智不可改变"（另外四条是：心智疲于应付，心智憎恨混乱，心智缺乏安全感，心智会丧失焦点）。

他举例说，20世纪80年代中期，有人对搅拌机做了一次认知调查。顾客被要求说出他们记得的所有搅拌机品牌，结果通用电气排在了第二位。令人惊讶的是，通用电气已经近20年没有生产过搅拌机了。品牌的烙印一旦打在了顾客的心智中，基本就不可能再变化了。

加多宝就陷入了这样的困境。怎么办呢？

消费者的心智坚如磐石，不可改变。不过，这一点反倒为加多宝提供了一条重新定位、打开消费者心智的不二法门。过去十几年里，加多宝公司坚持只生产310毫升的红罐一种产品、只用同一条广告语（"怕上火"），甚至只用相似的广告创意（蓝色冰雪中有一个大大的红罐和"怕上火"广告字样），已经在消费者心里打下了深刻的烙印。既然消费者就认准了它（红罐、凉茶、"怕上火"三位一体），那就告诉消费者，加多宝就是它，而不是一个新的品牌。

邓德隆说，如果让顾客知道并认可，这罐加多宝凉茶就是以前喝的那罐凉茶，只是改了名字，那么顾客就会转向加多宝品牌，从而把原来的市场顺利承接过来。好比是你的一个朋友，他改了名字，人还是那个人，你还会认他做你的朋友。这就好比王菲的歌迷，不会因为她从王靖雯改名王菲而改变对她的喜爱。

重新定位之后，加多宝的面容立刻清晰了——就是"改了名字的凉茶领导者"，把顾客心智中的凉茶代表位置继承过来。

于是，新广告出炉，讲述了一个全新的品牌故事：怕上火，现在喝加多宝。全国销量领先的红罐凉茶改名加多宝，还是原来的配方，还是熟悉的味道。怕上火，喝加多宝。"怕上火"

"全国销量领先"和"红罐凉茶",明确指向了这就是以前的凉茶领导者,"改名加多宝""原来的配方""熟悉的味道"则明确输出了改名信息,两者结合,配合加多宝十几年来一贯的广告片风格,就能达到让顾客知道并认可加多宝是"改了名字的凉茶领导者"这个目的。

"还是原来的配方,还是熟悉的味道"解决了此次定位的第二大难点。新品牌总是给人以不安全感,这不关乎产品而关乎心智。明明产品没有任何变化,但特劳特跟踪的口味测试结果是,绝大多数顾客认为,新品牌加多宝凉茶口味比原来的淡了,也没原来好喝了,这正是特劳特在他的《新定位》一书中讲述心智五大规律时讲的心智规律之一:心智缺乏安全感,只有将"还是原来的配方,还是熟悉的味道"植入心智,才能消除顾客心智的不安全感,并调动顾客心智力量去追回"熟悉"的味道。这时候你总是能尝到你想尝到的熟悉的味道。定位的原理就是这样,你总是品尝你想品尝的,你总是看到你想看到的,你总是听到你想听到的——定位的全部威力蕴含其中。

新广告语在一夜之间出现在各种媒体、商超、小卖部、餐饮渠道上,在饮料销量最旺的夏季狂轰乱炸了几个月。等到冬季到来,加多宝被禁止使用这条更名广告时,商业上的实质意义已经不大了,因为全国消费者基本上已经被洗礼了一遍,都知道凉茶领导者改名为加多宝了。

新定位执行一段时间后,特劳特公司在市场考察中就发现了很多有趣的现象。比如,在一个店里的货架上同时有加多宝和新的王老吉罐装凉茶,有一位顾客选择了加多宝,我们询问他为什么不选王老吉,他说王老吉是库存货,新货已经改成加多宝了。又比如,我们碰到一位店老板,问她加多宝和王老吉有什么区别?她说加多宝是"老品牌",王老吉是"新品牌"。明明加多宝是全新品牌,而王老吉是100多年的老字号,但心智就是这样,没有事实,只有认知。市场之战不是产品之战而是心智之战。

更名广告在2012年底被禁之后,加多宝一方面在法律上争取更多的时间,一方面推出了下一条主广告语:"怕上火,更多人喝加多宝。中国每卖10罐凉茶,7罐加多宝。配方正宗,当然更多人喝。怕上火,喝加多宝。"

这条广告语比原来的杀伤力提高了10倍以上。著名财经观察员金错刀这样点评,"加多宝找到了杀手级的武器"。

这条广告,说明加多宝的定位是"凉茶领导者"。经常逛超市的人,都有这样的体验:在同一类产品相邻的两个品牌当中,如果其中一个品牌买的人多,人流自然而然就会趋势到这个品牌。

另一方面,加多宝在此条广告语中,表明了统计数字来自国家权威部门,进一步打开了消费者的心智之门。这是一种采用认证书的手法,对塑造品牌形象极为有效。

我们知道,心智之所以缺乏安全感,是因为人们即使做购买这一简单的事情都会有认知风险。行为科学家认为认知风险有五种形式:①金钱风险(我可能是在浪费钱);②功能风险(它也许没这么神奇,或者没有说明书上说得那么好);③生理风险(它看起来有点危险,我可能会因此受伤);④社会风险(我的朋友会怎样看我买这件东西?);⑤心理风险(我可能因为买它而有负罪感,这样做会不会有点不负责任)。

当人们自己拿不定主意的时候,他们往往会向别人求助,再下决定。这也是为什么专业传播者至今仍认同最古老的传播方式——认证书。因为简单,所以有效。证书会涉及缺乏安全感心智的几重感情层面——虚荣心、嫉妒心和唯恐落后于众人。智威汤逊的前任总裁 Stanley Resor 把它称为"仿效精神",他说:"面对那些在品味、知识、经验等方面比我们优秀的人,我们无法不希望自己跟他们做一样的事情。"

经过这两条重新定位的广告反复轰炸之后,凉茶市场的秩序基本大局已定,消费者心智中已经潜移默化地接受了各个品牌的地位和排序。此后双方的一些战术动作,对全局的影响已经不大了。

可见定位比品牌更根本,法律上品牌是企业可以注册并拥有的,但定位却只存在于顾客心智之中。当加多宝全力以赴夺回心智中拥有的定位后,正所谓"得民心者得天下",品牌也就不过是个法律概念的名字而已。

3. 王老吉的致命伤

众所周知,消费者对品类的需求是推动品牌持续成长最根本的势能。王老吉用 10 多年的时间为做大凉茶需求做出了至少三方面的努力。首先是展示更多的饮用场合,不论是广告还是软性宣传,或者促销推广活动,均力图告诉顾客,凉茶不仅可以在餐饮场所饮用,还可以在家里、户外、办公室、网吧、酒吧等场合喝,是一种广泛适合的饮料;第二是结合不同区域或人群特点,提示日常生活中易"上火"的情况,像沿海湿热、吃烤肉等易上火食物、上班族熬夜等,倡导饮用凉茶,培育更广的品类消费习惯;第三,展开类似"冬季干燥,怕上火喝王老吉"的推广活动,深入到社区、商务区、商超区等场所,宣传凉茶不只是适合暑期饮用,而是四季相宜的饮料。这些工作极大地开启了凉茶品类需求,也支持着王老吉品牌持续地高速发展。

加多宝作为一个新品牌,从出生落地,就面临一个强大的对手。

在特劳特战略定位咨询公司中国区总经理邓德隆看来,定位非常重要,但是在加多宝重新定位这个重大案例上,战略节奏同样重要。

2012 年,广药也发动了较大的广告攻势,但是产能和渠道没能跟上。我们能看到铺天盖地的广药王老吉广告,但是在超市、餐饮渠道里迟迟看不到红罐王老吉。这给加多宝赢来了宝贵的几个月时间差,在这个空档期,加多宝倾尽全力,集中所有资源,以排山倒海的势头广泛宣传"全国销量领先的红罐凉茶改名加多宝,还是原来的配方,还是熟悉的味道",一下子占领了消费者的心智。

相反,王老吉的战略节奏踩错了点,使自己陷入被动。《品牌观察》杂志价值研究院研究员南浦中认为,在这场力量悬殊的角斗中,除了加多宝自身发力,王老吉自己的一些败招也加剧了落差的形成。最终让加多宝把王老吉赶下"中国饮料第一罐"宝座。

有这样一个奇观——王老吉收回品牌后,竟然迟迟不能将产品投放到市场上。于是,人们看到了这样的一幕:一位加多宝的业务员走进一家川菜馆吃午饭,发现菜谱上饮料栏里凉茶写的是王老吉品牌,价格是 6 元钱,但服务员拿来的产品却是加多宝品牌。这个业务员就把经理叫过来了,表明自己是加多宝的人,现在这个罐子改名了,希望你可以改正。经理起初不同意,他就一直跟经理说。在这位业务员的坚持说服下,经理终于改变了主意。但这还没完,这位业务员接下来用随身带着的一个不干胶把所有的菜谱都改过来了。做饮料行业的人应该都知道,把自己的产品上到酒水单是非常不容易的。已经做上去了,现在要撤下来,或换掉,这是非常难的一件事情,但是加多宝做到了。

另一个奇观是这样出现的：2013 年 5 月 15 日，为争夺红罐装潢权，王老吉与加多宝在法院对簿公堂。就在庭审当天午饭时，王老吉一名工作人员在广东省高院附近用餐时，想要为在座的人要点饮料："服务员，上点王老吉。"她还特意强调了一下，"不要加多宝。""没有王老吉，只有加多宝。"服务员有点歉意地回答。"不会吧，怎么会没有王老吉呢？"她和一起来的同事都显得很尴尬，因为周围吃饭的差不多都是来旁听庭审的人员和大批记者。于是，她用调侃的口吻来掩饰了一下："你再去问一下，没有王老吉就不付钱了。"服务员最终还是给出了"真的没有王老吉"的答案。尴尬和无奈之下，王老吉最终点了可口可乐和橙汁作为饮料。

很显然，收回品牌的王老吉罐装凉茶，由于在生产、渠道、队伍等方面短期无法快速完善，造成了在市场上的空档，为加多宝在顾客心智中进行切换留出了时间和空间。有人会说，如果当初广药能够迅速外包产能，迅速铺货，也许竞争结局会不一样。但是，商业世界里没有如果。

加多宝凉茶，一个新品牌，经历定位和重新定位，就是通过这样一个个细节完成了惊险一跳，成功保留了凉茶领导者地位。可见，一项产品或服务，最有价值的是在顾客心智中占据一个有利位置，这样，心智定位就成了企业的第一资源——心智资源。加多宝凉茶的价值，在于在顾客心智中重新夺回了凉茶这个心智资源。

我们知道，心智认知一旦建立，就很难对其进行改变了。举个例子，大多数人以为日本电器更高级。有调查者把三洋 Sanyo 的标签贴在一台 RCA 的家用电器上，然后叫 900 个消费者把它跟真正的 RCA 产品做一个比较。结果 76% 的人认为那个贴着三洋标签的 RCA 更胜一筹。正如 Kenneth Galbraith 曾经说过的："当人们要在'改变心智'和'证明没有改变的需要'之间选择的时候，几乎所有人都会选择后者。"

王老吉却没有很好地利用自己的心智资源。在 2012 年之前，王老吉拥有如此巨大的心智资源优势，却拱手让给了加多宝。王老吉两年来在市场上陷入被动，正是对心智资源的开发和维护失力。实际上，它丢掉的已不是一座城池。

年销售额达到 1 亿美元，微软花了 10 年，红牛花了 9 年，红罐王老吉同样花了 9 年实现年销售额 10 亿元。早期的缓步发展会带来两方面的好处：首先，新品类或新品牌的产品难免会有一些缺陷，慢速推进能让品牌有时间和机会根据市场反馈来修正产品，完善各项运营，把引发负面反应的因素减至最低；其次，任何新品牌和新品类难免会吸引不适宜人群的尝试性消费，而稳步发展能波澜不惊地消化掉那些负面反应。

加多宝快速推出自己的新品牌，难免也有自己身上的硬伤。比如，加多宝在自己的市场调查中发现，绝大多数顾客认为，新品牌加多宝凉茶口味比原来的王老吉淡了，也没原来的王老吉好喝了。王老吉团队就没有洞察到消费者的这种心理变化，从而加以引导和利用，强化自身的优势。

《品牌观察》杂志价值研究院研究员南浦中认为，王老吉最大的失误是，明明自己是领导者，却把自己当成了挑战者的角色，长期被加多宝牵着鼻子走，甚至在无形中默默充当加多宝的抬轿者。

另一方面，每个品牌都需要定位，决定自己在哪个战场上和对手展开竞争。很少有哪个国家或者哪支军队，能够同时发动几场战争或者同时和多个对手较量而取胜。相反，王老吉战线过长，也消耗了自己的能量。王老吉收回品牌后，战略上出现摇摆，一度想要多元化进入大健康产业，试图推出王老吉绿豆爽、王老吉固元粥、王老吉龟苓膏等产品，稀释品牌价值，这当然也是非常明显的战略错误。

品牌延伸问题同样应该从心智角度上去看。你往这个品牌贴上越多的东西，消费者的心智就越容易失去焦点。当你是"专"家的时候，你就能在一个产品，一个利益点或是一个信息上聚焦。这个焦点能把你的公司打磨得光芒照人，并把它推进消费者的心智。

最终，加多宝踩在王老吉年销售额180亿元"巨人的肩膀上"，完成了惊天大逆转。

4. 无法复制的战略配称

加多宝能够在凉茶行业复制成功，除了定位，上面所说的站在王老吉"巨人的肩膀上"，第三点则是依靠自己的DNA，这也是王老吉永远无法复制的秘密武器。

这个秘密武器，用专业术语来说，是战备配称。哈佛商学院迈克尔·波特教授在《什么是战略》这篇经典文献中指出："很多经理人不再把公司看成一个整体，而是把眼睛盯着所谓的'核心'竞争力、'关键'资源，以及成功'要素'。殊不知，'战略配称'才是创造竞争优势最核心的因素。"

战略配称为何如此重要？迈克尔·波特解释说：各项活动之间的战略配称不仅对竞争优势的建立，而且对这一优势的保持至关重要。竞争对手也许可以复制你的某项单独活动，如特定的销售方法、工艺技术或者一系列产品性能，但是很难复制相互关联的整个活动系统。因此，建立在活动系统之上的定位要比基于任何一项单独活动之上的定位持续时间更久。

如今，中国企业界、管理学界的人士，包括海尔的首席执行官张瑞敏在内，都对加多宝这个世界营销史上绝无仅有的商业案例有着高度的兴趣，对案例的动态发展连续追踪、分析、思考、借鉴。他们无非是想洞察加多宝战略配称的秘密。

（1）生产能力。为了让全国，甚至全世界每个消费者都喝到口味如一的凉茶，加多宝在供应商方面做了很多的工作，在尊重传统工艺的基础上，不断摸索、创新，首创研发凉茶的浓缩技术，开创凉茶集中提取、分散罐装的现代化生产模式，实现了凉茶配方的标准调配与罐装，进一步提升了工业化和规模化的生产水平，保证了每一罐红罐凉茶的品质口感的一致性，并在全国建了11个生产基地。2010年，凭借着集中提取，分散罐装的生产工艺，加多宝红罐凉茶在第15届世界食品科技大会上获得具有食品界"奥斯卡"之称的"全球食品工业奖"，成为当时国内唯一获此荣誉的民族饮料品牌，为行业树立了标杆，确保了消费者对整个行业的品质预期和现实体验。为了保证高品质，加多宝也在凉茶原料上进行了及早布局，比如加多宝拥有全国最好、最多的金银花，确保支持到凉茶领导者应有的高品质和高销量。其实，广药2012年未能抓住有利战机，很大原因也是在产能和原料这个战略配称上亏欠太多。

（2）渠道能力。从大卖场到小店，从餐饮到影院再到KTV等，加多宝用十几年时间建立了一支渠道铁军，覆盖了几百万个销售终端。作为凉茶的领导者，加多宝更知道如何在新市场先布局餐饮让人接受"预防上火"概念，各类特通渠道如何开创顾客，不同季节在不同渠道如何和其他饮料不同陈列。业界认为，加多宝做王老吉时，是本土饮料渠道覆盖率最高的产品之一，按"特大——省会及沿海发达——地级市——县镇——乡村"五级市场划分，王老吉在县镇以上市场的终端覆盖率，可以达到90%以上，"是唯一一款可与可口可乐、雪碧同时出现在各类型终端的饮料类产品"。"建立一个全面的销售管理系统、推动一支庞大的业务队伍、完成一次快速、优质的分销覆盖,这需要多种元素的配合,下沉到一线,那是'类似绣花一针一线的细活'。海报怎么贴?横的怎么贴?竖的怎么贴?贴哪里曝光度最好?终端售货员的话怎么改?第一句说什么?第二句说什么?如果只能讲一句讲什么?如果能讲两句讲什么……这都必须有细节的指导、规定,有细心的贯彻、执行,同时有细致的检查、跟进"。这样的渠道能力,也不是一朝一夕、一年两年可以建立起来的。

(3) 快速的市场反应能力。加多宝之前十几年的历练,造就了强大的应急反应能力。2012年5月12日正式收到商标仲裁书,5月13日,集团上下2万人,就统一训练实现了硬件、软件的"加多宝"化,只用了一天的时间,王老吉那3个字在集团里再也找不到了,在全国960万平方公里的土地上都消失了。5月16日公司召开新闻发布会,宣告正式启动加多宝品牌,5月28日加多宝的品牌凉茶全国上市,6月10日改名的新广告在全国播出,6月份产品全部铺到了终端,与此同时,海外的终端也都换过来了,所有的一线营销人员讲的是同一句话:"全国销量领先的红罐凉茶改名加多宝,还是原来的配方,还是熟悉的味道。怕上火,喝加多宝"。加多宝的快速市场反应能力,利用了王老吉在市场上一时难以跟上的时间差,把新定位迅速推入消费者心智,达至了"凉茶领导者改名"的市场氛围和事实。到2012年10月,据零点公司的调研数据,加多宝的品牌知名度已经达到了99.6%,基本上是家喻户晓了。

(4) 创新传播能力。加多宝在传统的传播领域一向实力雄厚,培养了许多人才,也因此积累了创新的传播能力。这一次更名,加多宝积极引发公关和参与,整合传播"领导者"更名的再定位信息。在移动互联网时代,加多宝学会了善于利用微博、微信等最新的传播平台,进行特色社会化营销。例如,"对不起"系列广告在微博上传播极为广泛,并且因此获得了广告艾菲奖,这种创意形式也被不少知名企业借鉴套用。又比如,加多宝2013年曾经推出声控的自动贩卖机,消费者只要对着机器大喊一声"过年来罐加多宝",自动贩卖机就会免费吐出一罐加多宝,这个"你敢喊我就敢送"的活动获得了创意领域O2O整合营销案例的第六届金投赏创意奖金奖。

2012年伦敦奥运会、2012年浙江卫视"中国好声音"第一季播出,加多宝都投入了重金。尤其是"中国好声音"第一季意外地取得了超高收视率,主持人超快语速的"正宗好凉茶/正宗好声音/欢迎收看由凉茶领导品牌加多宝为您冠名的加多宝凉茶中国好声音"红遍中国,不少营销人士艳羡加多宝押宝押对了,佩服加多宝营销人员看准了电视节目的收视率。

实际上,加多宝当时根本没有押宝,事先也没有料想到"中国好声音"会如此受欢迎,加多宝真实的决策背景就是拿出惊人的战略魄力。在这一点上,邓德隆指出,每一笔广告投放的背后都应该有战略依据,加多宝冠名中国好声音对企业帮助很大,而汇源果汁随后冠名央视的星光大道则没有什么战略意义,纯粹是提高成本,降低了企业利润而已。

本章小结

如何让企业各项活动有机组合,以协同活动创造整体优势就是配称。战略配称是企业内的运营活动系统,以能够创造真正经济价值的方式进行相互补充体现并形成定位独特性,从而创造出竞争优势和出色赢利能力,将模仿者阻挡在外。策划活动的主要逻辑,是首先确定定位战略,然后在辅以战略配称协同。

配称的主要含义是对各项活动之间的配合不断优化,持续改进,从而发挥协同效应,起到 1+1>2 的作用,实现认知优势,并最大限度地张扬和利用之,产生对手无法模仿的持续竞争优势。如果说定位是瞄准顾客心智的钉子,战略配称就是充满势能的锤子。

战略配称的内容通常会包含产品、价格、目标客户、渠道、市场、广告、公关、研发等。特劳特在《什么是战略》中指出:确立差异化概念和支持点意味着战略成型。自此,战略开始实施,企业将围绕差异化概念进行战略配称与整合传播。

核心概念

配称　　配称的种类　　可持续性

思考与练习

1. 试分析战略配称包含的主要内容。
2. 试围绕某一品牌定位进行战略配称。

Chapter 11

第 11 章

方案通关与销售

一个策划方案最终的被接受或者成功地出售给客户，要经过层层关口。每个关口都是一层阻碍，策划人要懂得通过各种方法保卫自己的策划方案不被扼杀，并最终达成销售。

学习目标

1. 了解策划提案通关的概念
2. 了解策划方案销售的概念

11.1 策划提案通关

你费尽心思做了一个绝妙的策划方案，你坚信它将对你的公司或者公司的客户产生至关重要的影响。你向大家展示了这一提案，期待大家热情支持。然而，事与愿违，你得到的却是令人困惑的质疑、愚蠢的评论以及种种口诛笔伐。对于扑面而来的攻击，你还没有回过神来，你的提案就已经中途夭折、折戟沉沙。

其实大可不必如此，你完全可以保护你的提案，争取支持，取得有价值的成果。关键在于你要懂得那些存在于公司或者客户公司的反对派的攻击策略，这些策略虽有失公允，却频频奏效。

11.1.1 识破他人的攻击策略

攻击者通常会采用以下策略中的一种或多种。制造恐慌：煽动人们对于你的提案抱有的不理智恐慌情绪；无限搁置：无限期推迟讨论你的提案，或不断转移话题。结果，你的提案锋芒尽失；混淆视听：炮制大量干扰信息，使你的提案失去人们的信任；人身攻击：贬低你的名誉和诚信。

1. 制造恐慌

这种策略旨在煽动恐慌情绪。如此一来，即使存在获得支持的可能性，人们也很难对某个提案进行仔细考量。人们开始担心，执行你所说的真正卓越的计划、伟大的创意，或实现期盼已久的未来愿景，可能充满巨大的风险，哪怕事实并非如此。

制造恐慌的方法多种多样。其秘诀在于先推出一个不容否认的事实，然后进行发挥，最终的结果或令人望而生畏，或触动人们焦虑的神经。从最初的事实到最终的可怕后果，中间的逻辑其实是错误的，甚至是荒诞不经的。让你想起可怕往事的某个故事也许与当下并不相符，但是它足以引发令人不快的回忆。触动人们焦虑的神经其实是在玩弄人们的感情，但是这种手段颇为有效。焦虑一旦产生，纵使面对有理有据的反驳，焦虑也未必会消失。

在此情形下，语言常常会起到推波助澜的作用。如果几年前某项目的失败曾导致你们公司裁员，那么只要一提起该项目的名字，就会勾起人们苦涩的回忆。推而广之，诸如律师、裁员或大政府这样的字眼会使某些人心生畏惧或者愤怒。

2. 无限搁置

当人们心存疑虑时，只要对议案无限搁置，就足以扼杀一项优秀的提案。他们在讨论提案时磨磨蹭蹭，结果到了表决的关键时刻，提案还未能获得足够多的支持。这些人的建议听起来合乎逻辑，然而一旦采纳，有关项目就会错过关键时机。无限搁置的做法包括没完没了地开会，没完没了地进行所谓的修改与表决。结果原来的提案丧失了锋芒，某个劣等提案乘虚而入。

无限搁置的做法简单易行，威力巨大。人们提出的搁置理由听起来合情合理。例如，我们应当等到其他项目完成以后再考虑（只需再等一些时间）；或者，我们应当等到下个预算周期再执行该计划。

搁置的做法可以将人们的注意力转移到某些迫切需要解决的问题上。此类问题随处可见。例如，预算突然出现了不足，竞争对手忽然发布了一则公告等。搁置的目的就是要让人们百分之百地关注当前危机，如此一来，某个优秀的提案就会被淡忘，关键的讨论将不了了之。曾经争取支持的锐气慢慢消磨殆尽，而且永无再生的可能。

3. 混淆视听

某些人面对他人的提案会心存疑虑，企图将其扼杀。此时，他们会诉诸毫不相干的事实、莫名其妙的理由或许多其他方案，以此干扰交流。如此一来，人们将难以建立信任，进行清晰睿智的谈话。

混淆视听的策略若要奏效并不需要复杂的话题，即使最简明的计划也会被拖入错综复杂的迷宫，几乎所有人都可能在其中迷失方向。统计数据可以成为一种强大的武器，它可以被用来迷惑人心而非澄清事实。

4. 冷嘲热讽，甚至人身攻击

某些质疑、批评并非直接瞄准提案，而是瞄准提案背后的那个人。他们会让提案人出洋相，质疑他的能力，直截了当或半遮半掩地怀疑他的人品。如果提案人令听众感到不安，他将难以赢得强有力的支持。

企图嘲讽或诋毁他人的人在提出疑虑时既可以表现得义愤填膺，也可以表现得轻描淡写，而且后者更加常见。不过，嘲讽别人会反遭嘲讽，也许因为这一点，它不像其他策略那样被广泛应用。然而，这种策略一旦奏效，会产生连锁反应。不仅提案人的提案受损，人格受辱，而且只要人们没有淡忘这次人身攻击的记忆，这个人提出的其他合理意见也难以得到别人的信任。

11.1.2 保护你的提案，赢得支持

攻击手段不限于一种，威力大的弹药往往会同时采用两三种手段。如果某个人疑虑重重、疯狂偏激、心存不良，他会既混淆视听、搁置提案，又制造恐慌局面，进行人身攻击。精心策划的多手段攻击具有无比强大的力量。

尽管如此，在现实生活中仍有办法可以帮助我们为自己的优秀提案赢得强有力的支持。这种办法的关键要点是：首先，吸引人们的关注；其次，赢得他们的理解和认可；最后，赢得他们的心。

1. 任由攻击者开火，以吸引人们的关注

为了让人们能够采纳你的建议，你努力争取众人的支持，在此过程中你不希望自己的提案被击败，因此想尽量将攻击者挡在门外，这一切看起来合情合理。人们有时候在这方面做得比较成功。与此同时，还有另外一种更加有效的选择。这种选择可以利用人们的攻击，化不利为有利。它可以解决人们为提案争取支持时遇到的最大挑战——获得人们的关注。

如果无人关注你的提案，你就没有机会解释其中蕴含的风险或机遇，也无法介绍你的有效解决方案。我们几乎所有人都淹没在海量信息之中，目不暇接。其中大多数信息没能在我们的脑海中留下清晰的印象，即使留下了也会存在某种歪曲。面对这一巨大的注意力问题，我们应当如何应对？

首先，你无须阻挡任何人参与提案讨论。即使面对潜在的反对者，包括那些最圆滑的反对者，你也不要想方设法将他们挡在门外。让他们参与进来，让他们向你开火，甚至鼓励他们向你开火。你应当允许每个人表达观点、向你提问。某些人理解你的观点，他们所提的问题比较中肯，易于回答。然而，你不能仅仅给这些人机会；你不能通过事先设定互动内容来控制讨论过程；你不能只顾发表长篇大论，却不给提问者留下足够时间；你不能忽视那些积极举手可能挑战你的人。当别人给予你关注时，他们的思想正参与其中。这对于听众理解你的提案、消除误解至关重要。你可以利用这份关注晓之以理、动之以情，这是获得别人衷心支持的核心。

2. 以简单质朴的回答赢得人们的理解

不要试图用成千上万的数据、没完没了的分析或长篇大论的解释平息别人对你的攻击；不要试图说明他们的攻击有失公允、缺乏证据、不够光明磊落；也不要试图指出他们大错特错。其实，你不妨反其道而行之。

如果有人试图攻击你的优秀提案，比如有意混淆视听、无限期搁置、制造恐慌、人身攻击，面对这些袭来的炮弹，倘若你已经做足功课，只需动用你的知识和数据就可以将其化解。你显然会这样做。于是你再一次说明自己的提案，解释这为什么是一个好的提案。你指出对方的所有漏洞，你提出一切可能想到的证据用以证明自己的看法。不仅如此，为了确保能够永远清除这些暗箭，永远清除这些貌似合理其实漏洞百出的质疑，你还会提出更多证据、动用更多逻辑。说到底，为了确保彻底瓦解对方，你会连续十多次对其进行反击。

事实上，几乎我们接受的所有教育都采用了上述思维方式。然而这样做可能存在一个问题：它会有意无意地压制甚至扼杀我们争取广泛支持时需要的某种东西必不可少的关注。当你罗列自己的观点时，别人的思想会走神。他们会想：我待会儿该去百货店买些什么呢？我为下次会议的发言做好准备了吗？真不知道这次讨论还要多久？人们脑海中飘过的念头越来越多，而他们对你的关注越来越少。结果你赢得别人理解的机会就这样悄悄溜走了。

如何避免这一陷阱？你要确保自己的回答简短清晰没有专业术语，没有复杂推理，没有走神的时间。只要可能，你应当放弃数据或列表，转而运用常识说明自己的观点。如果你的回答简明易懂，别人就没有机会干扰视听、释放迷雾。当你周围没有迷雾，当别人关注你时，你才真正有机会在讨论过程中教育、影响听众，让他们理解你的提案是什么，以及这为什么是一个好的提案。同时你将逐渐赢得他人的理解、获得他人的支持。这才是你真正应当做的。

古往今来，伟大的领袖人物都深明此理。无论是圣雄甘地还是山姆·沃尔顿，这些人都曾提出过优秀的思想。他们循循善诱，令几乎所有人理解自己的思想。他们将自己的思想阐释得分外清晰。他们告诉人们基本常识，充当指路明灯。面对纷繁复杂、瞬息万变的世界，他们秉持简明之风，始终深入浅出。无论遇到何种困难，他们都能吸引人们的目光，赢得人心，争取支持并最终调动一切力量实现伟大目标。

这便产生了一个有趣的问题：既然简单易懂的答案更容易争取人心，我们为什么没有频频使用它们呢？答案猜测如下。

普罗大众受过良好的教育，他们被频频告知面对任何一个问题，如果回答比较简单，就应报以怀疑的态度。即使晦涩，他们也希望听到术语连篇的长篇大论。我们曾被告知世界是复杂的（这是事实），因此合格的答案也应当同样复杂（事实不一定如此）。复杂多元的答案反过来又需要某种复杂深奥的交流方式，这常常意味着晦涩的语言、专业的术语，以及冗长绕嘴的语句，此外别无其他。

当今世界，处处是讨厌的律师、庸人当道的公司以及做法不通情理的政府官僚机构。在现代社会中，我们往往会失去常识。我们也许觉得这是一种不幸，是一出悲剧，而且社会告诉我们这就是现实，你难以抗争。然而，事实上你可以抗争，在某种意义上，我们需要做的仅仅是去程序化。

3. 表达尊重，赢得人心

面对攻击不要嘲讽，不要反击，也不要不屑一顾。即使有人应受到这样的惩罚，即使你有这样做的冲动，即使你有能力这样做，也千万别这么做。

为了赢得支持，你需要让人们心悦诚服。简单明了、运用常识足以帮助你赢得理解。尊重别人也足以帮助你赢得人心。

一般人出于各种有意无意的原因，常常会攻击他人的提案。因此，对任何人报以一丁点儿的不尊重都会招致对方的强烈反击，甚至还会招来众人的攻击，大家会认为你有失公允，缺乏道义。反击时采取人身攻击和嘲讽的手段固然有威力，但是其价值观和人品同样也会受到质疑。

假如你明显地以牙还牙，可能会导致大家同情那些攻击你的人。为了赢得支持，不妨反其道而行之，尊重对方——这将使你拥有制高点。人们不会同情攻击者，恰恰相反，企图扼杀提案的人在大家眼里成了诽谤者、自恋狂或者倚强凌弱者。那样的人没人喜欢，也没人信任。人品受到质疑的是他们，而不是你。尊重他人，会在情感上将人们争取到你这边来。如果你的尊重能够引起别人的共鸣，你就会赢得他们的心。

不仅如此，你还要保持冷静而不失自信，只有这样才不至于做出那些无济于事的举动。自信在很大程度上来源于充分的准备，而做好准备工作也是应对别人攻击的一个有效策略。这一点我们会在最后谈到。

4. 关注大多数听众，而非少数攻击者

不要关注你的攻击者，不要关注他有失公允、不合逻辑、心胸狭隘的评论，尽管你很想那样做。当有人试图混淆视听、制造恐慌、进行人身攻击或搁置你的提案时，你出于本能会将矛头对准攻击你的人。然而根据观察，我们可以断言这样做大错特错。你不需要使那些力图阻挠你的人心服口服，你要争取的是大部分人的信任和支持。

一小撮诘难你的人存心捣乱，不必与他们纠缠不清，别忘了还有更多人在评判你的提案。不要过于担心那些讨厌而狡黠的捣乱分子。某些人是"老顽固"，如果你的提案与他们的观念不符，他们绝不会支持你，不必浪费时间试图改造这些人。如果你清楚一些人会因你的提案被接受而失去某些东西，而他们是那种绝不愿失去的顽固派，就不要试图改变他们的性格或价值观。当你回应责问时，真正重要的是大多数人的反应，而不是攻击者脸上的喜怒哀乐。如果你对大多数人缺乏关注，就永远不会发现他们心中的疑惑、忧惧，也不会发现他们正不知不觉搁置你的提案至少你不会很快发现。

当然，不关注大众，只关注攻击者，也有可能获得51%的支持率。但是获得51%的支持与幻想100%的支持一样是个错误。51%也许意味着你赢得了民意，但是这丝毫不能保证你的优秀提案能够被成功地执行。如果支持不够有力，那么人们稍遇阻碍或者听到更符合自己利益的其他方案（即使它事实上并不符合自己的利益）也有可能放弃原计划。即使简单的计划也需要80%的支持率，其中25%的人是绝对忠诚的支持者，只有这样他们才愿意加倍努力，克服重重阻碍，圆满地完成计划。

5. 做足准备工作，不要即兴发挥

即使你对所有情况了如指掌，即使你的提案看起来无懈可击，即使你觉得大家会比较友好，也不要试图即兴发挥。

在利害关系不大的日常交流中，你也不妨稍做准备就能做到应答自如。记住四大攻击策略，只有四种：制造恐慌、无限搁置、混淆视听和人身攻击。想想你的提案，想想你的听众。某个人会使用什么策略？他会如何使用这一策略？深吸一口气，提醒自己坦然地接受攻击，这种攻击也许是有益的。尊重他人，尊重再尊重。回答时做到简明扼要、深入浅出，密切观察你的听众。

如果交流事关重大，那你就要投入时间做好功课。做好功课不仅指你要做更多的准备，而且要准备得高效和巧妙。比方说，有人出于真心怀疑或个人的小算盘告诉你，他曾经尝试过你的提案，却以失败告终。你就需要说明现在的提案与以往不同，并且解释具体的不同点在哪里。准备工作可以大大增强你的信心，减少你的焦虑，这将避免你在遭受攻击时出于本能为自己辩解。

11.2 策划方案销售

在大客户销售中，向客户提交方案往往被认为是有效的销售推动手段。在很多公司的销售管理漏斗中，会把提交方案作为一个重要的里程碑，甚至会对完成了这个动作的项目进行较高的赢率预测。靠量身定做的解决方案吸引客户也成了很多公司的口号，特别是一些在技术上较为领先的公司更是热衷于此道。可是，提交方案并不是一个简单的动作，很多销售人员自认为优秀的方案未必能得到客户的青睐，对于精心准备的方案，客户可能草草浏览一番后就束之高阁。

让我们来看三个场景：

A. 甲公司的销售人员听说了 X 公司的采购项目，靠朋友引荐，他见着了 X 公司的采购经理，问了问项目的基本情况。临走的时候，销售人员表示下周提交一份方案，客户同意了。

B. 乙公司的销售人员突然接到 Y 公司的电话，请乙公司两周后提交方案参与竞标。

C. Z 公司准备采购和实施一个项目，丙公司的销售人员在上一年度就和 Z 公司接触，针对项目的各参与部门进行了调研，项目的立项申请和预算基本上是按丙公司的意见准备的。本年度，在项目正式立项后，Z 公司请丙公司提交正式方案。

也许连没有销售经验的人，都能看出上述三种情势的不同。在不同的情势下，销售人员是否该提交方案，该提交什么样的方案一定是有区别的。那么，销售人员到底应在何时提供方案？方案中该包括哪些内容？又该如何打动客户呢？

11.2.1 何时提交方案

首先我们给方案下个定义。在大客户销售中，方案指的是策划人员或者销售人员针对客户需求所设计的产品和服务介绍及行动计划。这里的关键词是针对客户需求，如果销售人员根本就不了解客户的需求，或者只是猜测客户的需求，制作出来的方案就不可能合格，更不可能帮助公司赢得订单。销售人员手中标准版的公司介绍、产品介绍和案例，都不能算作方案，至多是方案的一个组成部分。

因此，在向客户提交方案之前，销售人员必须问自己两个问题：我清楚客户的需求吗？我和客户一起制定了供应商选择标准吗？对这两个问题的回答可能出现三种情况。

情况一：两个问题的回答都为是。此时，无论是客户提出要方案，还是销售人员主动提出给方案，提供方案的时机都已经成熟，接下来的工作就应该是方案设计和方案呈现。

情况二：两个问题的回答都为否。此时，销售人员不应该草率行动，因为在这种状态下，销售人员根本不知道该提供怎样的方案，即便勉强提供了，对客户的影响力也有限。

但在实践中，即便在这样的情况下，仍有很多销售人员会主动提供方案，前面提到的A场景就属于此类。事实上，很多销售人员都有这个习惯，有时候刚刚开始接触客户就主动提出给方案，也有的时候觉得没什么事可干了，又不能闲着，便主动提出要给个方案。究其原因，还是销售人员或所在公司的销售理念有问题，认为只要给客户方案了，销售就向前推进了一步。殊不知，由于不知道对方的需求，只能按照销售人员自己的猜测或者给其他同类客户做过的方案来制作，给客户的是自己以为合适的方案，客户是不是认为合适，就只有天知道了。虽然这种做法也有成功的可能，但前提是，销售人员提供的方案恰好能解决客户的问题，同时竞争对手又恰好是菜鸟。而这两个恰好同时成立的可能性微乎其微，所以销售人员想通过这样的方案来赢单，纯粹是在碰运气。

那么，如果是客户要求销售人员提供方案呢？销售人员也不提供吗？客户要求提供方案可能有几种原因。

（1）客户被销售人员缠得没办法了，断然拒绝又怕得罪供应商（特别是当供应商的市场地位和品牌影响力比较强的时候），于是就请销售人员做个方案，好把他打发走，下次也就有了方案不合适的借口。此时，无论销售人员给出什么样的方案，结果都是客户说不。

（2）客户已经有了比较中意的供应商，想再拉几家来验证一下，或为了杀价，或出于采购制度的规定走流程。此时，销售人员给出的方案不可能打动客户，充其量让客户觉得还行吧，不过对我来说不太合适，我还是选原定的那家，然后毙掉。

（3）客户也不太知道该怎么选，暂且请销售人员给个方案。此时，销售人员面对的情况稍好，不像前两种面临必然被淘汰的命运。不过，由于不知道客户的需求，销售人员很难设计出合适的方案，项目成功与否只能靠运气了。

总之，在既不知道客户需求，也不了解客户选择标准的情况下，无论是客户要求提交方案，还是自己主动想提供，销售人员都不应该勉强为之。

情况三：第一个问题的回答为是，而第二个问题的回答为否，即知道了客户的需求，但是没有和客户一起制定供应商选择标准。（前者否后者是的情况不存在，因为供应商在不清楚客户需求的情况下不可能和客户一起制定选择标准）此时，又可以分三种可能。

（1）客户还没有建立供应商的选择标准，即客户也不清楚该选什么样的供应商。这时候，销售人员要做的是先和客户确定标准，然后再提供方案；或者可以给出简单的方案，不涉及细节，只列出关键点以帮助客户建立标准，标准明确后再给详细方案。

（2）客户已经和竞争对手一起建立了选择标准，前面提到的 B 场景就是这种情况。由于标准不是由己方建立的，按照现有的标准做方案胜算不大，而按照己方的优势做方案，客户也不会认可。这时候，销售人员要做的是试图改变标准，可以采取的方法有：向客户表示提供方案是一件很慎重的事情，要求见到相关人员，在调研之后才能给出具有针对性的方案。而在与相关人员面谈时，要抓住机会重新挖掘需求，进而改变标准；指出现有标准的不足，请客户慎重考虑；动用个人和公司的资源找到关键人，影响现有标准。

如果做不到这些，销售人员就不用出方案了，因为出了也没用。放弃没有胜算的单子并不可惜。销售是只有冠军的游戏，第二名不但没有意义，而且比倒数第一名还要悲惨，因为越早出局的人越不需要有太大的投入。

（3）客户自己建立了一个相对公平的选择标准，对各供应商没有明显的倾向性。这时候，销售人员要做的依然是先影响标准；如果实在影响不了，也可以出方案，此时就要各供应商硬拼方案设计和呈现的本事了。

综上所述，销售人员提供方案的最佳时机，是明确了客户的需求，并且和客户共同建立了选择标准。至少也要做到明确客户的需求，并且在客户的选择标准上没有明显劣势。过早提交方案不可取。

11.2.2　方案包括哪些要素

如果上述时机成熟，接下来就该设计制作方案了。应该说，每个销售人员都有制作方案的经历，但很多方案并不合格。普遍存在的问题是：①只谈自己的产品，不谈客户的现状、困难及需求。这样的方案往往是在标准模板的基础上复制和粘贴（极端的案例是方案把客户的名字都贴错了，这样的方案对客户毫无价值）。②谈产品，也谈问题，但是缺乏针对性。这种方案比前一种略好，谈到了产品可以解决的问题，可是这些问题是销售人员自己猜测出来的（或者是其他客户的问题），对客户没有针对性。如果运气好，碰对了会有效，但多数情况下是无效的。③没有体现出与竞争对手的差异。虽然对任何一个行业来说，产品和服务都呈现出高度同质化的特征，但是具体到客户，一定可以提出有别于竞争对手的方案。

那么，什么样的方案才算合格呢？我们见过两三页的建议书，也见过几百页的标书，厚薄不是决定方案是否优秀的因素（很多时候，标书做得厚是因为有一些形式上的要件必须放进去）。其实，从方案的定义，我们就可以知道方案应该包括哪些要素。

1. 客户需求

毫无疑问，客户需求是任何方案的最核心要素，也是方案能否打动客户、赢得青睐的关键。如果销售人员能在方案中一针见血地分析透客户的需求，并据此提供个性化的产品和服务，这无疑会说到客户的心坎里，项目成功的可能性就会大增。那么客户的需求来自哪儿呢？客户又会有哪些需求呢？

在大客户销售中，客户的需求有两种来源：一种叫痛苦，一种叫期望。所谓痛苦，指的是客户对现状感到担忧甚至恐惧，痛苦越大，客户的采购需求就越强烈。所谓期望，指的是客户对未来有着更大的期待和企图。无论是哪种来源，客户都对现状不满意，有改变的意愿。

在给客户的方案中，必须包含对客户现状的分析，必须能够指出客户存在的问题，而且，要把问题的影响放到足够大。这样做的原因有两个：一是让客户认识到有问题才会有需求，问题越大，带来的痛苦就越大，产生的需求也就越大，客户愿意花的钱就会越多；二是谈客户的问题，客户才会关注，如果方案中不谈客户的问题而只谈自己的产品，是不会引起客户兴趣的。

客户的需求不只是组织需求，还包括个人需求。组织需求是指企业在此次采购中要解决的问题和获得的利益，比如运营效率的提升等。个人需求指的是采购者个人在此次采购中要解决的问题和获得的利益，比如领导的认可、让本部门的影响力扩大等。组织需求和个人需求往往不完全一致，这需要销售人员去区分和把握。

在向客户提交的方案中，必须包括组织需求，而很多个人需求不能写在方案内，只能靠口头沟通来让对方明白。举个例子，某集团公司要做集团网银，将财务权限上收，加强对各子公司的现金控制。对于集团来说，这样做提高了资金利用率，降低了财务成本，这都是组织需求，可以在方案中体现。但是，对于集团的财务总监来说，这样做意味着他可以加强对下属公司的控制，集团财务部和他本人的权力和地位就会明显提高，这是个人利益，在方案中就不能写得那么明显，更多要依靠口头沟通。

2. 产品和服务

在这一部分，有两个关键词。一个是价值。方案中提到的产品和服务，要强调给客户带来的价值，而不仅仅是产品本身。例如，客户要采购一台新设备，能得到的价值是可以多接活多赚钱，而不是这台设备的先进技术所代表的最新潮流。有些价值是有形的，可以用数字来衡量，如成本的降低、收益率的提高等。对于此类价值，需要在方案中用数字加以明确。有些价值则是无形的，如企业凝聚力的提升、工作环境的改善等。对于这些无法用数字明确的价值，应该通过案例来打动客户。

另一个关键词是差异化。你的方案与竞争对手有什么不同？有哪些地方优于对手？有些差异化是硬性的，可以用指标和数字来衡量，比如销售额、市场占有率等。有些则是软性的，不太容易用数字来衡量，比如品牌、诚信度等。在方案中，你不需要提到竞争对手，但需要体现差异化的东西，以此作为客户区分你和竞争对手的依据。例如，你不用提你的市场占有率比竞争对手高多少，但是可以提出在选择供应商时市场占有率是一个重要指标，然后提供你的市场占有率数字就可以了。

如果供应商选择标准是你和客户共同制定的，这个标准就是你的优势，此时体现差异化会比较容易。如果标准是客户自己制定的，你在体现自己能满足客户标准的同时，可以提出其他差异化指标来提高胜算。如果标准是客户和竞争对手一起制定的，你就必须提供有别于原标准的差异化指标，为翻盘做最后一搏。

方案中当然要提到具体的产品和服务细节，但是如果这些细节与价值和差异化没有关联的话，在客户眼中就没有吸引力，充其量只能证明你的细致和用心，影响力有限。

3. 行动计划

行动计划是项目的实施计划和流程，甚至会包括从本项目延续下去的中长期规划和目标。对于客户而言，选定供应商和产品只是大项目采购的开始，实施过程同样至关重要。合理的行动计划有三个作用：

一是让客户放心。清晰的行动计划会让客户觉得后续实施有章可循、可控制，从而感到放心。如果在行动计划中对项目的实施过程进行风险预测，同时提供相应的解决对策，可以让客户感到更放心。

二是控制客户的期望。大型项目的实施是分阶段的，每个阶段能达到的目标和收益都不同，但客户通常没有耐心等到项目全部实施完毕再来评估成果，而是希望尽早受益。行动计划列明了阶段工作和目标，有助于控制客户的期望，同时让客户看到阶段的收益，有利于客户做内部宣传和推广。例如，某个客户由人力资源部门牵头，要做一个能力测评项目，预计耗时半年。一种做法是列明季度甚至月度的工作和成果，另一种做法是让客户等上半年拿到最终报告。虽然这两种做法都是在半年后才实现客户的最终目标并让客户拿到测评结果，但是客户一定会选择第一种方案，其中的原因是不言而喻的。

三是激发客户长期合作的兴趣。长期规划中的有些工作可能会超出本期项目的范围，这样做一方面可以显示销售人员的专业性和大局观，另一方面也会激发客户长期合作的兴趣。仍以上面的能力测评项目为例，虽然本期项目只限于测评，但如果能在行动计划中对测评后的培养计划给出建议，无疑会给方案加分。

4. 价格

在大客户销售领域，关于价格有一些普遍的共识：一是不要过早报价，不要在销售初期就陷入价格谈判的陷阱；二是价格由价值决定，为了达成销售，销售人员应该展现产品的价值，而不是降低价格；三是大多数情况下客户并不会一味要求低价，所以低价取胜并非大客户销售的首选策略。

在方案中，如果客户明确要求列明价格，那么销售人员在制定价格时就需要考虑以下因素：①收益，除了当期的收益，还要考虑本项目带来的影响；客户预算，这是一个硬性条件，如果产品价格不可避免地超过客户预算，最理想的办法是找到客户方有足够权力的人去突破预算。如果做不到这一点，报价就不能超过客户预算，否则方案再好客户也只能忍痛割爱；②竞争对手，需要考虑竞争对手的报价和客户对价格的评判标准，以此来估测合适的价格；③理由，报价要有充分的理由，减少客户的质疑。当销售人员在方案中呈现了非常重大的价值和稳妥可靠的行动计划后，就有足够的理由报出较高的价格。

至于方案具体怎么做，最合理的做法是和客户一起做。也就是说，在做方案的过程中，不是销售人员自己说了算，而是要和客户充分沟通意见，把客户的思想和观点融入方案中。这样，客户就会觉得这是自己的方案，从而给予足够的支持，为销售的推动和后续实施减少障碍。

11.2.3 方案如何呈现

方案做好后，销售人员就要带着方案去跟客户沟通（在方案制作过程中，也需要与客户沟通），以取得客户内部各方势力的支持。于是，摆在销售人员面前的一个问题是，如何向客户方不同的人呈现方案。客户中不同的人对方案的关注点是不同的，而销售人员不可能对同一个客户做出不同的方案，所以只能在面对不同的人时以不同的方式来呈现方案。

1. 向个人呈现

在大客户销售中，销售人员往往需要向两个层级的人呈现方案：中层人员和高层人员。

（1）中层人员。他们往往是参与采购的各部门负责人，需要对供应商做出某方面的评估，对项目有一定的影响力。但是，不同的部门职能不同，对方案的关注点也就不一样。技术部门会关注方案的技术指标能否达到要求；使用部门会关注产品是否易用，使用之后对本部门工作有何影响；财务部门则会关注成本是否超预算，等等。因此，销售人员需要根据不同部门的需求，有针对性地强调方案中相应的部分。

（2）高层人员。高层人员负责对采购做最终决策。在大客户销售中，如果没有客户高层的支持，赢单的可能性就不大。但是，在实际销售中经常会出现这样一种情况：销售人员很希望取得客户高层的支持，但又不敢去见客户高层，怕见了不知道该怎么谈。

销售人员如何去见客户高管这个问题确实令人头疼。随着客户不断成长，销售人员在对方高管面前已经完全无法对等交流了，因为客户高管谈的东西听起来都很宏大，跟供应商的产品和服务没有什么关系，普通的销售人员根本不知道跟他们谈什么。

通常，客户高层会关注以下几个方面：业务方面，包括竞争优势、客户满意度、并购、增长率、市场份额、新市场开发等；政治方面，包括个人声望、政绩体现和政治前途、在内外部如何获得同盟和支持等；财务方面，包括投资回报、现金流稳定、财报美化、对投资者影响等；管理方面，包括管理规范、沟通顺畅、思想统一、人才梯队建设等。例如，当一家企业决定采用 ERP 系统时，IT 部门可能会关心系统架构，财务部门关注系统成本，企划部门关注系统的功能模块，而总经理一定会关注系统实施后对业务发展有什么帮助，是否可以提高效率、降低成本、规范管理等。

2. 向团队呈现

除了向不同层级的人员单独呈现方案，有时候销售人员可能需要同时向多个部门的多个层级人员陈述方案。此时，销售人员不可能兼顾到所有人，因此需要把握两条原则。

一是关注场内级别最高、影响力最大的人，赢得他们的认可有助于博得其他人的支持。如果可以一锤定音的决策者也在场，销售人员就需要投以极高的关注，因为销售人员平常很难见到这样的决策者，这时候一定要给这个人留下深刻印象，甚至可以为他改变原有计划。例如，设备供应商原本是想给使用部门讲讲技术，发现老总也在场，就把重点放在设备对业务的影响上，以吸引其注意力。说得直白一些，在这种情况下，其他人都可以忽略不计。

二是关注场内与己方关系较疏远的人。对于自己的支持者，销售人员有足够的机会见面沟通，所以在这样的方案交流会上，销售人员需要关注与己方相对疏远的人，争取到他们的关注和支持就能大大提高项目成功的可能性。

优秀的方案，是打动大客户的重要武器，也需要动用大量的资源才能做出来。一旦到了亮出方案进入最后角逐的时候，销售人员已经没有多少牌可以打了。所以，方案轻易不能给，给了一定要有效果。

实践技能训练

技能训练：情景模拟训练

【实训性质】　专业技能训练。

【实训目标】　通过实训使学生掌握策划方案提案的能力。

【实训内容】　依据特定素材或者课后案例进行分析。

【实训准备】　学生事先按小组为单位选取问题进行方案制作并提案；教师事先设计实训详细操作方案、准备打分记录表、情景范例和引导点评等。

【实训流程】　（1）教师确定模拟情景；（2）场地布置；（3）确定角色；（4）小情景模拟；（5）教师点评。

本章小结

一个策划方案最终的被接受或者成功地出售给客户，要经过层层关口。每个关口都是一层阻碍，策划人要懂得通过各种方法保卫自己的策划方案不被扼杀，并最终达成销售。

核心概念

提案通关　　方案销售

思考与练习

1. 试根据某一具体策划提案提出其通关策略。
2. 试根据某一具体策划方案提出其销售策略。

第四篇

策划管理

第12章　策划创新管理

第13章　策划团队与知识管理

第14章　策划人员精力管理

第15章　策划组织与流程

Chapter 12

第 12 章

策划创新管理

创新是策划方案的应有之义,也是策划活动的主要特征。策划人本身就是拥有创新技能的创新者。策划人运用创新框架解决企业的问题。

学习目标

1. 了解作为创新者的策划人所需的能力
2. 了解策划人的创新生态系统的含义
3. 掌握策划人日常创新中的 5+1 行为框架

12.1 作为创新者的策划人所需的能力

12.1.1 策划人必须具备的三项创新能力

创新者不是天生的。一个人的创新能力中,遗传只占 25% 的作用,其余 75% 源自后天的训练。在后天训练中,策划人在三个方面比其他人做得更加出色:想象、质疑和观察。

1. 想象力

可以把"想象力"分解为下列几个阶段。首先,对某种困难或问题有所意识,从而形成刺激。继而,一个想象的解决方法跃入策划人的头脑。理智现在才开始作用,对这一设想进行考察,决定取舍。如果设想被摒弃,策划人的思维活动则回到前一阶段,并重复方才的过程。我们必须懂得,重要的是:设想的形成不是有意识的、自觉的行为。它不是我们所做的事,而是在我们身上发生的事。

在策划活动的思维过程中,策划人就是这样不断地考虑这些设想,联结了各个推理的步骤。而且,我们对此习以为常,竟浑然不觉。以往的经验和训练在头脑中形成联想,通常,我们就从回忆这类联想的过程中,直接产生了新的设想及新的组合。但是,偶尔在脑际也闪过某种特别独创的设想，但并不以过去的联想（至少不以一开始就很明显的联想）为基础。我们可能突然看到了好几件事物或好几个设想之间的联系；或者，可能跃进了一大步，而不是像通常那样，当一对或一组设想之间的联系业已确立，或显而易见时只迈着小步子。这种大突变不仅仅在我们考虑问题时发生，而且在我们并不思考什么问题也经常发生，或甚至在我们做着别的事情的时候。在后两种情况下，突变往往十分惊人。

有意识地创造设想或支配创造性设想，是不可能的事。当某种困难刺激头脑时，想象的解决方法简直是自动地跃入意识。这些方法的多寡或优劣，取决于过去对该问题的经验和训练的种度。我们能有意识地去做的，便是这样来训练自己的头脑，自觉地把思想引导到某一问题上，考虑这个问题，并审查半自觉的头脑所想出的各种建议。

在条件相同的情况下，策划人的知识宝藏越丰富，产生重要设想的可能性就越大。此外，如果掌握各种相关学科或者甚至不太相关学科的广博学识，那么，独创的见解就更可能产生。正如泰勒（E. L. Taylor）博士所说："具有丰富知识和经验的人，比只拥有一种知识和经验的人，更容易产生新的联想和独到的见解。"

具有独创精神的策划人，常常是兴趣广泛的人，或是研究过他们专修学科之外的学科的人。独创性常常在于发现两个或两个以上研究对象或设想之间的联系或相似之点，而我们原来以为这些对象或设想彼此没有关系。

在寻求独创性的设想时，策划人可以尝试任自己的想象驰骋，具有独创性的策划人都是幻想家。他们就一个题目进行幻想，使思想聚焦在策划项目上，使其顺着思绪发生的轨道行进，只有在一无成果时才停止；而一般来说任其自然形成，自然分支，直至产生有用而又有趣的结果。策划人试图在想象的图纸上逐步建立条理，而这想象的图纸则一而再再而三地化成泡影，这样，策划人必须再从头开始。这种反复的过程对最终胜利的想象和信念是不可或缺的。

在作如此思考的时候，很多人发现：把思想具体化，在脑海中构成形象，能激发想象力。策划人形成把每个问题在头脑中构成形象的习惯。

想象力之所以重要，不仅在于引导我们发现新的事实，而且激发我们对策划项目或者问题做出新的研究，因为它使我们看到可能产生结果的事物。事实和设想本身是死的东西，是想象力赋予它们生命。

想象力最重要的分支就是联想，联想的含义是把看似无关的疑问、问题或来自不同领域的想法成功关联起来的能力，是策划人的核心技能之一。弗朗斯·约翰松将这种现象称为"美第奇效应"，指的是文艺复兴时期，意大利的美第奇家族曾将不同学科的人聚集在一起，如雕塑家、科学家、诗人、哲学家、画家以及建筑师等，结果新创意就在这些人各自领域的交叉点上大量涌现出来。苹果公司创始人史蒂夫·乔布斯就是一个非常具备"联想能力"的人，iPod、iPhone和iPad都是跨界联想的产物。乔布斯经常说："创造力就是把事情联系起来。"

有创意的策划人善于把似乎互不相干的问题或点子联系起来，挖掘新的方向，直到他们找到适合策划方案或项目的创新点子。例如，乔布斯对书法的兴趣就引致了公司以图形为基础的使用方便的 Macs 操作系统的产生。"他正是把书法知识和计算机这两个不同领域的构想成功地联结起来，为 Macintosh 电脑屏幕构思了'所见即所得'的视觉化操作系统"。

联想就像是一种心智的"肌肉"，可以通过运用其他思维技能而不断强化。当策划人从事这些策划创新活动时，他们逐渐学会以新方式重新组合各种想法。策划人越是经常去尝试理解、分类和存储新知识，他们的大脑就越容易以自然和持续的方式，来创造、储存和重新组合各种"联想"。

2. 质疑能力

策划工作的核心就是解决问题。一个人也许善于观察，但如果他没有任何质疑能力，就不太可能去观察探索或找出结论，因为他可能从没有想过这些问题。质疑能力也是提出正确问题的能力，一个正确的问题往往会激发出不一样的答案，正如彼得·德鲁克所言："重要且艰巨的工作，从来就不是寻找正确的答案，而是提出正确的问题。"eBay 的前任 CEO 梅格·惠特曼曾直接与多位创新型企业家共事，其中包括 eBay、PayPal 和 Skype 的创始人，她说："他们喜欢打破现状，不能忍受一成不变。因此，他们会花大量时间思考如何改变世界。在进行头脑风暴时，他们经常会问：'如果我们这么干，会发生什么呢？'"这种质疑能力往往会为解决问题打开一个新的窗口，让他们去发现另外一种可能性，这种可能性往往是和创新联系在一起的。

大多数管理者关注的是，如何使现状运行得更好一点，如"我们如何才能提升在华北市场的产品销量？"创新型策划人则不同，他们倾向于挑战各种假设，例如他们会问："如果我们把产品的尺寸或者重量缩减一半，将会怎样影响该产品的价值主张？"

策划人有能力在头脑中同时容纳两种截然相反的想法，他们有办法综合出一个新的想法，比原来两种对立的想法更好。有质疑能力的策划人有时喜欢"唱反调"并擅长逆向思考。

大多数人只有在被迫面对现实的制约因素时（比如资源分配或技术条件的约束），才会对自己的思考加以限制。然而，重大质疑本身也会对我们的思考主动加以限制，结果反而能够催化出突破思维定式的见解。比如，策划人可以问这样一个问题：如果法律禁止我们向现有顾客销售怎么办？我们明年该怎么赚钱？

3. 观察能力

创新者善于用不同技巧，从不同的角度去观察这个世界。他们会像人类学家和社会科学家一样去观察他人和社会，通过对常见现象特别是潜在客户的行为详加审视，具有探索精神的企业高管们能够提出不同寻常的商业创意。印度企业家拉坦·塔塔曾经观察过一家四口挤在一辆摩托车上的窘境，并由此产生了"生产全世界最便宜的汽车"的灵感。经过多年的产品研发，塔塔集团终于在 2009 年通过模块化生产的方式生产出了售价仅为 2 500 美元的微型汽车 Nano，这款车型彻底颠覆了印度的汽车销售体系。

财捷公司创始人斯科特·库克看到妻子吃力地记录家庭财政状况时非常沮丧，于是着手解决妻子的问题，第一年就抢占了金融软件市场的半壁江山。

策划人要善于观察，但是也必须知道：观察者不仅经常错过似乎显而易见的事物，而且更为严重的是，他们常常臆造出虚假的现象。虚假的观察可能由错觉造成，出现错觉时感官使头脑得出错误的印象，或是头脑本身滋生了谬误。许多这类错误之所以出现，是由于头脑容易无意识地根据过去的经历、知识和自觉的意愿去习惯性地臆想。歌德曾说："我们见到的只是我们知道的。"

众所周知，不同的人在观察同一现象时，会根据自己的兴趣所在而注意到不同的事物。观察的时候，我们如果仅仅注意那些预期的事物，就很可能错过预料之外的现象。而这些现象，尽管开始时可能令人不解，却最可能导致意想不到的重要发现。有人说，正是例外的现象可能用来解释常见的现象。每当发现不正常的现象时，就应搜寻与之可能有联系的情况。要做出创造性的观察，最好的态度不是只注意自己认为相关的现象，而应留神意外的现象，须知所谓"观察"不是消极的注视，而是一种积极的思维过程。

培养以积极探究的态度注视事物的习惯，有助于观察力的发展。在策划工作中养成良好的观察习惯比拥有丰富知识更为重要，这种说法并不过分。

进行任何形式的观察都要有意识地寻找每个可能存在的特点，寻找各种异乎寻常的特征，特别是寻找各事物之间，或是事物与已拥有的知识之间任何具有启发性的联系或关系。我们观察到的大部分关系都是出于机遇，并不具有重要意义，但偶尔也有一两点导致富有成效的设想。观察时最好将统计学置之脑后，并对观察到的资料中那些最微小的联系所可能具有的意义加以考虑，尽管从数学角度去看可能是不屑一顾的。对十分有限的素材进行认真观察得到的发现，要超过将统计学应用于大量素材而得到的发现。后者的价值主要在于检验由前者产生的假设。在观察时，人们应该培养善疑多思的思想方法，注意搜寻值得追寻的线索。

观察的训练所遵循的原则与其他策划技能的训练原则相同。首先必须刻苦勤奋，随着实践的增多，行动逐渐变得不知不觉或无意识，遂养成习惯。进行有效的观察还必须有良好的基础，因为只有熟悉正常情况，才能注意到不寻常或尚未加以解释的现象。

观察到一切是不可能的，因此观察者必须把大部分注意力集中在选定的范围内，但应同时留意其他现象，尤其是特殊的现象。

12.1.2 移动互联网时代策划人须具备新技能

在移动互联网时代，人们的工作性质和职业生涯大有发生剧变之势。今日策划职场中的所有人都将见证工作的概念被改写。刚刚开始职业生涯的年轻一代可能更深刻地体会到，随着移动终端技术、互联网、社交媒体技术等从根本上重新定义我们的工作环境，工具和同事这两个概念之间的边界将变得日益模糊。值此变化之际，要想在职场新环境中游刃有余，员工就必须掌握一些新的工作技能。员工个人需要具备远见卓识，能够预测组织形式的变化，随后重新评估并相应地培养和更新自身技能。他们需要成为具有强大适应力的终身学习者。

1. 认知负荷管理

未来的世界将被多种格式、来自多种设备的信息流所充斥，因此认知负荷的问题也将越来越严重。组织和员工只有学会过滤信息和全神贯注于重要的事情，才能把大量涌入的数据转化为自身优势。

以股票经纪人为例，他们需要时刻监测财务数据流，要以敏锐的目光拨开众多细节的浮云，识别形势的重大变化。塔夫茨大学（Tufts University）的研究人员运用一种叫作功能近红外光谱的实验性神经元成像技术，监测人的血氧水平和大脑血流量。他们设计的研究场景是：要求一名股票经纪人在观察财务数据流的同时，撰写一封内容敏感的电子邮件发给他的同事。结果发现，他越是用心写信，就越难集中心思关注复杂的实时股票信息。仪器记录了他的高强度大脑活动。如果与计算机或键盘端口连接，该设备就能根据这位股票经纪人的大脑活动状态，自动简化财务数据的呈现方式，从而做出平衡性补偿，使他在专心于一项任务的同时，也无须完全放弃另一项。

尽管这听起来如同科幻小说一般，但是新一代策划人不得不开发出属于他们自己的技术，处理认知负荷的问题。策划人还必须更加善于利用新型工具，帮助他们应对信息暴增带来的冲击。在某种程度上，策划人已经在尝试这样做了：通过社交过滤排序、标记或在信息之上添加其他元数据，提高接收的信息质量或排除噪声干扰，提取更重要的信息。

2. 新媒体素养

用户生成内容的自媒体的兴起，包括现在占据着我们生活的视频、博客、朋友圈和播客等，将在未来十年的职场中充分发挥它们的作用。

各种摆脱了PPT等静态幻灯片模式的沟通工具将变得司空见惯，这就要求策划人技能相应提高，以便使用这些新工具来制作内容。新一代的策划人需要熟练掌握视频等工具，能够解读并评价其内容，就像现在的员工解读并评价纸质文件或口头报告一样自如。未来他们还需要有能力轻松创建和发布他们自己的视频信息。

曾几何时，了解字体和排版知识还仅限于平媒设计师和排版专业人员的小圈子，直到计算机文字处理软件出现后，它才成为办公室白领们日常工作的一部分。同样，简单易用的制作和编辑工具将使诸如帧和景深等视频语言转换成为通俗用语。随着注重身临其境感与视觉刺激的信息演示方式成为常态，策划人需要发展更复杂的技能，以便使用这些工具，吸引和说服受众。

3. 跨学科能力

企业的问题越来越复杂，今天企业所面临的诸如竞争白热化、团队绩效下滑、顾客忠诚度降低等许多问题非常复杂，不是单一学科的研究所能解决的。这些问题牵涉多个方面，因此需要跨学科的解决方案。

纵观已经过去的20世纪，专业化倾向一直受到鼓励。而在接下来的一个世纪里，跨学科的方法将唱主角。我们可以在一些新兴研究领域看到这一倾向，比如纳米技术就综合了分子生物学、生物化学、蛋白质化学和其他专业领域的研究成果。这种转变将极大地影响到知识型员工日后需要带给组织的技能组合。

在新时代，策划人最好拥有 T 形的能力结构，即他们至少要专精于一个领域，同时又具备更多学科领域的通识。这要求他们具备旺盛的求知欲，拥有在正规教育阶段结束后不断学习的愿望。由于人口寿命延长，人在一生中更有可能从事多种职业，接触到更多的行业和学科，因此，职场中人打造这种 T 形能力结构就显得尤为重要。

4. 新思维和适应性思维能力

麻省理工学院经济学教授戴维·奥托尔（David Autor）曾对过去 30 年来美国职业领域的两极分化现象开展跟踪研究，从这些研究中可以明显看出情境适应力（situational adaptability）面对特殊、意外情况的反应能力的重要性。

他发现，中等技能要求的工作岗位求职机会呈下降之势。这主要是因为例行工作的自动化趋势，以及全球性离岸外包大潮的影响。相反，工作机会越来越集中于高技能、高薪酬的专业性、技术性岗位和管理岗位，以及低技术、低薪酬的职位，如餐饮服务和个人护理等领域。

高端工作主要是抽象任务，低端工作则是手工任务。因此，无论你是精心拟撰一条足以引起消费者关注的广告词，还是巧手创制一道新菜式，都需要创新思维和适应能力。这些技能将在未来十年间越来越重要。

12.2　策划人的创新生态系统

12.2.1　策划人创新生态系统的含义

保持开放的心态。谁没听过这条建议？但怎样才能做到呢？

如果你正在参加一个为期两天的策划研讨会，策划项目经理刚刚告诉你不要轻易下断语，这时候你保持开放的心态并不那么难。但是，一年中剩下的 363 天呢？比如说，某个星期三下午，已经很晚了，但讨厌的会议还在开着，你的手机震个不停，和岳父岳母/公公婆婆的晚餐已经赶不上了，那个倒走了最后一杯咖啡的家伙又忘了把咖啡壶续上。这种时候，你还能保持开放的心态吗？

当有人突然提出一个新想法时，我们常常发现自己就处在上面这样的情境之中。这种时候，保持开放的心态或认真倾听新想法之类的善意劝告早就被抛在脑后了。

问题的关键在于，不是人们不明白认真倾听这一道理，而是在他们最需要倾听的时候，总是被一种更强有力的逻辑所束缚，这种逻辑就潜藏在他们所在组织的架构之中。

那么，在策划日常工作中，领导者如何才能激发创新？作为管理者，怎样才能让策划人更多地尝试新的方式来创造成果？首先最重要的一点，你必须明白，培育创新并不只是让人们换一种思考方式。如果你想获得创新，就得改变人们在日常工作中的行事或行为方式。而要做到这一点，最好的方法就是改变他们的工作环境。你可以承担起创新规划师这一角色，改造企业的生态系统，使其支持一种更强大、更具可持续性的创新文化。

在行为研究的早期阶段，心理学家库尔特·勒温（Kurt Lewin）创造了一个被许多人认为是社会科学中最著名的等式：行为 = 个性 × 环境。勒温认为，在任何特定时刻，我们的行为都可以解释为下面两件事情相互作用的结果：我们是什么样的人，以及我们处在怎样的环境中。成功有赖于说服成百上千的团队和个人改变其工作方式，而要让人们接受这种改变，只有说服他们用不同的方式思考自己的工作。而改变策划人的心态这绝非易事。

改变思维方式并非改变行为的唯一途径，改变环境也可以起到同样的效果。我们的目标并不只是产生一两个伟大的新想法，而是实现系统的、可持续的创新，并将创造力植入组织的 DNA 当中。要做到这一点，唯一的途径就是改变系统本身，即通过改变人们所处的环境间接地影响他们的行为，不过这里强调的是人们工作所在的实际环境、社会环境和职业环境的总和。营造创新文化的关键不是向制度、流程和政策宣战，而是拥抱它们并进行重新设计，在整个组织内建立一个创新架构，使它们支持并积极促进创新行为。

12.2.2　日常创新中的 5 + 1 行为框架

鼓励人们创新的挑战在于，它涵盖了众多不同的行为，但对创新来说，所有这些行为并非同等重要。《IESE 商学院最受欢迎的创新课》发现了一些关键创新行为，并且认为企业应该培养员工的这些行为。我们将这些行为称作创新的 5 + 1 关键行为。企业可以拿这个 5 + 1 框架作为诊断工具，找出阻碍策划创新的最大行为瓶颈，然后集中力量予以突破（参见表 12-1）。

表 12-1　创新 5 + 1 框架

5 + 1 框架		
利用这个诊断工具，找出企业中阻碍策划创新的最大行为瓶颈，然后集中力量予以突破		
瓶颈	关键行为	如何突破
1. 随意追求创新；2. 对成功的界定不明确；3. 在"错误"或不重要的领域进行创新	聚焦	1. 将追求创新与企业总体目标相结合；2. 引导员工在能够真正产生重大影响的领域进行创新
1. 新想法不能解决实际问题；2. 想法并非原创，而是借自最近的阅读；3. 员工不了解客户或其偏好	联系	1. 帮助员工与其他部门的人定期联系；2. 利用现有的客户接触点，深入了解客户；3. 帮助员工获得与其业务没有直接联系的新知识
1. 对想法斟酌很长时间后才进行测试；2. 投入大量资源后才发现想法不可行；3. 新想法受制于严格的规划，不能偏离既定计划	改进	1. 将尚未完成的工作放到定期的反馈会上进行讨论；2. 调整开发流程，以支持快速测试和反复修改；3. 将测试作为一种持续学习工具；4. 允许新想法改弦更张
1. 没有清晰、成熟的制度或政策来筛选想法；2. 评估想法的方法和过程不透明；3. 不同寻常或颠覆性的想法通常被否决	筛选	1. 建立想法评估流程；2. 将筛选标准与战略目标相结合；3. 为颠覆性想法打造一个"安全舱"；4. 评估并调整现有的把关机制
1. 好想法被组织力量或地盘争斗所扼杀；2. 长远想法还没有机会得到开发和证明就被扼杀	低调	1. 帮助员工化解办公室政治；2. 找出谁是关键人物，谁应该避开；3. 帮助创新者与能够帮助他们找到资源的高层建立联系
1. 很多项目都有始无终；2. 员工半途失去动力；3. 创新只属于少数"有创造力的人"，其他人都埋头日常工作，创新便停滞不前；4. 员工不能掌控自己的创新	+1 坚持	1. 审视和比较创新者与非创新者的奖惩机制；2. 鼓励员工在自己熟悉并充满激情的领域进行创新，充分利用个人动机（当然符合企业的总体目标）的力量

1. 聚焦

和许多管理者的想法恰恰相反,策划创新的基石是专注而非自由。由于受到日常压力的制约,创新者只有在领导者给他们一个清晰的、限制性的焦点,并且这个焦点指向能为项目创造价值的某个东西时,才会取得成功。

黄锴最近被提拔为品派创意机构的策划总监和新业务开发主管。品派很早就发现了员工身上的创新潜力,并通过各种方法收集员工的创意,比如设置建议箱、举办研讨会等。

不过,黄锴上任后,很快意识到公司这一制度存在很大的弊端。比如,品派没有对员工的创造力设定任何限制;恰恰相反,它秉承的格言是世上没有坏点子。奉行"捡到篮子里都是菜"这种理念,结果是员工提出了许多有意思的点子,但极少具有突破性,大多数点子对公司的运营业绩影响和项目策划的作用不大。

于是,黄锴换了一种策略:他不让大家天马行空地想点子,而是给他希望看到的创意设定非常具体的限制条件,让大家在开动脑筋时更加专注。

检验这一新方法的机会很快就来了。品派的一种产品(我们姑且称它为创意公关光影球)面临着非常大的价格压力。几年来,品派通过制造和销售创意公关光影球赚取了可观的利润,但如今,劳动力成本更低的一些竞争企业试图通过价格战将品派的产品逐出市场。除非设法大幅降低成本,否则黄锴所在的事业部就得关闭创意公关光影球工厂。为此,黄锴鼓励公司的策划、创意、设计者们献计献策,同时规定提出的想法必须能够改善创意公关光影球的生产流程,并且能够让成本降低至少30%。

高度聚焦的要求很快见效。只过了几周时间,黄锴和他的团队就开始在试点工厂测试一个最有希望成功的想法。测试结果超出了预期:不但生产效率提高一倍,创意公关光影球的生产成本也大幅削减了75%。品派的生产工厂得以保留,股东们也因为公司节省了数百万元成本而感到高兴。

创意公关光影球的故事很好地说明了聚焦的巨大威力。它表明如果领导者能够像品派的黄锴那样,为策划人的创新投入指明方向,并设定清晰而具体的目标,那么结果会迥然不同。

2. 联系

如果人们只是关在办公室里,或者获得新信息的唯一来源是所有同行也在关注的那些旧新闻和行业刊物,他们往往很难会有好想法。简言之,新的洞见往往来自外部。

更重要的是,大多数点子都不是凭空想出来的,而是加州大学安德鲁·哈格登教授所称的重组式创新,即各种点子是用现有知识碎片以新的方式组合而来的。换句话说,策划人的创新有点像拼图游戏,每块碎片都散布在广阔的现实和虚拟空间里。要让人们发现这些创新基材,领导者必须帮助他们与外部信息取得联系。

现有客户就是一个知识富矿,但并非唯一一个。人们还可以通过和其他部门的同事,甚至与自己业务没有直接关联的领域建立联系,来发现新的想法。

多年前，我们就碰到过一个让人难忘的事例。当时，一家大型策划公司在办公场所发起一项禁烟政策。策划公司不同部门之前原本没有什么联系，但因为禁烟令，不同部门的吸烟者突然每天都聚到了一块。在烟雾缭绕中，他们相互交流各自业务领域的想法和点子。事实上，这项禁烟令无意中孵化出了一个创意空间，为各种新想法提供了温床。

偶然间建立联系而获得好主意的故事数不胜数。常常，这是一件简单的事，比如重新调整办公室布局，鼓励大家更多互动。一次随意的交流就可以促成一项重大的创意。公司必须不断寻找类似的方法，从组织结构上帮助策划人与新世界建立联系。

3. 改进

新想法不会十全十美。相反，大多数想法刚开始时都存在重大缺陷，需要在整个开发过程中不断加以改进。这意味着要进行一系列的测试和分析。

遗憾的是，组织内大多数人都不太喜欢原型制作。因此，公司或者策划经理需要帮助策划者测试和质疑自己的想法，让他们不断获得反馈，并营造一种持续学习、不断试验的文化。

我们曾经跟踪一位策划总监，在此过程中亲眼见到了不断改进的威力。我们姑且称这个策划总监为陈洪江。他是重庆一家大型多元化集团的策划总监。由于要和所在区域的众多区域经理打交道，陈洪江推行了一项快速并且持续进行试验的政策。

例如，区域经理知道，对于新试验，只要在一定范围内，陈洪江几乎会批准任何要求，而且不需要提供书面材料。陈洪江放手让区域经理试验各种新想法，这让他们产生了一种强烈的忠诚感。

当然，陈洪江一方面给予各位经理充分的试验自由，另一方面则通过大量的沟通交流来平衡这种自由。比如，每三个月，所有经理会花三整天时间到外地聚会，他们积极沟通，互相帮助解决问题，分享最佳实践，探索新的方法。通过这种会议，陈洪江不仅推动了各种想法之间的相互促进，还确保了经理们没有将时间浪费在风险太大的试验上，从而有效平衡了试验自由与健康的理性检查。这一招奏效了。陈洪江所辖区域的销售额在全公司销售额中的占比从10%增长到40%。

同样，公司必须不断鼓励负责任的试验，同时经常组织反馈环节，以帮助人们完善新想法并迅速付诸实施。

4. 筛选

无论你喜欢与否，大多数点子都是傻点子。因此，企业必须对点子加以筛选，确定选择哪些，舍弃哪些。但是，筛选点子的过程有其自身的误区。众多领域的研究表明，如果完全由自己来决定，人们在评估新想法时往往会出现认知偏见和结构性偏见，从而做出错误的判断。因此，企业必须努力优化筛选过程的决策环境，建立强有力的结构性支持系统，帮助把关人做出更明智的判断。

选择什么样的人来负责把关，以及他们如何一起工作，将对成功筛选或公司筛选点子的能力产生重要影响。一家大型汽车配件制造商的事业部主管曾在公司内部举办一个点子大赛，在这个活动中他明白了上述道理。作为一个试验，他把所有点子分成了差不多的两组，然后将评估点子的任务交给了两个不同的把关小组。

其中一个小组用了 10 个工时就完成了筛选工作，并就如何实施最佳点子给出了建议。另一个小组则用了 100 多个工时来评估点子，而且仍未完成筛选过程。让这位主管感到意外的是，两个小组所推荐的点子质量似乎不相上下。

为什么两个小组筛选点子所花的时间相去甚远？根本差别在于两个小组的领导力。那个 10 工时小组的领导者是一个典型的目标导向型经理，接受过项目管理方面的培训。在他的领导下，这个小组首先将点子快速过滤了一遍，迅速挑选出最好的 25 个点子。然后，他们对这 25 个点子进行了深入讨论，最后推荐了其中的 10 个。而另一个小组的领导者希望大家达成一致意见，并认为所有点子都值得给予同等的关注。他要求小组成员开展后续访谈、案头研究和定期小组会议，对每个点子做出分析。

这次试验让这位主管认识到，必须更加系统地建立创意把关流程，使其成为公司的核心竞争力。但是，他也觉得如果只采用那种效率最高的方法，可能会错过那些长期机遇。于是，他建立了两个不同的把关流程：主要流程速度快，旨在发现那些能快速成功的创意；次要流程则更为细致，旨在发现那些不那么明显但可能存在潜力的创意。此外，公司还利用简单的性格测试来挑选最合适的把关者，然后让他们参加短期培训，提升技能。

结果，该事业部显著缩短了将快速成功的创意转化为成果的时间，同时也保护了那些不怎么突出的长期创意，使它们不会被过于急切的把关者淘汰。

5. 低调

要想在企业环境中实现策划创新，必须做到的一点是，你的创新方式得符合企业现有的文化和政治现实。但是出于种种原因，许多创新者并不喜欢玩政治，他们坚信创意的可行性能够帮助自己赢得支持。

然而，要推动创新，光有创意常常是不够的。事实上，许多伟大的项目就是被组织力量所扼杀的。因此，领导者有责任为创新留出政治空间，为成功创新铺平道路。在这个过程中，关键是要明白，政治和权力一样，并不只是一种负面力量。如果使用得当，它能够推动事物向前发展，让新的创意开花结果。公司必须帮助人们化解创新过程中的政治博弈。

6. +1：坚持

任何领导者都能通过强势手段和亲自监督，让员工时不时做出上述五种关键行为。但真正的挑战是，如何让人们坚持不懈地做出上述行为，并使这些行为成为他们日常行事的固有部分。

说到底，只有制度和结构是不够的：创新拼图的最后一块碎片是利用个人动机的力量，将个人利益和奖励机制结合起来，激励人们在面对逆境时迎难而上。在这里，首要规则是，创造力是一种选择。公司必须设法帮助人们展现出上述所有行为，为追求创新创造条件，这样才更有可能鼓励人们持之以恒。

有一个有趣的案例很好地说明了这一点。一家大公司有一个小型子公司（我们姑且称它为领域传媒）多年来业绩一直很差。为了帮助子公司走出困境，公司决定任命一个新的大区经理，我们称他为丁力。从一开始，丁力就很清楚自己的使命。子公司在多个市场都在吃败仗，增长下滑，员工满意度处于历史低谷。内部调查表明，只有39%的员工喜欢在领域传媒工作。员工流失率达到30%，是该行业平均水平的两倍。丁力想出的变革方法是，彻底改变企业文化，给予员工更多的自由，让他们决定自己想做的事。新办公室的布局由员工来决定，而不是管理层。很多员工希望废除僵化的朝九晚五工作制，于是丁力决定让员工自己确定工作时间，只要他们完成工作就行。

最重要的是，丁力明确地告诉员工，要做什么项目，选择权不在管理团队手中。虽说每个人都要有事情做，但每个员工可以自己决定做他认为最重要的项目。丁力唯一的要求是，选定的项目必须支持一个总体目标：把子公司塑造成一个更好的、更具创新精神的工作场所。通过这种方法，丁力成功发掘了持之以恒的一个最大来源：人们的个人利益和优先关注点。

无论用哪个标准来衡量，丁力取得的成果都是非凡的。短短几年，这家子公司就从业绩倒数转变为赢利最多的子公司，营收增长了近70%。员工士气大幅提升，最后这家公司被评为全国最佳工作场所。事实上，由于丁力的方法如此成功，其他多家子公司也采取了类似的做法，并且都取得了显著的成果。

丁力悟到了企业创新的一个真谛：问题不在于人们是否有创造能力，大部分人都有，只是程度不同而已，真正重要的是，他们自己选择去使用这种能力。对很多员工来说，创造力是一种选择。管理者的作用是改变工作环境，为策划人开创创新生态系统，为创新铺平道路，从而让潜在创新者更容易地踏上创新之路。只要员工看到成功的创新者得到公平的回报，失败的创新者没有受到非难，正在路上的创新者没有承受煎熬，他们就有可能更多地踏上创新之路，在自己的日常工作中拥抱创新。

你可以把5+1框架作为诊断工具，对自己的企业进行一番扫描，找出阻碍创新的最大行为瓶颈，然后集中力量予以突破。

本章小结

创新是策划方案的应有之义，也是策划活动的主要特征。策划人本身就是拥有创新技能的创新者，策划人运用创新框架解决企业的问题。

创新者不是天生的。一个人的创新能力中，遗传只占25%的作用，其余75%源自于后天的训练。在后天训练中，策划人在三个方面比其他人做得更加出色：想象、质疑和观察。

《IESE商学院最受欢迎的创新课》发现了一些关键创新行为，并且认为企业应该培养员工的这些行为。我们将这些行为称作创新的5+1关键行为。企业可以拿这个5+1框架作为诊断工具，找出阻碍策划创新的最大行为瓶颈，然后集中力量予以突破。

核心概念

想象力　　质疑能力　　观察能力　　创新生态系统　　5+1行为框架

思考与练习

1. 试分析移动互联网时代策划人须具备的新技能。
2. 结合实际情况分析策划人如何运用创新的5+1行为框架。

Chapter 13

第 13 章

策划团队与知识管理

策划工作是典型的知识型工作，和生产制造企业不一样，知识型工作不具有重复性，也无法明确界定。知识型工作需要专业知识和判断力，高度依赖隐性知识，也就是锁在他们头脑中的知识。因此，策划管理和一般的管理活动相比更为复杂。策划管理根据策划活动的特点，一般分为策划团队管理、知识管理、人才管理等课题。

学习目标

1. 了解策划团队中的创意者、修订者、执行者和协作者
2. 了解策划人才辅导与培养
3. 掌握建立组织"知识场"的方法

13.1 策划团队炼金术

几年前，重庆鼎韬咨询公司有一位才华横溢的创意总监，她有一种不可思议的能力，能够想出其他人都想不出来的点子，这让她成了一个价值极高的人。她凭借源源不断的创意为公司赢得了一个又一个客户，但在完成项目方面，存在一些问题。同样那批被她的创造力和洞见征服的客户对她越来越失望，因为她不是没有按时完成任务，就是成本超出了预算，而且这种事还不是偶然发生，她掌控之下的每个项目几乎都出现过这种情况。

当时，公司里一位聪慧的年轻实习生被提拔为全职项目经理，与这位精明但令人头疼的创意总监搭档做一个新的客户项目。这种搭配产生了立竿见影的效果，事情一下子井井有条起来，他们不但能按时完成各项任务，不超出预算，而且拿出了让客户和项目团队全部满意的解决方案。从那之后，重庆鼎韬咨询公司和这个客户保持了卓有成效的关系，合作了十多个项目。

他们的成功不是偶然的：每次这两人搭档，他们的工作就天衣无缝。而如果分开的话，这位非常有才华的创意总监就磕磕绊绊，难以完成任务。其中最关键的因素不在于这

两人的个人能力，而在于这两人在一起时的工作方式，我们把这称作团队炼金术。这一工作方式构成一种重要的团队组合体系，这个体系首先要依靠四个关键角色：创意者（Generator）、修订者（Editor）、执行者（Maker）和协作者（Collaborator）。

1. 规则1：创意者需要修订者

上述案例中的创意总监是一个典型的创意者，跟她一起高效合作的那位项目经理是优秀的修订者。他们之间的关系很简单：创意者想出各种概念，让她的团队深入挖掘；修订者找出其中最有用的概念，给出反馈，让团队集中精力。

他们的合作卓有成效，但这样的合作关系花了很长时间才建立起来，这让人感觉有些不可思议。一般来说，创意者并不会经常主动去找修订者，他们喜欢跟别的创意者在一起。他们精力充沛，不断创造出各种概念，但他们宁愿整天翻来覆去地把玩这些概念，也不愿意选出其中一个然后进行下一步。而修订者也很少看得上创意者，因为他们认为创意者的产出太过庞杂，缺少秩序。人们有可能因为互有好感而自行组成一个优秀的团队，但这种情形相当罕见。

2. 规则2：创意者和修订者需要执行者

策划公司A与房地产公司B合作的一个项目在概念实施方面曾面临巨大困难。当时，B公司请A策划公司为其在沿海地带的豪华住宅项目设计一个销售方案，A公司于是召集了一个由创意者和修订者组成的团队，这些人很快就拿出了一个看似不错的解决方案：一个休闲、互动的销售空间，主要向参观者宣传周围社区的迅速发展将带来怎样的利益。客户很喜欢这个方案，并让A公司继续做下去。A公司的策划团队再回来做了一次演示，客户更满意了，让A公司继续做下去。接下来又是一次演示，然后又一次。最后，客户直截了当地问：什么时候才能开卖？尽管每个人都对解决方案感到满意，可项目时限已经快到了，钱也快花光了，仍没有人拿出任何真正的东西来。

这里的问题在于，这个项目团队在设计和改进解决方案方面做得近乎完美，但执行不力。如果说最终目标就是做一次演示（一些战略项目就是这种情况），有创意者和修订者就可以了，但他们真正关注的是理念，而不是执行。这时创意团队需要另外一个角色：执行者。

执行者热爱从无到有的创造性过程。对执行者来说，没有什么比看到抽象的东西变成现实更能带给他们满足感。对承担执行者角色的人而言，规划和蓝图都是有魔力的东西，因为它们构成了一个创意过程的起点。在雕刻家的工作室里，执行者的工具是凿子；在电子企业里，执行者的工具是锡焊板。执行者对团队的其他人说：告诉我你们想要什么，我就能让它变成现实。A公司派了两名新成员到这个团队里担任执行者，然后这个项目就在三周内完成了。一个月后，B公司开发项目的销售办公室对外开放，不但好评如潮，而且销售强劲。

3. 规则3：大型团队需要协作者

李宁公司常被称作中国的耐克（Nike），它给策划公司C带来了迄今为止最复杂的挑战。李宁公司有着逾 25 年的传承，在中国，有大量新贵虽然总是积极寻求国外的新思想，受到外面世界的很大影响，但他们也迫不及待地想成为本土品牌的拥趸。

与阿迪达斯（Adidas）和耐克等外国竞争者不同的是，李宁缺乏一以贯之的设计和零售策略。设计这样一种策略是一项艰巨的任务，需要一个庞大的项目团队，C策划公司将近三分之一的人员都投入到了这个项目中，总共有 30 多名研究员、策略师和设计师参与其中。

领导这个庞大团队的创意总监是一位杰出的修订者，他的团队成员都是有很强创造能力的策划师、设计师和研究员，还有一组称职的生产人员担任执行者角色。但由于团队规模和项目规模都非常大，在协作上就出现了以前项目中没有遇到过的问题。研究团队曾经拿出过不少有价值的创意，创意团队也开发出了品牌策略和零售策略，所有人都认为这些策略非常合适，客户对他们的进度也很满意，但所有这些东西并没有得到有机整合。

这时候来了一名新的创意总监，为修订者提供支持，不过她的风格与那名修订者完全不同。她是一个安静的人，善于思考，善于发现关联。她喜欢随意的小组讨论，不喜欢正儿八经地开会，而在讨论的时候，她把大部分时间都花在聆听上，偶尔会做一些善意的提示：你俩需要比较一下各自的记录；这个想法让我想起了上个月香港团队的做法；这些标志系统还没有统一，不过已经很接近了，你愿意做一下这个吗？她就是我们所说的协作者，她给团队带来了立竿见影的巨大影响。两周之内，像无头苍蝇般转了几个月的各团队终于开始拿出实际成果来。

协作者可能是优秀的团队领导者，但是他们未必要当领导才能发挥作用。更重要的是，他们真正地为身边众人的能力和需求所吸引，几乎不可能无视那些建立联系的机会。这些协作者无论来自何方，都可能成为一个大型团队的最重要资产。不过在小型团队中，基本不需要协作者这样的角色。

这种初衷是好的，但从执行情况来看，大多数企业没有意识到，初创企业之所以能够采取某些行动，是因为初创企业规模很小。在一个只有 20 名员工的年轻企业中，大家目标一致，齐心协力，但在企业经营时间更长、规模更大之后，这种局面就很难维持了。一个企业是每个人都知道其他人叫什么名字，而另一个企业需要搜索网上通讯录才能搞清楚什么事该找谁，这两种企业之间存在巨大差别。在一个规模较小、目标一致的企业中，分享信息和洞见几乎就是第二天性。而在大型企业中，要实现分享就需要一个专门负责这件事的专家。在这样的环境中，协作者才最有用武之地，他们凭本能打造出各种联系，让团队其他人员更高效地工作。

4. 不同的角色组合

团队炼金术之所以是一个有用的概念，最根本的原因在于，它认识到人们应当各尽其用，扬长比避短更重要。

不过，建立高效团队不仅仅是要找到能够通力协作的两个人。就像每个项目都需要一套不同的技能组合一样，任何一种规模的团队都要搭配不同的角色组合。成功的组合有很多种，失败的组合也有很多种。实践表明，以下几种组合相当富有成效。

两人团队中，一人是创意者（但不能两人都是创意者），另一人是修订者或执行者。执行者会提供反馈，但不是通过正式的修订程序而是通过搭建原型来反馈。这两种组合的好处是能保证团队的专注力，避免不断变换目标——由两位创意者组成的团队往往会陷入这样的误区。

三人团队中，一个创意者，一个修订者，一个执行者。只要能清晰界定每个人的角色和职责，这种组合可以产生不可思议的成效。

四人团队中每人承担一种角色。这种组合与创意者、修订者和执行者组合类似，但更具弹性。有了协作者，另外三人可以迅速向前同步推进，不必频繁停下来重新分组。

不同角色的重要性在项目进行过程中会发生变化。大多数策划项目和商业项目都可以分解为三个职能不同但又相互重叠的阶段：界定、规划和开发。

一般来说，修订者主导界定阶段，与创意者在规划阶段紧密合作，接着就退居幕后，让创意者和执行者在开发阶段承担主要任务。较复杂的项目可以设几个创意者和执行者，不过修订者一般只有一个，除非需要多个修订者来做完全不同的任务，因为要是修订者之间意见相左，那还不如没有修订者。团队的规模越大，协作者的价值就越大。他要负责安排任务，协调所有人的工作，并确保各位创意者和执行者之间沟通充分，这样才能协调一致，避免重复工作。

不管团队的组成情况如何，如果企业想要达到最佳的炼金效果，就要准备好让团队成员在不同时间承担不同角色。一个协作者，比如将李宁项目打理得井井有条的那位创意总监，可能在项目的早期规划阶段承担修订者的角色，她的协作能力或许要等到规划阶段才能用得上，这时会有更多的创意者和执行者加入进来。

在界定阶段，执行者也能成为有效的修订者，因为他们要负责把规划出来的方案付诸实施。执行者有一双锐利的眼睛，能在早期讨论阶段判断方案是否切合实际，帮助铲除不可行的点子，免得牵扯太多精力。更常见的情况是，几乎所有人都能担任创意者。不管他们有没有别的才能，只要他们有合适的环境、正确的方向，就能产生创意。有效的头脑风暴就是建立在这种能力之上。实际上很多策划公司的创意总监也常会在界定阶段招募工程师、项目经理、文案撰写者和设计师，让他们用一两小时的时间承担创意者的角色。

团队炼金术并不是把人分门别类，而是把角色分类，就如同在创意世界一样，谁承担哪种角色要看当时的情境。比如，一些最优秀的修订者需要三四名多产的创意者在他们周围才能真正开动起来，而且很多执行者在修订者清楚地把理念解释给他们听之前是不会开始行动的。团队管理者要负起责任，注意到这些行为，以及出现这些行为的情境。

在一个简单的世界里，所有的设计师都是创意者，所有的创意总监都是修订者，所有的项目经理都是协作者，所有的工程师都是执行者，但真实世界要复杂得多。与企业的情况差不多，策划工作面临的现实是，常常找不到适当的人选来完成手头的项目。我们总是被这样告知，你只能有什么队伍就带什么队伍上战场，这样的队伍很可能不是你想要的。或许正是因为这个原因，现代军队才喜欢有弹性、模块化的部队，而不喜欢单一兵种这种"老古董"。

精明的企业领导者在搜罗策划团队新人才的时候，不仅注重能力，而且力求多样化。他们还认识到人才会受到不同分组和情境的影响。这意味着要避免某些搭配，而且要为不可预见的情形做准备。我们常常把员工放到一个新环境中，就是为了看他会做出怎样的反应：这项挑战让他们积极投入，而且能展现出原本未显露的才能，这就让整个公司变得更有弹性。如果你聘用了优秀的员工，那他们展现出来的多种才能将令你惊诧不已。

我们或许会受到这样的蛊惑，认为一个项目团队就好比一套零部件，是所有成员所有能力的简单加总，但经验表明，不管做哪种工作，事实都并非如此。任何一家企业若要成功，创造性的洞见几乎都是不可或缺的，而这很少是某一个人能想出来的，不管这个人多么才华横溢。

无论什么项目，要想让团队炼金术发挥作用，你就要把身边的每一位专业人士看作一个完整的人，而不仅仅是一个职衔、一份简历或一系列技能的组合。它需要你接受这样的观点：个人的能力取决于任务、团队和资源。它要求你把人和角色分开。

所有这一切都很复杂，需要做的工作比简单的角色分配要多得多。但是，如果能理解这一炼金术的精髓，小企业几乎可以无限地变得更灵活，大企业则可以变得更有创造力。

13.2　策划人才辅导与培养

如今，许多专业服务公司都忙于赚钱，几乎忘记该如何培养人才了。无论是初级还是高级的策划人、咨询顾问的离职率都在不断攀升，有些公司甚至连留住足够的策划人为现有的客户服务都很困难，更不用说招募新人了。

专业服务公司要维持生存，必须重视执行员工辅导制度，而这项制度已经成了激烈竞争和快速增长压力下的牺牲品。需要明确的一点是：实施员工辅导模式并非易事。对于刚开始着手这项工作的专业服务公司来说，采用标准化和系统化的辅导方式并不适合，因为年轻的专业人员更需要个性化的辅导，而不喜欢走程式化的路线。而且，辅导对象不能仅限于最优秀的20%的年轻策划人，而应针对所有专业人员，尤其是当与项目相关的学习机会十分有限时。最后，同样重要的是，专业服务公司的管理者需要认识到，员工辅导是两方面的行为，不仅合伙人有责任指导策划人员，策划人之间也需要相互教学。

原则1：员工辅导需因材施教

如果你认为，采取标准化的员工辅导系统就能够解决问题，那你可就错了。加盟专业服务公司的策划人和咨询顾问往往有很强的独立性和成就欲，他们不相信任何带官僚色彩的东西。他们无法容忍标准化的辅导计划，而渴望有资深专业人员对他们的职业发展感兴趣，为他们提供具体实用的意见。新的策划人员需要有人为他们的未来提供一定的指引，同时他们也愿意非常努力地工作。另外，就像世界级运动员一样，专业人员几乎无止境地想知道自己表现如何，能力越强，这种需求就越强烈。一家策划公司的一位很受人尊敬的导师曾回忆说："对某些高绩效员工，我在周一给予他们高度评价后，周四还得再说一遍。夸奖总是不嫌多的。"

专业服务公司的领导者不仅需注意给予下属大量反馈信息，还要留心反馈的方式。经验表明，这些公司里的策划人员往往非常敏感，他们能觉察到最微妙的负面反馈。要知道，能被专业服务公司吸引的人才大多争强好胜。当这些进取心十足的人加入公司后，他们会留意自己和同事的职业发展。他们会注意到哪位同事被指派给哪位导师了，谁拿到了最有吸引力的项目，以及谁似乎在步步高升。同时，他们也会时常关心自己的绩效考评指标，有时甚至想象出一些实际并不存在的事情来衡量自己的工作，而且将其看得比什么都重要。比如，他们会根据资深合伙人的任何表示认可的行为，甚至包括一声问候，来判断自己在公司中的地位。获得导师的关注成了一种至关重要的竞争方式。

既然策划人连最不经意的认可行为都如此看重，那么一些更具实质性的小举动对他们的意义就更大了。山姆是美国美邦咨询公司的一位实践小组的负责人。有一次，他特地花时间对一位在公司干了三年的咨询顾问表示了赞许，而他当时并不知道后者已经萌生去意。山姆走上前随意地拍了拍顾问的肩膀，说自己听到他在某个项目上表现得非常出色，并就此对他赞赏了一番："像你这样优秀的顾问也激励着我改善自己的领导工作。"后来，据这位咨询顾问透露，这让他在"接下来的时间里一直有种飘飘然的感觉"，而且"一个月都精神振奋"。做出这一小小的举动总共只需一分钟时间，却留住了一位本已心灰意冷的高绩效员工。因此，公司的合伙人必须倾听员工心声，了解他们的需求，并对他们表示关注。比如，可以问问某位咨询顾问希望从事哪方面的工作，对哪些工作感兴趣，以及希望培养哪些技能等，不要将这项重要的工作留给人力资源部门去做。

合伙人在自身的职业发展进程中也需要得到关注和赞赏，可他们反过来却很少花时间关注初级策划人的成长，这真是太遗憾了。其实这种状况完全可以改变。合伙人在与客户的交往中显示出了运用人际交往的技能，他们只需同样对待初级专业人员即可。不过，在给予策划人员额外关注时，他们必须明智而谨慎，并且不能以此来左右他人。这一点尤其适用于那些出类拔萃的员工。这类高绩效员工普遍都会有种不安全感，因此导师必须按照个人业绩公平地予以关注，以免造成不必要的麻烦。

原则2：并非人人都是A类员工

在专业服务公司，尽管几乎人人都认为自己是A类员工，但没有哪家专业服务公司仅由A类员工组成——而且，也不应该如此。事实上，现在的专业服务公司一般只有20%的员工是A类员工，C类员工占10%。因此，剩下的70%全都是B类员工——这一大群人是公司的"中坚成员"（solid citizen）。即使在一流公司，B类员工也是组织的核心与灵魂。如果他们都是庸才，公司将碌碌无为；如果他们都是高绩效员工，公司也同样会出类拔萃。A类员工的数量相对较少，他们再怎么出色，也永远不会成为公司的中坚力量。

B类员工与明星员工的区别在于，他们通常在岗位上工作的时间较长，积累了丰富的专业知识。因此当公司进行合并、裁员或开设新的办事处时，他们往往能发挥不可估量的价值。另外，B类员工的目光较为长远，因为他们经历过组织的各个发展周期，了解公司的兴衰沉浮。而且，中坚成员往往将组织目标置于个人目标之上，因为他们同时看重自身的稳定发展与组织的稳健成长。事实上，他们对个人的职业发展极有耐心，以致管理人员常常会忽视他们。

因此，专业服务公司的中坚成员一方面是托起魅力超凡的 A 类员工的基石（A 类员工有时倒可能是造成公司不稳定的因素，因为他们很难伺候），另一方面则支持扶植着 C 类员工（否则 C 类员工也难免捅娄子）。根据我们的经验，与那些我行我素的高绩效员工相比，B 类员工更擅长于团队合作。

不过，令人惊讶的是，除了少数几家，许多专业服务公司都未制定奖励和认可 B 类员工的明确战略，而公司的长期成功却在很大程度上依赖于这类员工。

然而，专业服务公司对待 A 类员工的态度则相反，他们往往将后者作为重点辅导对象。合伙人青睐 A 类员工的原因显而易见。首先，大多数合伙人本身也是业内的佼佼者，难免对 A 类员工惺惺相惜。其次，由于工作繁忙，时间紧张，公司常常决定将工作成效最高的人员作为重点辅导对象。但是，作为专业管理人员，他们应该知道，少数高利润产品或服务所产生的投资回报，并不一定比大量的低利润产品或服务高。

而且，B 类员工不需要很多呵护。与 A 类员工一样，上司的一封电子邮件或一次点头赞许都会令他们在很长时间内倍受鼓舞。但是中坚成员更懂得对点滴关怀感恩相报，因此，你还可以通过其他许多办法来关注他们，并激发他们的潜能。例如，你可以委派他们参加公司的跨职能项目，使他们有机会与高绩效员工互动，并展示他们的能力。不论你采取的是什么措施，都要设计一套监督系统，了解谁得到了认可，谁没有得到认可。优秀的专业服务公司会分别跟踪了解领导者与明星员工，以及与中坚成员的互动情况。

原则 3：好项目往往供不应求

在给员工分派任务时，你显然先要考虑客户需求。不过，你也必须考虑到初级专业人员的职业发展要求。

由于市场竞争异常激烈，除非是在顶尖公司，否则好项目根本不够分配。如果总是做不到好项目，初级策划人员难免变得灰心丧气，认为公司并未切实关心他们的职业发展。当然他们也不相信人力资源部门会尽力为他们争取利益。这时候就需要导师发挥作用了。

有一种方法行之有效，尤其是当公司缺乏可供分配的好项目时，那就是让初级专业人员与某位资深策划人结对，随时随地地学习。如果初级策划人本来就业绩出众，那这就显得尤为重要了。当一名初级策划人加入公司后，合伙人应尽快带着他参与某个客户项目，帮助他拓宽视野、积累经验。合伙人应该告诉他，在与客户会面两小时前，自己会考虑哪些事宜，30 分钟前又会考虑哪些事宜，会面结束后会如何跟进等。

另一种方法也可以帮助专业服务公司弥补缺乏好项目的窘境，那就是为策划人员安排不与客户打交道的项目。例如，开展研究项目有助于策划人员更深入地研究某个专业领域。有家策划公司给一位高级策划人分派了一项任务，让他研究某医药公司的品牌形象与新药开发之间的关系。不久，这位策划人就在整个公司赢得了品牌专家的盛誉。这种额外工作甚至可以和本职工作无关。

原则 4：员工辅导是双向行为

员工辅导欠缺并不全是公司合伙人的责任。现在专业服务公司的许多策划人都缺乏耐心，常常轻易放弃现有工作，另谋高就，而不愿通过主动争取导师和合伙人的关注来谋求自己事业的发展。事实上，如今的专业服务公司资源有限，策划人不能再仅仅期望公司为他们指派导师，他们必须学会如何引起导师的关注。

麦肯锡公司（McKinsey & Company）开发了一个特别有趣的方法，就是鼓励咨询顾问"创建（他们）自己的麦肯锡"。公司建议每个成员从下属、同事和合伙人中找出志同道合、志趣相投的人，组建自己的圈子。尽管这是一个相当非正式的流程，但传递出的信息非常明确：这不仅事关升迁，更重要的是有助于你发掘自己的专业潜力和为人处世的能力。如果你希望有个导师，那就拿出实际行动来，最终你将发现，自己与一些核心合伙人和咨询顾问建立起了密切的联系，他们会帮助你的个人事业发展。事实上，这些同事会成为你的个人顾问。一家中型广告公司的一位中层专业人员曾经说："我确定了两位合伙人和其他五位同事作为我的职业发展顾问，我常常就如何管理项目和下属人员寻求他们的建议。这些同事是吸引我留在公司的重要因素。"

联合辅导（co-mentoring）则是一种鼓励年轻的专业人员为自己的职业发展担负一定责任的方法。合伙人应该密切关注公司里各个层级的专业人员，留意一下哪些人尤其具备成为导师的天赋。鼓励专业人员互教互学不仅有利于他们的职业发展，而且可以培养他们基本的团队合作技能，因为他们中的许多人都不善于团队合作。

一位睿智的管理者指出，人们只有相互支持才能形成竞争力。事实上，当团队成员意识到，大家得作为一个集体共同参与市场竞争并据此获取报酬后，他们便开始更为密切地合作，彼此成为良师益友，互教互学。尽管专业人员们往往倾向于各自为战、相互竞争，但只要公司采取恰当措施激励他们开展团队合作，他们实际上是能够成功携手的。

13.3 建立组织"知识场"

策划公司是知识密集型公司、智力密集型公司，对于这类公司而言，知识创造力是其核心竞争力。近年来，人们对组织层面上的知识创造理论产生了新的兴趣。商业世界正在发生翻天覆地的变化，在学习和开放式创新方面涌现出更多的合作形式。在这种情况下，许多公司加倍努力寻觅知识创造的良方，它们将新知识视为价值创造和竞争优势的关键来源。如今客户需求多元善变，公司需要有与众不同的思维模式和商业模式。

13.3.1 创造知识四步法

我们与别人的关系如何？我们应当如何看待周围这个日新月异的世界？别忘了，我们和这个世界都在不断变化。正因为如此，我们不能只基于普遍原则所得出的分析结论来实施管理，而应当从解决具体问题的实践中找到合适的管理方法。管理更像是一门艺术或手艺，而不仅仅是科学。它立足于人们的洞见、愿景和直觉，靠的是人们的经验。

知识是在隐性知识和显性知识的不断互动中诞生的，其中隐性知识是指直觉型的、模糊不清的、非显性的知识，显性知识是指写在手册里供人分析和讲授的知识。

组织在培育知识时可以采用 SECI 四步法，这四个字母分别代表社会化（Socialization）、外化（Externalization）、组合（Combination）和内化（Internalization）过程。社会化是指通过面对面交流，个人开始表达自己的隐性知识和经验。外化是指同事之间通过互动，交流隐性知识和经验，并将其转变为显性概念。组合是指通过团队之间的交流，显性知识可以被整合、加工并融入组织体系。内化是指显性知识经过实地应用可以被消化吸收，并由此获得新知。

简而言之，就是将个人拥有的隐性知识外化，将其转变为显性知识，与人分享，并不断丰富，从而孕育出新知识。接下来，这一知识又会被更多人重新内化为更加丰富、带有主观色彩的全新知识，由此知识创造将进入新的轮回。

13.3.2 场：创造性互动的培养皿

知识不是在真空中创造的，它需要某个场所或环境。人们在这里分享和解读信息，由此建构意义和知识。这样的地方称为"场"。

"场"的字面意思就是地方、空间或场地。场如同孕育思想的培养皿，它是创造性互动的临时场所，是个人之间、个人与环境之间临时交往和分享的空间。

虽然场容易被视为一个有形空间，如办公室或会议室，但其实应被理解为一种多维状态，让互动能够在某个时间某个地点发生。场可以包括工作小组、项目团队、非正式圈子或临时聚会，也可以包括电子邮件组、QQ 群、微信群和社交网站那样的虚拟空间，以及与客户的一线接触。场最重要的特征就是参与者共同拥有并建立了一种现时现地的关系。

在西方，随着越来越多的公司学习、运用并创建知识，它们也经常鼓励跨部门交流与合作，营造开放的环境，让员工自由地表达、交换并采纳各种观点和思想。总体而言，欧洲与北美的公司很快就接受了知识管理的理念，并将其作为业务核心。尤其是那些不断创新、瞬息万变的行业，例如科技行业的公司，它们更加珍视隐性知识的价值，更全面地看待知识管理。

然而，西方公司有一种倾向，那就是关注显性知识中已经公开、供大众分享使用的知识。此外，西方公司还倾向于集中进行知识创造，这一做法忽略了创新过程中那些自然流露的成分。

13.3.3 创建知识场

公司及其管理者在营造有助于知识快速流动的环境方面可以做些什么？他们怎样才能构建便于人们互动并发挥知识创造潜力的场系统？

场不会仅仅因为有人提供了地点或召集了人群就出现。为了使场在知识创造方面发挥作用，公司应具备六大特征。

（1）自我组织。场必须自我组织，拥有自己的目标、方向和使命。方向可由公司的知识愿景决定，但是每个场都必须建立自己的工作目标，明确自己的意图。只有这样，个人目标才能化零为整，同时场的目标才能成为每个成员的目标。

为此，中级管理层必须成为整个流程的中心，他们要确保自己负责的场是完全自我组织的。如果缺乏自主性和自我组织能力，场将完全依赖于公司高层的指挥，其结果是公司的知识创造潜力将大幅减少或完全丧失。

（2）目标共享。分享主观认识、隐性知识和价值观有助于人们形成共同的目标意识。人们在交往时能够敞开心扉，相互理解。参与者共同缔造一种超越个人主观想法、分享意义的空间。

这一点至关重要：除非人们能够在场中不断分享各自的背景情况，否则每个人仍将继续以自我为中心，并由此出发看待公司的发展。他们无法根据自己与他人的交往情况重新自我定位。

（3）知识融合。仅仅汇聚思想还不足以触发知识创新。要想产生新知识，场必须能积极支持各部分与整体之间同时进行自觉自愿的互动。各种主观认识融合起来，就产生了新知识。每个人不同的背景、不同的视角交汇在一起，又使得新知识的内容更加丰富。

（4）全心参与。当场的参与者全心全意地追求目标并心甘情愿地参与相关业务和活动，甚至不惜付出额外时间和精力时，知识才能形成。为此，场不仅需要参与者分享各自的观点，积极认同彼此的感受，而且需要他们相互理解、信任并尊重。

知识源于人们的交流与活动。这两者也是推动场的力量之源。

如果蕴藏于每个人心中的隐性知识是组织持续竞争力的来源，那么这种知识的积累是弥足珍贵的。然而，有时候人们却不愿与他人分享自己的专业知识。为了防止这种倾向，必须在参与者中培养一份安全感。他们越是相互信任，相互关心，共同奉献，越是能产生有益于组织的场。

（5）开放边界。由于场的空间可以无限拓展，因此要形成有意义的分享空间，就必须设定某种边界。为了形成与众不同的环境，尤其是要在当前组织规范之外创造新知识的话，领导者就应当让场与周边环境隔开。

然而，场本质上是动态的。

参与者来来往往，他们的共享环境在不断变化。鉴于这一点，场的边界必须具备渗透性。只有这样，场之间才能进行互动。

丰田就是一个典型的例子。这家公司于 1993 年开始研制普锐斯（Prius）混合动力车。它设立了一个研究小组，名叫 G21，即 21 世纪的英文缩写。公司任命的项目负责人拥有丰富的社会关系，他可以找到具备项目所需知识和技能的人。与此同时，公司决定新车的研制必须全部在内部进行，这意味着与外界的交流几乎为零。如此一来，研究小组就可以聚精会神、一心一意地利用内部一切可用的知识。而公司高层的大力支持也保证了研究小组能较容易地获得这些资源。

这一点非常重要，因为场以外高层领导的职责就是在不同场之间发现并建立联系，这就带出了场的最后一个特征。

（6）务实领导。知识创新型公司的领导者在管理上不能墨守成规。相反，管理必须灵活分散。这种类型的领导是由环境决定的。

知识型领导要发挥作用，建立由中层到高层再到低层的机制是关键。中层管理者需要将公司愿景化整为零，将目标分解到具体计划中，建立场，在此基础上引导参与者进行对话与实践。在小小场世界形成的网络中，管理中层起着重要的助推作用。

要在场中有效工作，领导者需具备认清形势、快速适应的能力，这就是亚里士多德所谓的实践智慧，即具备务实、审慎的品质。为了培养这份品质，管理者应当从生活的方方面面广泛汲取人生经验，尤其是美学体验以及哲学、历史、文学、艺术方面的修养。所有这些都有助于培养对历史和社会现象的感悟能力。

为了培养拥有实践智慧的管理者，公司可以提供各种内容丰富的体验，以促进学习。无论个人还是组织都必须坚持不懈地追求卓越。管理者要想具备实践智慧，必须培养下列品质和能力。

（1）理解他人。能够理解他人，与他人心心相印，这样才能调动员工的积极性，并预测客户的喜好。拥有实践智慧的管理者善于猜测别人的喜怒哀乐，并能预见自己和别人的行动后果。这一品质对于营造和管理多变的环境至关重要。

（2）无私参与。能够让员工和其他管理者参与进来，并在他们当中培养共同分享的精神。为了创建场，必须培育各种社会资本，其中包括关怀、仁爱、信任以及安全感。

（3）适应环境。知识创造型公司必须能够针对公司内外时隐时现的各类场做出反应。如果公司的领导方式一成不变，这是无法做到的。既然知识源于和环境的积极互动，那么管理者就必须依据形势推动并管理这样的互动。

（4）看清大局。管理者如果能认清形势，把握问题本质，就能预测未来，并采取合理的行动实现构想。要做到这一点，就需要某种既见树木又见森林的能力。对于日常变化要格外敏感，并能参照大局理解这些变化的含义，这些是实践智慧的另外一些特征。

（5）推动变革。仅仅发现问题的本质并与人分享和交流还不够。领导者还必须团结所有人，激励大家采取行动，引导众人为了目标集思广益、群策群力。

实践智慧并非一种知识，而是一种关乎领导成效的认知和行动方式。通过在组织的各个层级培养实践智慧，公司可以将领导权分散到员工和各项流程中去，这将加快知识的创造。

13.4　从失败中学习

今天，企业面临的市场环境越来越难预测，这已不是什么新闻了。在动荡不定的局面下，失败比成功更为常见，这也不足为奇了。然而，不可思议的是，很少有企业通过组织设计去管理和减少失败，以及从失败中汲取经验教训。大多数组织对失败抱有很深的偏见，也不曾系统地研究过失败问题。高管们不是力图掩盖错位，就是声称在企业经营中出错是难免的。失败成了一个人人回避的话题，人们害怕影响自己的前程，到最后都不敢再冒险了。然而，在变化无常的环境中，失败是难免的；如果管理得当，失败也能对我们非常有用。事实上，如果一个组织不能平和地看待失败，它可能就无法承受创新和成长过程中必然存在的风险。

人们普遍持有的这些想法其实并不正确。首先，失败并不总是坏事。在组织发展过程中，失败有时是坏事，有时只是一件不可避免的事，有时则是好事。其次，汲取失败的经验教训对组织而言并非易事。大多数组织对失败缺乏正确的态度，而且行动消极，无法有效察觉和分析失败的原因。另外，对根据具体情形总结失败经验的必要性，它们也缺乏足够的重视。组织需要采取一些新的、更有效的方法来总结失败经验，而不只是得出一些肤浅的结论（如"员工没有按规程办事"）或是为自己开脱的解释（如"市场还没有做好准备，所以无法接纳我们这项伟大的新产品"）。也就是说，企业需要摒弃传统的文化观念和对成功的刻板认识，积极汲取失败的经验教训。

13.4.1 失败的好处

（1）获得更多的选择。一项行动可能出现结果越多，成功的概率就越低。如果你多尝试几次，就能提高胜算。在高风险环境中运作的企业就运用了这种逻辑，如风险投资公司其投资成功率在10%~20%，制药公司一般先研制出数百种新分子实体，才会有一种新药面世，电影制作公司调查表明，1.3%的电影赢得了80%的票房收入等。

（2）了解哪些行不通。许多成功产品都是建立在失败项目的基础之上。从某种程度上来说，苹果公司的Macintosh电脑就是在失败的Lisa项目基础上发展起来的。Lisa产品如今已经被人遗忘，但它率先采用的图形用户界面和鼠标操作，仍在今天的电脑中广泛应用。

在高度不确定的环境中，传统的市场调研方法几乎没什么用。如果你在1990年问别人，他们愿意为网络搜索付多少钱，没人能听懂你在说些什么。在搜索引擎问世之前，需要开展大量的试验。早期的运营者尝试采用付费搜索的经营模式。后来，一些公司探索出基于广告的经营模式。再后来，谷歌开发了一套系统，使该经营模式的赢利能力实现最大化，如果没有前面这些试错，谷歌很可能无法打造出我们今天所熟知的基于算法的搜索工具。

（3）创造条件，吸引资源和注意力。企业往往不断去寻找新的项目，而不是花时间去解决现有项目存在的系统问题。因此，索性让大麻烦显现出来，这样人们才会投入全部精力去救险。有时候事情必须到了无法收拾的地步，人们才会下决心去解决。

（4）培养直觉和技能。研究人员指出，人们所说的直觉，实质上就是高度发展的模式识别能力。那些没有经历过失败的人，其直觉所依赖的经验体系存在一种关键的缺失。许多风险投资者都有一个原则：不会把资金投给从未经历过失败的创业者。

13.4.2 智慧型失败

深入了解失败的原因和背景将有助于公司制定从失败中学习的有效战略。公司出现失败的情况可能数不胜数，但这些失败大致可分为三类：可预防性失败、复杂性导致的失败，以及"智慧型"失败。

在可预测的运营环境中，有些失败可以预防。此类失败大多确实可以被认为是"坏事"。它们通常表现为，员工在大规模或日常的制造和服务中没有遵守明确的流程要求。在得到适当的培训和支持后，员工能够始终遵循这些流程。如果他们没有遵循流程，原因通常是偏离要求、疏忽大意或能力不足。不过，此类情况的原因容易找出，并有解决办法。

在复杂的系统中，有些失败不可避免。组织中有许多失败源于工作本身的不确定性：特定的需求、人员和问题交织在一起，导致组织可能面临前所未有的挑战。医院对急诊患者进行检伤分类，在战场上应对敌方行动，经营快速成长的新创公司，这些都面临着不可预测的因素。许多复杂的组织，如航空母舰、核电厂等，长期面临系统出错的风险。

在前沿领域，"智慧型失败"富有意义。此类失败完全可以视为"好事"，因为它们提供了宝贵的新知识，有助于企业超越竞争对手，确保未来增长——所以，它们被杜克大学（Duke University）管理学教授西姆·希特金（Sim Sitkin）称为"智慧型失败"。这类失败发生在企业面对一种新情况，需要进行实验时：这种情况前所未有，企业无法预知答案，或许今后也不会再碰到。开发新药，建立全新的业务，策划创新产品，测试一个全新市场中的客户反应，所有这些任务都需要企业通过失败获取智慧。人们通常将这类实验称为"试错"（trial-and-error），但这一措辞并不恰当，因为"错"就意味着原本有个"正确"结果。在组织的前沿领域，开展合适的实验可以使组织迅速从失败中汲取有益的教训。如果管理人员能够这样做，就可以避免不必要地扩大实验范围和遭受毫无意义的失败。

著名产品设计公司 IDEO 在推出一项新的战略创新服务时，其领导者就非常清楚这一点。这项服务将帮助客户建立新的产品线，确定新的战略发展方向，而不是帮助它们在现有产品线中设计新产品（IDEO 对后者可说是得心应手）。由于尚不清楚该如何有效提供这项服务，IDEO 先与一家床垫公司开展了一个小型项目，并没有公开宣布启动新业务。

这个项目没有成功，因为客户没有改变其产品战略，但 IDEO 从中汲取了经验教训，知道了自己该做出哪些改变。例如，它招募拥有 MBA 学位的人员开展这个项目，因为他们能够更好地为客户创建新业务，它还让客户公司的一些管理人员加入项目团队。如今，IDEO 有超过三分之一的收入来自战略创新服务。

对于复杂系统中不可避免的流程出错和前沿知识领域中的"智慧型失败"，采取包容的态度并不会助长平庸之风。事实上，对任何希望从这类失败中汲取知识养分的组织来说，采取包容的态度至关重要。但是，失败本身仍可能激发强烈的情绪反应；要让组织接受失败，需要强有力的领导。

13.4.3 从智慧型失败中学习

显然，并非所有失败都有用。有些失败，哪怕能够为我们提供宝贵的经验教训，也应该不惜一切代价加以避免。但如果你也认为，在动荡不定的环境下失败有时是难免的，那么我们就有必要制订相关计划，对失败加以管理，并从失败中学习，把它们看作实验，而不是失败。以下的七条原则，可以帮助你的组织更有效地从失败中学习。

原则 1：启动项目之前，先界定成功和失败的标准

我们经常可以看到这样一种情景，那就是同一项目小组的成员对于成功的标准往往有着截然不同的看法。曾经有过这样一个案例：一家生产环境治理设备的公司市场部认为，该设备的卖点在于，它满足了一项新的严格监管标准。而工程部则认为，高性价比才是卖点所在。为了压低成本，他们在设计时把市场部想要重点推介的性能都砍掉了。这种理解上的差距，很容易导致愚蠢的失败。幸好，公司及时发现了这个问题，并同意了双方的意见，从而避免了一场可能的市场灾难。

原则2：将假设转化为知识

当你在处理一项完全没有把握的任务时，你最初做出的假设几乎肯定是错误的。通常，要获得更准确的假设，唯一的途径就是进行尝试。不过，在开始实验之前，你一定要有明确的假设。你得把它们写下来，并与团队成员分享；你还要确保你和你的团队能随时根据新获得的信息对它们进行修正。这样做的时候要注意一种风险，那就是我们都有一种倾向，只重视那些能证实我们已有观点的信息——这被称为"证实性偏见"。要解决这个问题，一个实用的办法就是，让一个团队成员去搜集能证明你们行动有误的信息。你们要尽早发现反证信息，若等到你们已经大张旗鼓，不愿意改变想法的时候，就为时已晚。

企业如果不把假设记录下来，往往会遇到两大问题。首先，人们会把假设当成事实。在开会时，某个经理可能大胆猜测，某个市场可以实现销售500万元——会还没结束，这500万元可能就已经被纳入来年的预算！当猜测最终被证明是错误时，这种思维跃进已经诱发了各种市场行为。其次，这样的企业不会尽全力去学习。它们可能会不断纠正方向，边做边学，但是，如果它们没有严谨地将结果与期望进行比较，就无法获得明确的经验教训并进行分享，未来的项目更无法从中获益。

原则3：失败宜趁早

果断、快速的失败有诸多重要好处。首先，你不必再为这个行将失败的项目浪费更多的资源。其次，由于行动和结果在时间上接近，确定其中的因果关系也就容易得多。再次，越早排除某个行动，就能越快地接近你的目标。最后，尽早失败，也就减轻了硬着头皮干到底的压力，因为这时候投入还不是很大。

要确保失败尽早发生，一个实用的方法是，一开始就对项目的各个要素加以检验。"敏捷软件开发"取得的结果常常要好于传统的序列化系统设计，主要就是这个原因。在媒介的开发环境中，程序员会快速、反复地用便携的小段代码与其他程序员和用户进行分享，然后开发团队再向前推进工作。这与传统的开发方式形成了鲜明的对比。在传统方式中，分析员会花数月时间记录用户的要求，然后再把这些要求交给程序员，程序员这才开始编程。等到发现问题时，项目可能已朝着错误的方向走了好几年。

想要尽早失败，你可能需要改变资源配置方式。例如，你可能不是要在整个项目周期内实现净现值最大化，而是想把财务评估从时间和资金两方面进行细分。你可能还想投资于灵活的资产和人员，直到你积累了足够的经验，有信心建立一个大业务。

另外，我们不应该忽略快速失败给员工带来的好处。如果员工觉得，一个项目的失败会让他们失业，那么失败就会削弱士气。但是，如果有许多项目在实施，一个项目的终止意味着他们马上转入另一个项目，那么项目失败就不会影响到员工士气。

原则 4：控制负面风险，降低失败成本

这是从尽快失败中得出的重要推论。在设计项目时，应该考虑到如何降低失败可能造成的损失。有时候，在进行重大投资之前，最好先对产品或业务原型进行一次小规模测试。

3M 公司素以包容失败而著称，但在前任 CEO 吉姆·麦克纳尼掌权期间，这种文化遭受了打击。麦克纳尼曾任职于通用电气公司，来到 3M 后，他努力在整个公司推行六西格玛质量管理法，连研究实验室都不例外。尽管这种管理方法在 3M 创造了奇迹，但由于它注重可预测的结果，使得员工们都不愿意冒险去尝试一些未经验证的想法。2005 年，乔治·巴克利出任 CEO 后，他面临的一个挑战是，恢复敢于冒险的企业文化。他停止在实验室使用六西格管理方法，鼓励科研人员大胆探索新的想法，只要负面风险不大就行。在经济衰退期间，3M 推出新产品时"做一点，卖一点"的传统理念与巴克利倡导的金字塔底式创新成功地结合在了一起。

原则 5：减少不确定性

在企业已经熟悉的领域鼓励失败，并没有多大意义。但是，在一个与你现有能力完全无关的领域体验失败，也不会对你有多大好处：你得到的收获可能派不上用场，因为你并不了解背景情况，也不知道如何将学到的东西与你现有知识联系起来。

谷歌公司很善于开展实验，但是，在计划推出一项非网络电台业务时，它却走过了头。公司想参照互联网广告模式，对电台广告实行自动定价。广播电台将一部分广告时段交给谷歌，后者让广告主对这些时段进行竞拍。然而，问题出现了，因为广播电台不愿意拱手让出对广告业务的控制权。更糟的是，谷歌的广告竞拍成交价要低于电台与广告主之间的直接成交价——尽管谷歌辩称，广告需求的增加最终会推高拍卖价格，但各家电台还是不愿意尝试。媒体购买公司也不愿意尝试与谷歌合作，因为谷歌不接受提前商议价格和广告打包等传统做法。2009 年，谷歌关闭了这项业务，公司 CEO 埃里克·施密特将此次失败归因于公司没有能力衡量电台广告的效果。而在网络环境下，谷歌在这项业务上投入了 1 亿多美元，虽然这对谷歌来说并不算多，但关键是，他们从中似乎没学到什么有用的东西。事实证明，谷歌的核心业务与广播业务相距实在太大了。

在任何一个决策点上，都应该尽量减少不确定因素。要做到这一点，一种方法是采用贝恩咨询公司的克里斯·祖克提出的"相邻业务"策略。例如，你可以将现有产品引入新的市场：宜家在许多国家销售的家具基本上都是一样的。你也可以向你的客户提供新的相关产品：富国银行在交叉销售方面有许多成功经验。你还可以依托现有能力打造新的业务：美国空气化工产品公司就利用其工厂管理能力，开辟了新业务。不管采取哪种方式，关键是，要在与你的成熟活动较为接近的领域，吸取失败的经验教训。

还有一种方法，那就是把长期项目分成若干小项目。以纳米技术的商业化为例，总有一天，我们能够在单个分子水平上建构物体，那将是一次真正革命性的变革。但是，要实现这个目标，我们可能还要等上相当长的一段时间。那么，目前我们是怎么应用纳米技术

的？想想抗皱休闲裤，还有不留指痕的手机屏幕。这些产品虽然不起眼，却很有意义：它们把全新的科技成果应用在我们熟悉的产品上，促进我们学习新知。

原则6：打造推崇智慧型失败的企业文化

人们总是担心自己负责的工作若是出了什么差错，就会影响个人前程。企业高层需要营造一种环境，鼓励员工聪明地去冒险，同时不会惩罚由此导致的失败。一些企业已经发现，秉承这一原则对自己是有益的。

原则7：总结经验教训，并与他人分享

如果智慧型失败的经验教训没有与整个团队或整个组织进行分享，那么其价值就会低得多。获取和传递所学经验的方法有许多。其中最常用的有项目进程中的小型评估总结会、到达关键节点时的阶段性评估，以及项目结束时的事后评估会。无论采用哪种方法，关键是要厘清最初的假设是什么、发生了什么、这又对先前的假设意味着什么，以及下一步该怎样做。我们要保持克制，避免相互指责，这一点至关重要，当我们把一些基本想法视为"假设"而非"预测"或"数据"时，就更容易保持克制。

在动荡不定的环境下，要想避免失败是不可能的。如果你接受这个前提，那么摆在你面前的选择就很简单：要么继续采用先前的做法，让自己从失败中得不到什么宝贵的经验教训，要么采纳智慧型失败的理念，让失败创造巨大的价值。

企业高管的模范作用至关重要。领导者必须乐于谈论失败以及从中汲取的经验教训。营造一种环境，使人们不会回避失败。以合同或其他方式明确冒险的基本规则，也能对企业有所帮助。讲述过去的失败故事，能让大家更坦然地谈论眼前的失败。而以平和的方式终止项目，然后继续前进，也能让大家更容易接受不可避免的失败。从失败中学习，摸索着走向成功——凡掌握这个奥秘的企业，定能在动荡不定的环境中，力压对手，实现蓬勃发展。

本章小结

策划工作是典型的知识型工作，和生产制造企业不一样，知识型工作不具有重复性，也无法明确界定。知识型工作需要专业知识和判断力，高度依赖隐性知识，也就是锁在他们头脑中的知识。因此，策划管理和一般的管理活动相比更为复杂。策划管理根据策划活动的特点，一般分为策划团队管理、知识管理、人才管理等课题。

核心概念

策划团队　　策划人才　　知识场

思考与练习

1. 试分析策划公司的知识分类是如何分类的。
2. 举例说明策划公司如何建立"知识场"。

Chapter 14

第 14 章

策划人员精力管理

随着现代人生活和工作的节奏越来越快,策划人员行色匆匆,风风火火。面对日益繁重的工作负荷,策划人员努力把每一天都安排得满满当当、上紧了发条。面对与日俱增的工作和生活压力,传统的时间管理已经显得不够。因为一天中有多少个小时是固定的,而员工的时间尤其是高效工作的时间是有限的,企业不可能也不应该无限压榨员工的时间,但是我们所能调动的能量(精力)却不是这样。企业可以通过给自己的员工创造提升能量系统的环境来提升员工的工作效率。

学习目标

1. 了解策划人员的时间管理观念
2. 了解策划人员时间管理的原则
3. 掌握精力管理的概念和内涵

14.1 策划人员时间管理

14.1.1 时间的特性及时间管理的概念

1. 时间的特性

世界几乎全面地在进步,但我们一天还是只有 24 小时。最成功和最不成功的人一样,一天都只有 24 小时,但区别就在于他们如何利用其所拥有的 24 小时。那么时间究竟是什么呢?

哲学家是这样定义时间的,"时间是物质运动的顺序性和持续性,其特点是一维性,是一种特殊的资源"。

要想真正了解时间并且管理时间,我们有必要对时间的本质有深刻的认识。时间有四项独特特性:

（1）供给毫无弹性：时间的供给量是固定不变的，在任何情况下不会增加也不会减少，每天都是 24 小时，所以我们无法开源。

（2）无法蓄积：时间不像人力、财力、物力和技术那样能够被积蓄储藏。不论愿不愿意，我们都必须消费时间，所以我们无法节流。

（3）无法取代：任何一项活动都有赖于时间的堆砌，这就是说，时间是任何活动所不可缺少的基本资源。因此，时间是无法取代的。

（4）无法失而复得：时间无法像失物一样失而复得。它一旦丧失，则会永远丧失。花费了金钱，尚可赚回，但倘若挥霍了时间，任何人都无力挽回。

2. 时间管理的概念

"时间管理"所探索的是如何减少时间浪费，以便有效地完成既定目标。由于时间所具备的四个独特性，所以时间管理的对象不是"时间"，它是指面对时间而进行的"自管理者的管理"。所谓"时间的浪费"，是指对目标毫无贡献的时间消耗。所谓"自管理者的管理"是指策划人员必须抛弃陋习，引进新的工作方式和生活习惯，包括要订立目标、妥善计划、分配时间、权衡轻重和权力下放，加上自我约束、持之以恒才可提高效率，事半功倍。

大凡能够在事业上取得卓越成绩的人都是时间管理的专家。格里在威格利南方联营公司当了 20 多年的总经理，该公司是美国最成功的超级市场之一，他获得了许多值得夸耀的荣誉。第一，他的工作历程纪录几乎为所有的总经理所羡慕，这个纪录中包括连年不断的销售纪录和利润纪录。第二，他毫不松懈地连续应用计划、组织、授权、激励、评价和控制等项目基本原则，显示了他专业管理的精神。第三，他献身时间管理原则的事迹已经得到大量文章的赞扬。在格里看来，正确的管理的基础是良好的时间管理。

在信息爆炸的今天，资讯的空间在无限地扩展，竞争的压力、客户高品质的需求，令策划人员面临着前所未有的压力。在这些压力面前，策划人员想要寻求事业、家庭与社会生活的平衡尤为艰难。工作与私人生活难以两全的问题，一直困扰着策划人员。很多策划人员都得照顾小孩或父母，也想发展个人兴趣或参与社会活动，而这些都需要时间。遗憾的是，大多数策划公司都将员工的工作与私人生活视为零和游戏中对立的两方，认为工作与家庭生活难以兼顾。策划人员往往承受着来自策划项目、客户和公司等的各方面压力，因此，策划人员也往往都是工作狂。对工作的投入和高标准要求当然无可厚非，但是因为痴迷工作而忽视了家庭生活则不可取。

14.1.2　时间管理的误区

探索克服时间浪费的途径便是"培养克服时间管理误区的技能"。所谓时间管理的误区，是指导致时间浪费的各种因素。对于策划人员来讲，主要存在以下四个时间管理的误区：

1. 工作缺乏计划

查尔斯·史瓦在半世纪前担任伯利恒钢铁公司总裁期间，曾经向管理顾问李爱菲提出这样一个不寻常的挑战："请告诉我如何能在办公时间内做妥更多的事，我将支付给你任意的顾问费。"李爱菲于是递了一张纸给他，并向他说，"写下你明天必须做的最重要的各项工作，先从最重要的那一项工作做起，并持续地做下去，直到完成该项工作为止。重新检查你的办事次序，然后着手进行第二项重要的工作。倘若任何一项着手进行的工作花掉你整天的时间，也不用担心。只要手中的工作是最重要的，则坚持做下去。假如按这种方法你无法完成全部的重要工作，那么即使运用任何其他方法，你也同样无法完成它们。而且倘若不借助某一件事的优先次序，你可能甚至连哪一种工作最为重要都不清楚。将上述的一切变成你每个工作日里的习惯。当这个建议对你生效时，把它提供给你的部属采用"。数星期后，史瓦寄了一张面额 25 000 美元的支票给李爱菲，并附言她确实为他上了十分珍贵的一课。伯利恒后来之所以能够跃升为世界最大的独立钢铁制造商，据说可能是导因于李爱菲的那数句真言。

尽管计划的拟定能给我们带来诸多的好处，但很多策划人从来不做或是不重视做计划，原因不外乎如下几条：

（1）因过分强调"知难行易"而认为没有必要在行动之前多做思考。
（2）认为不做计划也能获得实效。
（3）不了解做计划的好处。
（4）计划与事实之间极难趋于一致，故对计划丧失信心。
（5）不知如何做计划。

作为策划公司的员工，要步上职业化的道路，成为一个强调实效性的职业人士，不应该把以上原因当作工作中的借口，而应该养成拟定工作计划的习惯，因为如果我们的工作缺乏计划，将导致如下问题：

（1）目标不明确。
（2）没有进行工作归类的习惯。
（3）缺乏做事轻重缓急的顺序。
（4）没有时间分配的原则。

2. 时间控制不够

策划人员在时间管理上还有一个恶习就是拖延时间，以致到头来一事无成。我们提供了一个拖延商数的测验（见表14-1），以供策划人员自我评核：

表14-1 拖延商数测试示例

请据实选择以下陈述中最切合你的答案：
1. 为了避免对棘手的难题采取行动，我于是寻找理由和借口。
A 非常同意　　B 略表同意　　C 略表不同意　　D 极不同意
2. 为使困难的工作能被执行，对执行者施加压力是必要的。
A 非常同意　　B 略表同意　　C 略表不同意　　D 极不同意
3. 我经常采取折中办法以避免或延缓不愉快的事。
A 非常同意　　B 略表同意　　C 略表不同意　　D 极不同意

（续）

4. 我遭遇了太多足以妨碍完成重大任务的干扰与危机。
   A 非常同意　　B 略表同意　　C 略表不同意　　D 极不同意
5. 当被迫从事一项不愉快的决策时，我避免直截了当地答复。
   A 非常同意　　B 略表同意　　C 略表不同意　　D 极不同意
6. 我对重要的行动计划的追踪工作一般不予理会。
   A 非常同意　　B 略表同意　　C 略表不同意　　D 极不同意
7. 试图令他人为管理者执行不愉快的工作。
   A 非常同意　　B 略表同意　　C 略表不同意　　D 极不同意
8. 我经常将重要工作安排在下午处理，或者携回家里，以便在夜晚或周末处理它。
   A 非常同意　　B 略表同意　　C 略表不同意　　D 极不同意
9. 我在过分疲劳（或过分紧张、过分泄气、太受抑制）时无法处理所面对的困难任务。
   A 非常同意　　B 略表同意　　C 略表不同意　　D 极不同意
10. 在着手处理一件艰难的任务之前，我喜欢清除桌上的每个物件。
    A 非常同意　　B 略表同意　　C 略表不同意　　D 极不同意

评分标准：
　　每个"非常同意"评4分，"略表同意"评3分，"略表不同意"评2分，"极不同意"评1分。总分小于20分，表示你不是拖延者，你也许偶尔有拖延的习惯。总分在21~30分之间，表示你有拖延的毛病，但不太严重。总分多于30分，表示你或许已患上严重的拖延毛病。

我们通常在时间控制上容易陷入下面的陷阱：

（1）习惯拖延时间。

（2）不擅长处理不速之客的打扰。

（3）不擅长处理无端电话的打扰。

（4）泛滥的"会议病"困扰。不少中、上层管理者曾经指出，会议竟占去他们日常工作的时间的四分之一甚至三分之一。然而更令他们感慨莫名的是，在这么多的会议时间之中，几乎有一半是徒劳无功的。

3. 整理整顿不足

办公桌的杂乱无章与办公桌的大小无关，因为杂乱是人为的。"杂乱的办公桌显示杂乱的心思"是有道理的。让一个不富条理的人使用一个小型的办公桌，这个办公桌会变得杂乱无章；即使给他换一个大型的办公桌，不出几日，这个办公桌又会遭遇同样的命运。套用"帕金森定律"——"工作将被扩展，以便填满可供完成工作的时间"，我们也可以导出"文件堆积定律"——"文件的堆积将被扩展，以便填满可供堆积的空间"。

4. 进取意识不强

我们经常说："人最大的敌人就是自己"。有些人之所以放任时间白白流逝而毫无悔痛之意，最根本的原因在于缺乏进取意识，缺乏对工作和生活的责任感和认真态度。主要表现在以下几个方面：个人的消极态度；做事拖拉，找借口不干工作；唏嘘不已，做白日梦；工作中闲聊。

如果我们一直处于迟钝的时间感觉中，换句话说，当你觉得时间可有可无，不愿面对工作中的具体事务，沉溺于"天上随时掉下大馅饼"的美梦，那就需要好好反省自己了，因为你随时在丧失宝贵的机会，随时可能被社会所淘汰。

14.1.3 策划人员时间管理的原则

策划人员的时间管理有 5 项基本原则：明确目标；有计划、有组织地工作；分清工作的轻重缓急；合理地分配时间；与别人的时间取得协作；制定规则、遵守纪律。

1. 明确目标

在人生的旅途上，没有目标就好像走在黑漆漆的路上，不知往何处去。美国的一份统计结果显示，一个人退休后，特别是那些独居老人，假若生活没有任何目标，每天只是刻板地吃饭和睡觉，虽然生活无忧，但他们后来的寿命一般不会超过七年。

虽说目标能够刺激我们奋勇向上，但是，对许多人来说，拟定目标实在不是一件容易的事，原因是每天的日常工作就已忙得透不过气，还哪来时间好好想想自己的将来。但这正是问题的症结，就是因为没有目标，每天才弄得没头没脑、焦头烂额。

另外有些人没有目标，则是因为他们不敢接受改变，与其说安于现状，不如说是没有勇气面对新环境可能带来的挫折与挑战。

事实上，随波逐流、缺乏目标的人，永远没有淋漓尽致发挥自己的潜能。因此，策划人员一定要做一个目标明确的人，生活才有意义。然而不幸的是，多数人对自己的愿望仅有一点模糊的概念，而只有少数人会贯彻这模糊的概念。许多人在公司五年，却没有五年的经验，只能说有五年一次的经验。

有目标才有结果，目标能够激发我们的潜能。那么我们究竟如何选择或是制定正确的目标呢？我们认为在选择或制定目标时应考虑两个方面：一是目标要符合自己的价值观，二是要了解自己目前的状况。

2. 有计划、有组织地工作

所谓有计划、有组织地进行工作，就是把目标正确地分解成工作计划，通过采取适当的步骤和方法，最终达成有效的结果。通常会体现在以下 5 个方面：

（1）将有联系的工作进行分类整理。

（2）将整理好的各类事务按流程或轻重缓急加以排列。

（3）按排列顺序进行处理。

（4）为制订上述方案需要安排一个考虑的时间。

（5）由于工作能够有计划地进行，自然也就能够看到这些工作应该按什么次序进行，哪些是可以同时进行的工作。

那么究竟该怎样做计划呢？大致的步骤如下：

（1）确立目标。

（2）探寻完成目标的各种途径。

（3）选定最佳的完成方式。

（4）将最佳途径转化成月/周/日的工作事项。

（5）编排月/周/日的工作次序并加以执行。

（6）定期检查目标的现实性以及完成目标的最佳途径的可行性。

有了计划，就必须有行动。行动是一件了不起的事，策划人员要记住：

（1）切实践行你的计划和创意，以便发挥它的价值，不管主意有多好，除非真正身体力行，否则永远没有收获。

（2）实行时心理要平静，估计困难、做好准备、及时调整。

3. 分清工作的轻重缓急

请看下面的行事次序，看看你平时喜好用哪种方式。

（1）先做喜欢的事，然后再做不喜欢的事。

（2）先做熟悉的事，然后再做不熟悉的事。

（3）先做容易的事，然后再做难的事。

（4）先做只需花费少量时间即可做好的事，然后再做需要花费大量时间才能做好的事。

（5）先处理资料齐全的事，然后再处理资料不全的事。

（6）先做已排定时间的事，然后再做未经安排的事。

（7）先做经过筹划的事，然后再做未经筹划的事。

（8）先做别人的事，然后再做自己的事。

（9）先做紧迫的事，然后再做不急的事。

（10）先做有趣的事，再做枯燥的事。

（11）先做易于完成的整件事或易于告一段落的事，然后再做难以完成的整件事或难以告一段落的事。

（12）先做自己所尊敬的人或与自己关系密切的利害关系人所拜托的事，然后再做其他人所拜托的事。

（13）先做已发生的事，后做未发生的事。

以上的各种行事准则，从一定程度上说大致都不符合有效的时间管理的要求。我们既然是以目标的实现为导向，那么在一系列以实现目标为依据的待办事项中，到底哪些应该先着手处理，哪些可以拖后处理，哪些甚至不予处理？一般认为是按照事情的紧急程度来判断。假如越是紧迫的事，其重要性越高，越不紧迫的事，其重要性越低，则依循上面的判断规则。可是在多数情况下，越是重要的事偏偏不紧迫，例如参加管理技能培训、向上级提出改进营运方式的建议、培养接班人等。如果我们按事情的"缓急程度"来处理，不但使重要的事情的履行遥遥无期，而且经常使自己处于危机或紧急状态之下，最大的恶果是原本重要不紧急的事转化成了重要又紧急的事。举个例子来说，所有的主管都承认，策划报告是一件极其重要的事，但若现在距离上交策划报告的时间尚有一个月的话，则一般人大概不会把它视为"今天应该做的事"，更不会把它视为"今天必须做的事"，既然今天可以不做这件事，那么就可以不断地拖延下去。直到截止日期的前几天，他们才如临大敌般地处理"紧急事件",结果不是迟交了报告,就是草率应付了事。经过一番挣扎之后,他们可能会信誓旦旦地下决心:下次一定要将策划报告提前准备好!但是除非能够彻底地改变按"缓急程度"办事的习惯,否则到了下一次而极有可能重蹈覆辙。

因此,我们认为:处理事情优先次序的判断依据是事情的"重要程度"。所谓"重要程度",即指对实现目标的贡献大小。提请注意:虽然有以上的理由,我们也不应全面否定按"缓急程度"办事的习惯,只是需要强调的是,在考虑行事的先后顺序时,应先考虑事情的"轻重",再考虑事情的"缓急"。

4. 与别人的时间取得协作

任何人类的组织,不论大小,都有其周而复始的节奏性、周期性;而我们作为社会或是团体组织中的一员,毫无疑问地要与周边部门或人发生必然的联系。在这种情况下,我们需要互相尊重对方的时间安排,也就是说要与别人的时间取得协作。

认清并适应组织的节奏性与周期性是成功的要素。你也许拥有全世界最伟大的广告构想,但是如果你在各公司都已经做完广告预算后才提出你的构想,你可能就不会有太好的运气,可能要等到几个月后,你的构想才会被慎重考虑,甚至可能会一不小心扔到垃圾桶里去!

同样地,当我们需要到某一部门去参观学习,也需要提前与该部门人员进行预约,双方达成一个有关时间、地点、人员安排等的约定。否则,突如其来的打扰会令对方措手不及,甚至有可能将你拒之门外!

大家想想,我们是不是也在经常抱怨外部的打扰(电话、来访等)、突发事件等。既然如此,我们是不是也应该站在对方的角度考虑问题,严格要求自己,提前做好计划与安排,与他人的时间取得协作,少一份慌乱,多一份从容。

5. 制定规则、遵守纪律

我们在成长的过程中,常被各种纪律所束缚,"没有规矩、不成方圆",因为有纪律,我们才有秩序。在时间管理中,我们同样强调纪律与规则。

世界著名的音乐家莫扎特通常被描述成轻率而任性的天才,然而他从 15 岁到过世为止,终其一生的作曲数量都是非常有规律的,甚至可以用代数程式来计算。

历史学家梅尔·克朗兹勃待在办公室里的每个早上都写 10 封信;杰出的演说学家乔·查伯纳教授要求手下的电话行销人员每个星期一、二都要打 13 个电话,星期三、四则是 12 个,星期五则是用来打电话给这个礼拜没有联络上的人。

很多作家固定在每天某个时段工作,而且在停笔前必须完成一定的字数。这个方法很有效,假如你养成每天写 1 000 字的习惯,连续一个月后,写 1 000 字便易如反掌。接着你可以增加字数到大概 1 200 字,过十几天后,或许可再增加几百字。

因此,我们说,制定规则、遵守纪律的核心主要体现在以下三个方面:

(1) 在进行工作的时候,一定要念念不忘这个工作应于何时截止。

(2) 即使外部没有规定截止的日期,自己也要树立一个何时完成的目标。

（3）由于不得已原因而不能按期完成时，一定要提前和相关部门取得联系，将影响缩小在最小范围内。

14.2 精力管理是策划人员高效能的基础

14.2.1 精力，而非时间，是高效能的基础

策划人员所做的每一件事（从和同事的交流、做出重要决定到花时间和家人在一起）都需要精力。显而易见，我们常常没有考虑到工作中和个人生活中精力的重要性。如果没有充分的、全面的精力储备，我们所做的任何事情都会大打折扣。

我们的思维、情感和行为都对精力有影响，不论好坏。我们生活的最终衡量标准不是我们在这个星球上待了多长时间，而是我们在属于自己的时间上投入了多大的精力。

1. 对精力的适度把握是效能、健康和快乐的基础

不可否认，在生活中有糟糕的老板、不良的工作环境、难以处理的关系和实实在在的生活危机。尽管如此，我们对精力的控制能力远远超过我们一般所能认识到的。每天有多少个小时是固定的，但是我们能支配的精力的数量和质量却是可变的。精力是我们最宝贵的资源。我们对投入的精力越是认真负责，我们就越能控制局面，工作也就越有成效；我们越是指责他人、抱怨外部环境，我们的精力就可能变得越发消极、越发受到损害。

如果你能够集中精力，更加积极地面对工作和家人，这将在多大程度上改善你的生活呢？作为一名管理者，对工作投入更积极的精力和热情有多宝贵呢？如果你的下属有更积极的精力，这会如何影响他们相互之间的关系，以及他们对顾客的服务质量呢？

2. 领导者是一个组织（公司、团体甚至家庭）中精力的管理者

领导者首先通过有效支配自己的精力，然后通过有效调动、集中、投入以及恢复团队的集体精力来激发士气。个人和团体善于支配精力，这使我们所说的全方位投入成为可能。

要想全方位投入，我们必须在体能上精力充沛，在感情上相互联系，在思想上集中，在精神上和超越我们眼前私利的目的保持一致。全方位投入从早上盼望工作开始，晚上回家时还是同样高兴，并且能分清工作和生活二者之间的界限。这意味着能全身心地投入到某种使命中，无论是设法对付工作中有创造性的挑战，还是管理为一个策划项目而工作的一群人，或者是花时间和心爱的人在一起，或者只是想玩得开心。全方位投入意味我们生活方式的根本转变。

根据盖洛普机构在 2001 年初采集的数据，有不到 30% 的美国工人在工作中能全方位投入，大约 55% 的人"不投入"，另外 19% 是"积极地退出"（disengaged）——这不是说他们工作不开心，而是他们定期和同事分享那些感受。员工无事可做会带来数十亿美元的损失。然而更糟糕的是，员工在一个机构供职时间越长，他们就越不投入。盖洛普调查发现，工作 6 个月后，只有 38% 的员工仍然保持投入；3 年后，这个数字下降到 22%。考

虑一下你自己的生活。你在工作中是否做到了全方位投入？你的同事或那些为你打工的人又怎么样呢？

策划人员浪费精力以及不当使用他们的精力的种种方式让人感到忧虑。这些方式包括不良的饮食习惯，没有寻求定期恢复精力、补充活力，以及消极、精力不集中。策划人员按照精力的管理原则去做时，就会发现无论是在个人还是在职业生活方面，在自己的行动和同他人的关系上都变得更有效。

14.2.2 精力管理的四个原则

第一个原则：全方位投入需要利用四种独立但又相互联系的精力资源——身体的、情感的、思想的和精神的。

人是复杂的能量系统，全方位投入不是单方面的。在我们身体中积蓄的能量包括身体的、情感的、思想的和精神的。这四种动力都至关重要，任何一种都不能单独存在，却又可以有力地影响其他的动力。为了表现出最佳状态，我们必须巧妙管理这些相互联系的精力资源。无论减少这个组合的哪个方面，充分激发我们天赋和技巧的能力都会降低，就像一个气缸发动不起来发动机就会熄火一样。

精力是我们生活各个方面的共同特性。体能承受力（即身体上的精力储量）按数量来衡量（从低到高），情感承受力（即情感上的精力储量）按质量来衡量（从消极到积极）。这些是我们最基本的精力资源，因为没有充足的、高性能的"燃料"，任何任务都无法完成。精力越是消极、让人不快，就越不能让我们有好的表现；精力越是积极、令人愉快，它的效率也就越高。全方位投入和最大限度的效能只有在"高而积极"的区域中才有可能。

在退出的后果影响重大的时候，全方位投入的重要性最为明显。想象一下你正在面临开胸手术这种情况。你希望你的医生处在哪个精力象限？如果他进入手术室的时候，愤怒生气、灰心丧气、焦虑不安（在"高而消极"区间），你会怎么想？要是他过度操劳、疲惫不堪、心情压抑（在"低而消极"区间）呢？要是他漫不经心、松懈懒散（在"低而积极"区间）呢？显然，你想要你的手术医生精力充沛、自信、乐观（在"高而积极"区间）。

同样，当你沮丧地对人大喊大叫的时候，当你在项目中应付了事的时候，当你没有把注意力集中在手头的任务上的时候，你也可以把这些行为想象成是在危及某个人的生命。很快，你在管理精力方面就会变得不那么消极、轻率、马虎。我们要对支配时间的方式负责，因为这影响到我们的收入。我们也必须学会对管理身体、情感、思想和精神上的精力负至少同等的责任。

第二个原则：因为精力的储量会随着过度使用和不充分使用而下降，我们必须周期性地补充精力，来平衡精力消耗。

我们极少考虑正在支出多少精力，因为我们想当然地认为我们能得到的精力是无限的。事实上，不断增加的要求不断地消耗我们的精力储备——特别是当我们没有做出任何努力改变随着年龄的增长而不断损耗精力的状况时。通过全方位的培训我们可以大大减缓体能和智能的下降，实际上我们还可以不断深化情感和精神方面的承受力，直到我们生命的尽头。

相反，当我们过着非常直线式的生活——支出的精力远远超过恢复的精力或者恢复的精力远远超过我们支出的精力，最终的结果是，我们精神崩溃、精疲力竭、体能下降、失去热情、生病甚至过早地离开这个世界。让人感到悲哀的是，对恢复精力的需求往往被看作虚弱的表现，而不是保持效能所必需的一个方面。结果，我们几乎从不注意补充和扩大我们的精力储备，无论是个人还是团体。

我们在生活中要保持精力旺盛，就必须学会如何按照一定的周期消耗和补充精力。

最丰富、最开心和最有成效的生活的特点是有能力在迎接挑战的时候全方位投入，而且还要定期让自己适时退出以补充精力。相反，我们中的许多人把生活看成是没有终点的马拉松赛跑，逼迫自己透支健康。在思想和情感上，我们在没有充分恢复的情况下一味地支出精力；在身体和精神上，我们的精力恢复有余而支出不足。无论是哪种方式，我们都会慢慢而无情地耗干精力。

想象一下很多长距离赛跑者的样子：憔悴，面有菜色，身体有点塌下去，感情漠然。现在想象一位像琼斯或者约翰逊这样的短跑选手。短跑选手一般看上去强劲有力、有爆发力并且渴望将自己推到极限。对此的解释很简单：无论他们所面临的要求有多高，跑道尽头100米或200米处的终点线却是清晰可见的。我们也一样，必须学会把我们的生活看成是一段段的短跑——在各个时段中全方位投入，然后全身心地退出，在重新跳回到冲突中去面对任何挑战之前寻找机会补充精力。

第三个原则：要增强承受力，我们必须让自己超越通常的限度，按照杰出运动员的方式进行系统的培训。

压力不是我们生活中的敌人。相反，它是我们成长的关键。为了增强肌肉的力量，我们必须系统地对它施加压力，消耗超出一般水平的能量。这样做实际上会导致肌肉纤维出现极小的撕裂。一次训练结束后，会累得什么都干不了。但是给肌肉24~48小时的恢复时间，它会变得更强壮并能更好地经受下一次训练。这种训练主要是用于增强身体能量，但和锻炼我们生活中方方面面的"肌肉"也有一定的相关性——从移情和耐心到专注和创作，再到诚信和承诺。适用于身体的同样适用于我们生活的其他方面。这种认识简化并革新了我们接近挡在我们路上的障碍的方法。

我们用和增强身体承受力完全一样的方式增强情感、思想和精神上的承受力。

我们通过支出超过正常水平的能量然后恢复，从而在各个层次上增强自己的能力。让肌肉接受一般的训练，肌肉是不会增强的。随着年龄的增长，肌肉实际上会变得越来越没有力气。锻炼任何"肌肉"的制约因素是我们中有很多人在稍感不适时就退缩了。为了适应我们生活中不断增长的要求，我们必须学会系统地锻炼承受力还不够的肌肉。让人感到不适的任何形式的压力都有可能增强我们的承受力——身体上、情感上、思想上或精神上，只要接下来进行适度的恢复。就像尼采说的那样："那些不会置我们于死地的东西会让我们变得更强壮。"因为对公司型运动员的要求比对职业运动员的要求更高更持久,他们学会系统地进行训练也就更加重要。

第四个原则:积极的精力仪式——用于管理精力的非常具体的惯例,是全方位投入和持续的高效能的关键。

转变并非易事。我们是习惯型的动物。我们所做的大多数事情都是习惯性的、无意识的。我们昨天做过的事也是我们今天可能做的事。我们为了进行转变所做的大多数的努力的问题在于,这种有意识的努力不能维持很久。同我们大多数人的认识相比,意志和纪律的作用要有限得多。如果每次你做什么事都不得不考虑它,你很可能不会坚持做很长时间。现状就像磁石一样抓住我们。

积极的仪式是这样一种行为,它在一些根深蒂固的价值观的推动下,日久天长,习惯成为自然。

我们有意用"仪式"(ritual)这个词来强调一种仔细界定的、非常有条理的行为。意志和纪律需要你迫使自己行事,与此不同的是,仪式吸引你行事。想一想就像刷牙那么简单的事情。这不是你一般要提醒自己去做的事情。在明确的健康价值的推动下,刷牙是你觉得吸引你去做的事情。你刷牙很大程度上是自觉的,没有太多的有意识的努力或意图。仪式的力量在于,它确保我们在不是绝对必要的地方,耗费尽可能少的有意识的精力,从而能以创造的、充实的方式战略性地集中现有的精力。

看看你生活中任何一个效率一直很高的部分,你会发现是某些习惯使之成为可能。如果你吃得很健康,可能是因为你已经就你买的食物和你在饭店愿意点什么形成了习惯;如果你身体健康,可能是因为你定期定时锻炼;如果你做销售工作很成功,可能是因为你习惯了对打电话有思想准备,以及在遭到回绝的时候自我激励以保持积极的心态;如果你能很好地管理其他人,你也许形成了一种对别人的意见进行反馈的风格,这种风格让别人觉得受到鼓舞而不是威胁;如果你和自己的配偶及子女关系密切,你可能有和他们共度时光的习惯;如果你在应对要求非常高的工作时还能保持充沛而积极的精力,差不多可以肯定你有保证能不断恢复精力的方法。创造积极的仪式是我们已经发现的为全方位投入而有效管理精力的最有效的方式。

14.3 策划人员管理精力的途径

延长工作时间之所以不可取,是因为时间是一种有限的资源。相比之下,能量则不同。物理学将能量(Energy)定义为工作时可资使用的潜在能力。对于人类来说,能量主要来自四个源泉——身体、情绪、思想和精神,通过形成特定的习惯,以上每个源泉都能为人类系统地增加并定时补充能量。所谓特定的习惯,就是有意识地按照严格的时间表进行日常活动,并尽快使它们转变为无意识的、自动自觉的行为。为了有效地给员工补充能量,组织的着眼点必须从"向员工索取更多"转移到"为员工付出更多",这样,他们才会鼓足干劲,才能为每天的工作投入更多。

14.3.1 身体能量

1. 身体能量的含义

身体能量的重要性对运动员、建筑工人和农民似乎比较明显。而对其他人的评价，则主要是看脑力而非体力。我们往往不重视身体能量对效能所起的作用。在大多数工作中，身体能量被完全从效能公式中删除了。实际上，身体能量是燃料的基本来源，即使我们的工作几乎是坐着完成的。它不仅是机敏性和生命力的核心，还会影响我们处理感情、保持精力集中、进行创造性思考的能力，甚至会影响我们对所从事的任何工作全力以赴的能力。领导者和管理者们认为他们可以忽视精力中身体这一面，而仍然希望他们的手下有最佳的表现，他们这样做，犯了一个根本性的错误。

从最基本的意义上说，身体能量源自氧和葡萄糖的相互作用。按照实际情况讲，我们精力储备的多少取决于我们呼吸的模式、我们吃的食物以及何时进食、睡眠的时间和质量，我们在一天当中能周期性恢复的程度和我们的健康水平。在体力消耗和恢复之间建立有节奏的平衡，确保我们的精力储备保持相对固定的水平。迫使自己超过舒适区，然后恢复，是一种提高身体承受力的方式，可以改善因身体能量不足而无法满足要求的情况。

我们生命中最重要的节奏是那些我们往往认为是理所当然的——最明显的是呼吸和饮食。极少有人考虑过呼吸。只有在极少数我们缺氧的情况下氧才变得宝贵——吃东西噎着了，被水淹了，或者受肺气肿这样的病的折磨。即使呼吸方式发生了重大变化也往往得不到重视。比如，焦虑和生气会明显地使呼吸变得急促，这对于处理眼前的威胁非常宝贵。但是，这种呼吸方式很快会减少我们得到的能量，削弱我们恢复思想上和感情上平衡的能力。结果可能是一个恶性循环，这说明了为什么对付生气和焦虑的一个最简单的方法是做深呼吸。

呼吸是非常有力的自我调节工具——一种打起精神和彻底放松的方式。比如，长呼一口气会促进恢复。吸气数到三、呼气数到六会减少外界的干扰，不仅能使身体静下来，还能让思想和情绪平静下来。平稳的和有节奏的深呼吸同时是精力、机敏性和专注以及放松、安静和平静的源泉。

2. 吃的讲究

我们生命中身体能量重要的来源是我们的食物。我们中大多数人并没有经历过太多长时间的饥饿，但是我们都知道挨饿时肚子里的感觉，以及对我们有效发挥各方面能力的影响。饥肠辘辘时很难过多考虑食物以外的问题。另一方面，长期吃得过多，意味着太多的"恢复"，会导致肥胖和精力受损，对效能和健康都会造成影响。富含脂肪、糖和简单碳水化合物的食物可以使人恢复精力，但是同低脂肪高蛋白的食物（像蔬菜和谷物这样的复杂碳水化合物）相比，它们的能效要低。

吃得好些显然有它自己的好处，包括减轻体重、看上去气色更好、改善健康状况，所有这些都可能带来积极的精力。当你早上醒来，已经有 8~12 个小时没有吃东西了，即使你没有明显感觉到饿，你的血糖水平也会处于低谷。吃早饭非常重要。早饭不仅可以提高你的血糖水平，还可以带动新陈代谢。

同样重要的是吃血糖指数低的食物。血糖指数衡量的是糖从具体的食物中释放到血液中的速度。缓释可以提供更稳定的能量来源。比如，提供最高效和最持久的能量来源的早餐食品包括全麦食品、高蛋白质食物和水果（如草莓、梨、葡萄和苹果）。相反，血糖含量高的食物（如松糕或含糖麦片）虽能强化短期能量，但是30分钟内就消耗光了。甚至传统上视作健康的早餐（一个面包圈和一杯橙汁）的血糖指数也非常高，因此并不是好的持久的能量来源。

为了使身体的承受力达到最强，我们必须和真正的身体满足感更合拍：既不觉得饿也不觉得撑着了。我们两餐之间间隔太长然后马上又吃很多食物来补充。因为我们的能量需求往往随着夜晚的来临、新陈代谢的减缓而降低，早上吃得多些晚上少些是有道理的。

喝水也许是补充体力的来源中最没有得到应有评价的。与饥饿不同，渴并不是表示需求的准确的晴雨表。等到我们觉得渴的时候，我们已经脱水很久了。越来越多的研究表明，一天中定期喝至少1.8升的水可以通过多种重要的途径提高我们的效能。比如，肌肉脱水仅3%，就会丧失10%的力气和8%的速度。不够充足的水合作用也会影响精力的集中和协调。

3. 生理周期和睡眠

除了吃饭和呼吸，睡眠是我们生活中恢复精力最重要的来源。睡眠也是包括体温、荷尔蒙水平和心率在内的日夜节奏中作用最大的。策划人员大多睡眠严重不足，但是极少有人承认睡眠不足如何极大地影响他们的效能和他们工作时以及在家里的投入程度。

睡眠不足对我们的力量、心血管的承受度、情绪和总体精力水平也有重要的影响。研究表明，思想的效能（反应时间、精力集中、记忆力和逻辑/分析推理）会随着睡眠不足的加剧而稳步下降。睡眠需要因年龄、性别和遗传倾向性而变化，但是科学上比较一致的看法是，普通人一个晚上需要7~8小时睡眠以便让身体处于最佳状态。

我们具体的睡眠时间还会影响我们的精力水平、健康和效能。无数的研究证明，实行倒班的工人——指的是那些上夜班的人，出交通事故的数量是上白班的人的两倍，而且还容易出相当多的工伤事故。夜班工人比白班工人患冠状动脉疾病和心脏病的可能性要高得多。说得再广些，过去20年里每一场大的工业灾难——切尔诺贝利核电站核泄漏事故、埃克森·瓦尔迪兹号油轮泄漏事故、博帕尔工业化学环境污染灾难，美国三英里岛核能电厂事故，都发生在半夜，很大程度上就是因为那些当班的人已经工作了很长时间，造成了相当严重的睡眠不足。

你工作的时间越长，越是连续工作，工作到越晚，你的效率就越低，就越容易出错。

除了补充精力的功能外，睡眠还是一个长身体和恢复的时间——这些活动大多数都发生在深层睡眠阶段，这时主要是慢速脑波起主导作用。在这个阶段，细胞分裂最活跃，释放出最多的生长激素和恢复酶，白天一直很紧张的肌肉也有机会得到恢复。简而言之，我们在睡眠最深阶段得到最大程度的复原和生长。

14.3.2　情感能量

1. 情感能量的含义

身体能量是激发我们情感上的技能和天赋的原动力。为了做出最佳的表现，我们必须尽量拥有愉快、积极的情感：高兴、挑战、冒险和机会。由威胁或者不足而产生的情感——担心、挫折、生气、伤心，毫无疑问有毒害作用，这些情感和特定的压力激素（最明显的是皮质醇）的释放有关。按照我们的观点，情商就是这样一种能力：熟练地管理情感，从而促进非常积极的精力和全方位投入。实际上，为积极的情感提供动力的关键的"肌肉"或能力是：自信，自制（自我调整），社交技巧（有效处理人际关系）和理解别人的感情。更小的、支持性的"肌肉"包括耐心、坦诚、信任和欢乐。

能否得到最能促进效能的"情感肌肉"，取决于在定期锻炼和周期恢复之间创建一种平衡。就像我们消耗心血管的承受能力或者让二头肌承受压力导致衰竭一样，如果我们不断支出情感能量而不进行恢复，我们也在逐渐耗干自己的情感。当我们的"情感肌肉"很虚弱或不足以满足要求时，比如，如果我们缺乏信心或者特别没有耐性，我们必须通过设计出训练仪式，迫使自己超越能力极限，然后进行恢复，从而系统增强自己的情感承受力。

身体和情感的承受力是紧密联系在一起的。当我们为了满足要求开始消耗身体能量的储备时，一个后果就是我们开始有紧迫感。我们进入"精力充沛但却消极"这个精力区域，提醒我们某些需求没有得到满足。这恰好就是发生在罗杰的生活里的情况。因为他几乎就没注意补充身体能量，他的油箱里的燃料随着时间的推移而减少。同时，他认为生活中的压力和要求在无情地增加。由于感觉没有受到老板的重视、担心自己的工作、无暇顾及家人，罗杰感觉越来越陷入焦虑不安、挫折失败和提防别人的情绪中。

从精力的角度看，消极的情感代价很高而且效率很低。就像一辆费油的汽车，消极的情感很快就消耗掉我们的精力储备。对于领导者和管理者们来说，消极情感的危害是双倍的，因为这些情感容易传染给别人。如果我们让别人产生害怕、生气和提防的情绪，我们就在不断损害他们的效能。长期的消极情感——特别是生气和压抑，还和背部疼痛、头疼到心脏病、癌症等很多不适及疾病有关。

2. 享受和情感补充

简单地变个方式就是一种在情感上重新得到动力的有效方法。对多数人来说，仅仅是因为能够使他们开心并丰富他们的情感的养分而参加活动的情形十分罕见。想一下你自己的生活。每个星期有多少个小时你纯粹是为了愉悦和精力上的补充而参加活动？你觉得彻底放松的时间能有百分之多少？你最近一次真正抛开工作，觉得完全和工作没有关系是什么时候？

任何愉快的、有成就感的、肯定的活动都会促进积极的情感。参加什么样的活动取决于你的兴趣，这样的活动可能是唱歌、园艺、跳舞、练瑜伽、读一本吸引人的书、体育运动、参观博物馆、听音乐会，或者就是在和他人度过忙忙碌碌的一天之后独自一人度过一段安静的、思索的时光。我们发现，关键是把这些活动当成是优先考虑的事，把你投入到这些活动上的时间看成是最神圣的。关键是，参加活动的回报不仅仅就是愉悦，实际上，它还是持续的效能的重要组成部分。

情感补充的深度和质量是另外一回事。这取决于活动有多吸引人，在多大程度上让人在情感上更丰富，让人更充满活力。比如，电视是大多数人放松和恢复的基本方式之一。可是，在很大程度上，看电视相当于在思想和情感上吃垃圾食品。看电视可能会提供一种临时的恢复形式，但是基本上没什么营养，而且很容易吃得太多。研究人员发现，长期看电视实际和焦虑加剧、低程度的抑郁有关。反之，情感恢复的来源越丰富越有深度，我们就能积蓄越多的精力，我们就能越有精神。有效的情感补充让我们能更好地表现，特别是在有压力的情况下。

即使我们定期找机会补充精力，也有对我们的要求超过我们情感承受力的时候。就像如果你不冲击自己的极限，你能举起的重量就这么多一样，在没有转化成消极情绪前，你就只能承受这么多情感要求。锻炼情感承受力最好的方法，就像锻炼身体的承受力一样，是逼迫自己突破目前的舒适区，然后进行恢复。

也许在全方位投入和高效能的障碍中，没有比缺乏安全感和自尊心不强更普遍、更令人烦恼的了。一些复杂和微妙的因素能解释产生这样的情感的原因，但是在树立更强的自信心方面，积极的精力仪式仍然是有效的。

对情感承受力最深层的表现是经历各种感情的能力。因为让大脑同时把握两种相反的神经冲动非常困难，我们往往会选择占上风的一方，重视某些情感技巧而忽略甚至贬低其他的。比如，我们可能高估坚强而低估柔弱，或者正好相反，而实际上两个代表的都是我们生活中重要的"情感肌肉"。这也适用于很多其他的对立面：自制和自发，诚实和同情，慷慨和节俭，直率和谨慎，热情和超然，耐心和急切，小心和大胆，自信和谦卑。

14.3.3 思想能量

1. 思想能量的含义

就像身体能量是情感能量的基本动力一样，身体能量也是思想能量的动力。没有什么比不能把精力集中在手头的任务上更影响效能和投入的了。为了以最佳的状态工作，我们必须能保持精力集中，在由宽到窄、从外到内的专注范围间灵活地移动。我们还需要尽可能地拥有现实主义的乐观精神。这是一个看似矛盾实则正确的概念，指的是按照世界本来面目认识世界，但是总是朝着期望的结果或解决方案而努力。任何促进适当的集中和现实的乐观主义的事情都可以为效能服务。为最优的思想能量提供动力的主要"肌肉"包括：思想准备，心灵演练，自我积极对话，有效的时间管理以及创造力。

就像身体和情感那样，思想上的承受力也来自精力消耗和恢复之间的平衡。为了休息和恢复活力而周期性地改变思维方式，决定了保持适当的集中和现实的乐观主义的能力。当我们缺乏要达到效能的最佳状态所需的"思想肌肉"时——如果我们的注意力持续时间太短，观念太悲观，或者观点太僵化，视野太狭隘，我们必须通过系统的训练来增强承受力。

身体、情感和思想方面的精力储备之间相互依存。在身体方面，因为睡眠太少或健康状况不佳而导致的疲劳感会进一步导致精力分散。在情感方面，像焦虑、挫折和生气这样的感觉会妨碍精力的集中，破坏乐观的精神，特别是在面对较高的要求时。

2. 集中思想可以加强能量

如果有一大堆任务摆在面前，就必须同时着手处理，但实际上，这种做法会降低工作效率。一心多用的代价是昂贵的，如果将注意力从一项任务暂时转移到另一项，会延长完成主要任务所需要的时间，差不多要延长25%。

而有效的方法是：如果能在90～120分钟内集中全部精力去做一件事，然后好好休息一下，接着投入下一场活动，那么你的效率就会高得多。

某人工作积极、干劲十足，过去，他总是一听到邮件到达的提示音就赶紧回复，结果一天下来他不断被电子邮件打扰。后来，他为自己制定了一项习惯，每天只查看两次邮件。以前他总是被这些邮件弄得手忙脚乱，却仍然无法一一及时回复，而现在，每次打开邮箱后，花上45分钟时间集中精力进行处理，结果发现一次就可以把所有的邮件全部搞定。

如果你发现自己难以做到专心致志，那么你可以通过制定习惯来减少科技生活带来的无情干扰。有三套习惯可以借鉴：第一套是，每当你需要专注于某项任务时，可以离开办公室进入会议室，躲开电话和电子邮件的打扰。第二套是，开会时不接电话，会后回电话。第三套习惯是，系统地专注于能够带来最长远优势的活动。人们对于极具挑战性的工作往往不是干脆退而避之，就是到了最后关头才匆忙上阵，除非事先特意为它安排好时间。有种比较有效的习惯是每天晚上确定出第二天最重要的挑战，把它作为次日早晨上班后的首要任务。这样的结果是，常常到了上午10点钟自己这一天好像就已经硕果累累了。

14.3.4 精神能量

1. 精神能量的含义

我们在某一时刻可以消耗的精力的数量是我们身体承受力的反映。我们消耗自身能量的动力主要是精神层面的问题。从根本上说，精神能量是我们生活中各方面行动的独一无二的动力。它是我们的动力、毅力和行动方向的最有力的源泉。我们没有按照宗教意义来界定"精神"的意思，而是采用更简单、更基本的措辞和一套最不易改变的价值观、超越自身利益的目的的联系。从实际的角度看，无论我们肩负什么样的使命，任何能点燃人类精神火炬的事物，都可以为驱动全方位投入服务，为我们的最佳效能服务。为精神能量提供动力的关键"肌肉"是性格——按照自己的价值观生活的勇气和信念，即使这样做需要个人牺牲并历经艰辛。支持性"精神肌肉"包括热情、承诺、诚信和诚实。

通过恰当地关爱自己来平衡对他人的责任可以保持精神能量。换句话说，按照我们自己最坚定的价值观生活的能力，依赖定期补充我们的精神能量——找办法休息、重新焕发精神并重新和我们认为最鼓舞人心、最有意义的价值观相联系。当我们缺乏足够的精神能量时，我们必须通过系统的方法再进一步——挑战我们的自满和私利。

比起精力的其他层面，精神能量的消耗和补充更深地交织在一起，而且往往是同时发生的。几乎全部思考活动都会说到精神"工作"和精神"实践"。这些活动的目的可能是为别人服务，深化我们的同情心或者帮助我们体验人与人之间的相互联系性。另一方面，精神能量的补充来自我们的目的感以及最不易改变的价值观，并和它们相联系。

有些活动不需要大量的能量消耗就能产生相当大的精神恢复。这些活动包括在自然环境中散步，看一本鼓舞人心的书，听音乐或者听一位伟大的演说家的演讲。相反，精神实践可能同时既补充精力又需要精力。比如，冥想需要调动高度集中的注意力让大脑静下来，但是也可能有助于重新获得豁然开朗、相互联系甚至喜悦的感觉。像瑜伽一样，冥想是一种能涉及所有方面、既可以增强精神承受力还可以让思想和情感得以恢复的做法。

定期想想我们最坚定的价值观并对它们负责是件既困难又费力的事，但是它也可以鼓舞我们的士气，让我们变得精力充沛。从更基本的层面上说，拿出时间和精力给我们的孩子们，既是一种精神"实践"——为了满足他们的需要而牺牲我们自己的迫切需要，也是在情感上和精神上补充精力的丰富源泉。同理，为他人提供的所有服务，其中也包括相当多的努力甚至不便，但是也许还会带来深远的意义和深深的满足感。

2. 精神追求可以激发能量

当人们的日常工作和活动与他们最珍视的、能够赋予他们意义感和目的感的东西相一致时，他们的精神能量就会发挥作用。如果他们正在做的工作对他们真的很重要，他们通常就会感到精力充沛，注意力集中，并能够持之以恒地坚持下去。遗憾的是，高要求、快节奏的职场生活让人们很少有时间去关注这些问题，许多人甚至没有意识到，生活意义和目的的追求也是能量潜在源泉。

某会计师就是从向自己提出的一连串问题中受到启发和鼓舞的，他从中找到了哪些事情对他是有意义的。他告诉我们："我认为，我们应该做些反省，问问自己希望别人想起你这个人时，脑子里是怎样一种印象。"

为了从精神中获取能量，人们需要理清优先事项，并以此为准在三个方面制定习惯：

（1）做自己最擅长和最喜欢做的工作。如何找到自己的强项？①回顾过去几个月中的工作经历，至少找出两个让人觉得多产高效、愿意全身心投入、充满灵感和成就感的"得意之处"。②然后对这些经历进行解析，具体找出哪些因素给予如此的激励，从事这项工作时又发挥了哪些才能。③制定一种习惯，以鼓励在工作中多去做那些自己既喜欢又擅长的事。

（2）有意识地为生活中最重要的领域分配时间和精力，认真工作，关心家庭、健康和他人。把时间和精力投入到对你至关重要的事项中。在这一点上，我们常常表现矛盾性——说的是一回事，做的又是另一回事。

（3）此外还要在日常行为中奉行自己的核心价值观。这对于许多人来说是个挑战，大多数人每天奔波忙碌，行色匆匆，很少能静下来问自己：我的立场是什么？我想成为怎样的人？结果是我们总是听任外界的要求来支配自己的行动。

本章小结

策划人员的工作压力越来越大，每一天都安排得满满当当、上紧了发条。面对与日俱增的工作和生活压力，传统的时间管理已经显得不够。因为一天中有多少个小时是固定的——员工的时间尤其是高效工作时间是有限的，企业不可能也不应该无限压榨员工，但是我们所能调动的能量（精力）却不是这样。企业可以通过给员工创造提升能量系统的环境来提升员工的工作效率。策划人员所做的每一件事（从和同事的交流、做出重要决定到花时间和家人在一起）都需要精力。显而易见，我们常常没有考虑到工作中和个人生活中精力的重要性。如果没有充分的、全面的精力储备，我们所做的任何事情都会大打折扣。我们的思维、情感和行为都对精力有影响，不论好坏。我们生活的最终衡量标准不是我们在这个星球上待了多长时间，而是我们在属于自己的时间上投入了多大的精力。

核心概念

时间　　时间管理　　精力管理　　全方位投入　　承受力　　精力仪式　　能量

思考与练习

1. 举例说明时间管理的误区。
2. 为什么说"精力管理是策划人员高效能的基础"？
3. 试分析精力管理的四个原则。

Chapter 15

第 15 章

策划组织与流程

在我国，很多企业尤其是中小企业还不是很重视策划这一职能，不少企业没有策划部门或者相关的职能部门，而在日本和中国台湾，绝大多数企业都设有策划部门，而且策划部门扮演着重要的、不可或缺的角色。

学习目标

1. 了解各类策划组织结构设计
2. 掌握各类策划流程

15.1 商务策划组织

企业的策划职能可以外包也可以由企业自身的策划部门来承担。随着经济的发展和竞争的日益激烈，策划作为中国企业正常职能的趋势越来越明显。在日本和中国台湾地区，策划是非常重要的企业职能。

企业具有优良的策划组织，将有益于公司的策划工作与运作管理的过程。然而没有一种标准的策划组织结构和最适当的模式可适用于各企业体，各企业内部影响策划组织的因素包含：公司规模的大小、公司集权程度、产品的性质、高层主管个性、公司策划经验以及公司财务情况等。就公司策划组织类型而论，Steiner 于 1966 年发现正式的策划组织类型可分为五大类，从简单至复杂依序为：第一类为公司内并无策划组织单位与人员；第二类为公司内无正式的策划工作组织，策划只为主管者工作的一部分；第三类为企业的职能部门内设有正式化策划单位，策划人员隶属该单位；第四类为公司各职能单位内皆设有策划人员，此情形属分权式性质，责任为各单位首长负责；第五类则为策划部门设于总公司内，而一般职能单位并无策划人员，此形态多为集权公司采取。

15.1.1 策划部门

策划部门是企业的最高智囊单位，最主要的工作在于协调各部门建立共识，拟定各种类型的策划案，发挥企业整体作战力，达成各阶段的目标。一般而言，策划部门的功能可区分为属较长期战略性工作的企业策略规划与属较短期战术性工作的一般性策划两大类。从理论与实务角度来看，公司的策划报告与内容层级可区分为二种层次。①"策略性（战略性）"策划报告：为长远发展性报告，属公司高层主管对公司整体营运策略性的发展或跨部门、跨公司营运重大事项所提出的策划报告；②"战术性（部门）"策划报告：为日常营运报告，不是属于全公司、全集团层面，而是一般个别部门日常营运所需的部门策划报告。

就策划部门名称方面，因公司的性质、组织分类、开发产品等不同，各个公司都有其专属策划单位的名称。梅泽庄亮与星野匡（2001）提到各企业体中虽同是策划部门，但其性质实有差异，因此策划单位名称也有不同，有的为拟定相当于该企业本身的经营计划的部门，而叫"经营策划部门"；有的为进行有关新产品、新服务的策划部门，以"开发部"或"策划部"作单位名称等，这些部门的工作人员就是策划人员，且策划人员大致可分为技术体系的策划人员与事务体系的策划人员。Hamper & Baugh 针对策划团队（见图 15-1）提出，成功的策划团队须拥有监督策划流程的经营主管、技术与专业知识的成员、以及专属策划团队的设备等三大要素，而团队成员包含：①策划经理：工作是要建立团队，并能激励成员、协助组织整建工作、鼓励成员间沟通与互信，为达成企业的目标而努力；②协调人：由策划经理选出，主导旗下成员工作并向经理报告，其有助于强化公司内不同部门或分支的横向沟通联系，使策划流程更顺畅；③策划成员：通常从公司各阶层人力中网罗，以专长挑选人才，有时会需要外界顾问或合作公司来组成完整的策划阵容；④策划案开发专业人士：有些企业会运用由专业顾问、专家组成的团队，全职规划、开发不同领域的客户。

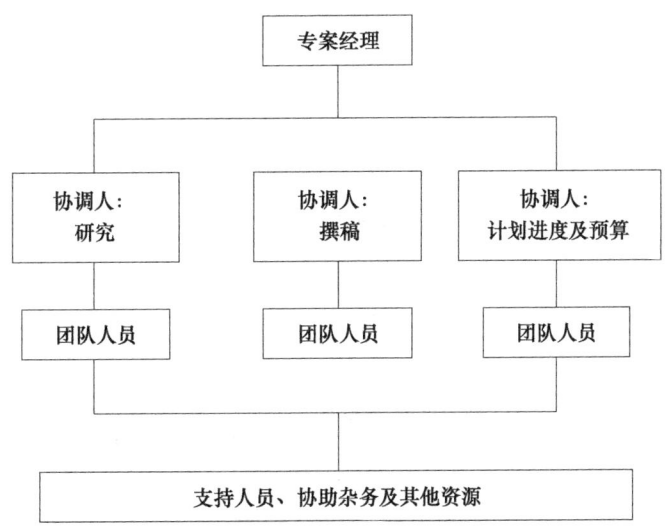

图 15-1　团队组织架构

资料来源：策划案撰写手册，张文娟译. Hamper, J. R. & Baugh, L. S: Handbook for Writing Proposals，麦格劳－希尔出版社，2001：31.

公司策划幕僚和其他与策划有关系人员的工作范围，会因公司策划组织的主要形式的不同而有所差异，其所影响的因素为：①集权与分权的公司：因权力的程度影响公司全面的策划制度，集权式公司其策划部只设于总公司，所以总公司策划部门必须把其他企业内职能部门所发展的计划统合起来，而分权式公司则将策划幕僚工作分派下去；②公司的规模：策划部门的组成形态与作业内容因公司规模大小而不同，于小公司总经理就是策划幕僚，若公司扩大则策划部门就是最高主管的策划幕僚；③策划幕僚的指导者：目前经营公司越来越趋向团体作业，今日首席执行官需要个人与团队努力互相配合以解决各种问题，设置高阶层的策划委员会是达成此境界的有力工具；④策划部门的分工：策划部门扮演着协调者的角色，其主要业务即为多角化，良好的分工也是帮助策划案成功的关键；⑤董事会的角色：大多数公司董事会是其策划制度的发动者和控制者，但不积极参与策划制度的执行；⑥策划部门的职责范围：公司设立策划部门，其必对主管人员的决策发挥影响，但因公司制度的不同在职责范围上也多有差异。

15.1.2 传统的金字塔型策划组织结构设计

日本和中国台湾地区的中、大型公司都会设置策划部门负责全公司或集团的策划事宜与任务，大致分为三种类型，第一种类型为专责策划幕僚单位，这种类型又可以分为三种结构：①设策划人员，直接隶属于董事长；②设策划部门，直属总经理；③直属总经理，但策划部门列入职能型与一般部门平行（见图15-2、图15-3、图15-4）。

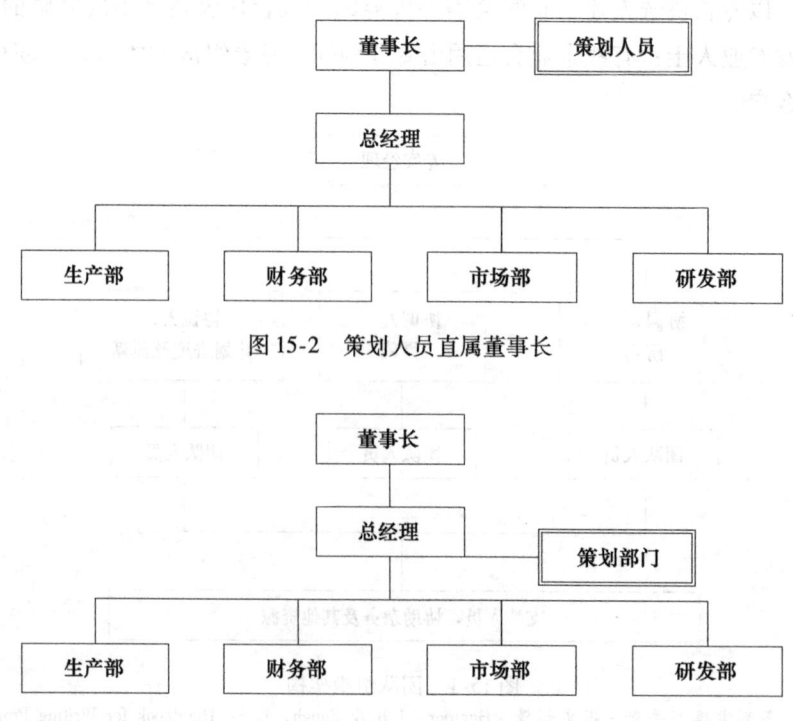

图15-2 策划人员直属董事长

图15-3 策划部门直属总经理

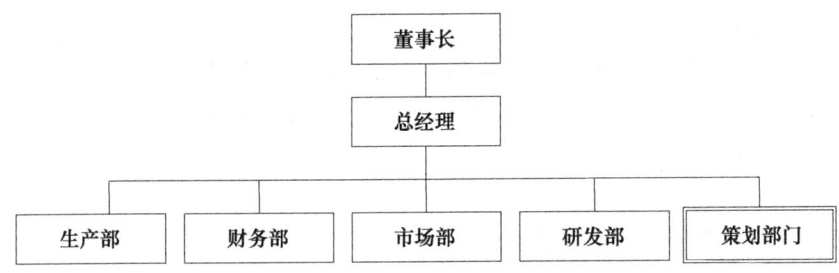

图 15-4　策划部门直属总经理，但与其他职能部门平行

第二种类型为策划职能从属于一般职能部门，目前较经常附属于生产部门、营销部门、业务部门以及财务部门等，其层级较专责策划部门低，主要协助该隶属部门，在权责统一下由该部门主管负责（见图 15-5）。

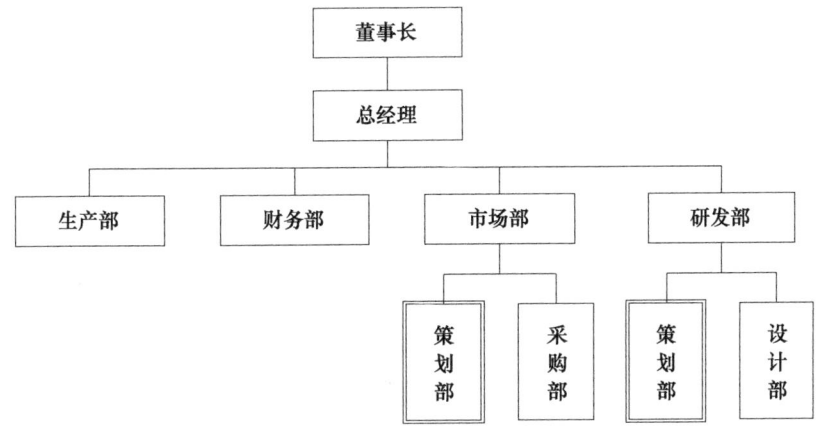

图 15-5　策划部配属一般部门内

第三种类型为成立专责策划项目小组或策划项目委员会，这种组织结构通常是因为公司有某重大事项或跨部门、跨公司的作业需求而成立，并常由公司董事长、总经理来担当领导，属最高层级策划单位（见图 15-6）。

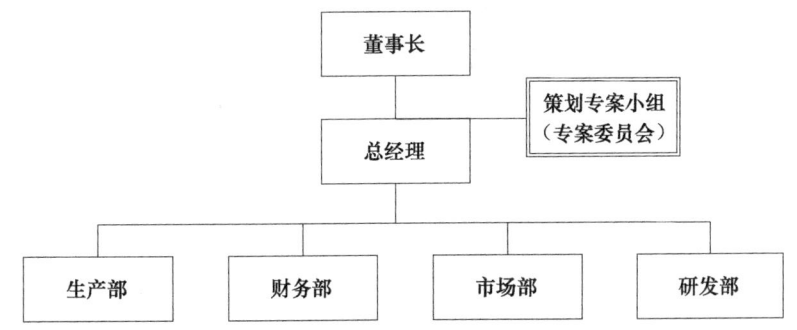

图 15-6　专责策划项目小组或策划项目委员会

上述的三种类型组织模式，也可能同时并存于公司中，彼此专业分工，各司其职并无重叠与冲突。企业的策划体系至少应包括三个层次的组织单位：第一由各重要一级主管组

成的"策划决策委员会",最高主管或执行副主管担任主席;第二为充当最高主管的幕僚参谋的"策划处",由兼具实务与学理知识的专家充任参谋人员;第三为属于各重要部门与分支机构主管的"策划幕僚",若机构规模较大,在第三种组织阶层下可依序设第四、第五阶层的策划幕僚,协助各级主管实践计划职能。

15.1.3 梳子型组织策划组织结构设计

关于策划组织的组成方式,梅泽庄亮与星野匡认为策划职能的"梳子型组织"较传统的"金字塔形组织"更加适当。传统金字塔型策划组织(见图15-7)的组织成员较为固定,因此彼此非常了解,很容易产生某种习惯,从而使工作方法趋于守旧;梳子型策划组织(见图15-8)是针对每项策划组成新的小组,不但能发挥巧妙功能,同时也可得到创新性的成果,属能激荡出极大效果的策划组织。

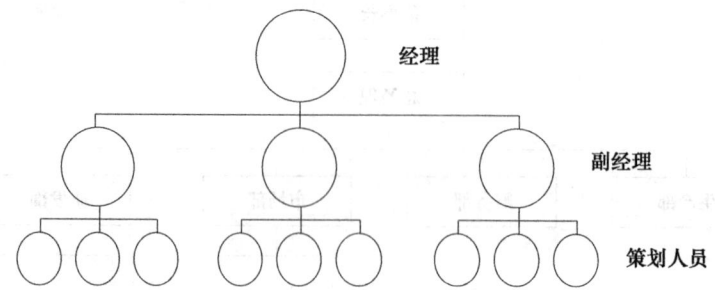

图15-7 金字塔形组织

资料来源:梅泽庄亮,星野匡.企划书[M].台北:新潮社文化事业有限公司,2001:76.

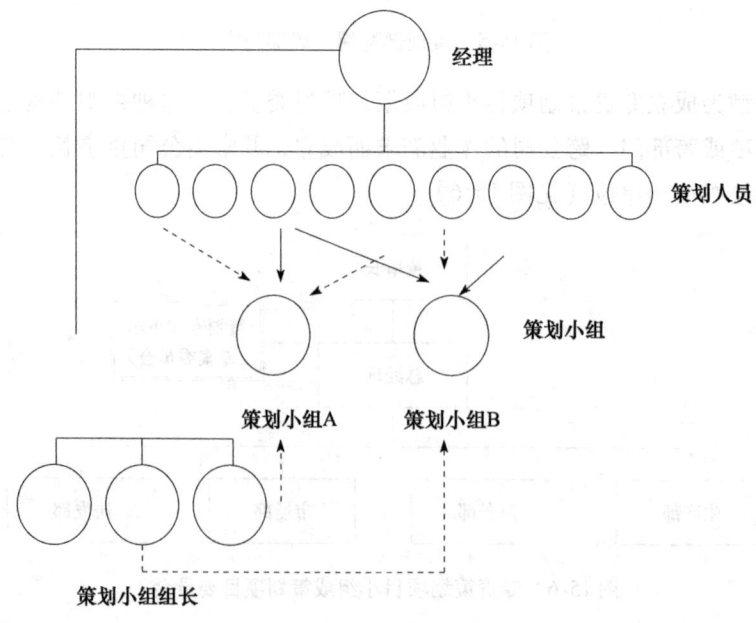

图15-8 梳子型组织

资料来源:梅泽庄亮,星野匡.企划书[M].台北:新潮社文化事业有限公司,2001:76.

15.2 策划流程

所谓"流程"是指一系列的步骤，好的策划不仅仅是一思即得或者灵光一现的简单构想，更是一系列思考步骤的结晶体。策划过程可说是策划制定的流程与步骤，也是策划合理进行的途径，必须经过许多的阶段和程序，是一个思维过程，这个程序也是科学、逻辑的思维程序。

15.2.1 一般性商业实务型策划流程

策划至少应包括四种连贯的脑力行为：第一为设定组织使命、业务种类、目标、战略与政策等计划的"策划活动"；第二为设定实际行动方案计划的"规划活动"；第三为设定财务汇编计划的"预算活动"；第四为安排资源分配与使用的"排程活动"。换言之，完整的策划活动应包含计划、规划、预算及日程安排等，才能产生指导执行活动的效用。

策划程序可以分为四阶段十五步骤：

第一阶段为明确策划主题，包含：①寻出策划对象；②选择策划对象；③明确策划对象；④调查并把握策划对象。

第二阶段则是建立整体方案架构，包括：⑤构思策划方案；⑥制定策划目标；⑦寻找策划的线索；⑧整理繁复的思绪以产生构想等步骤。

第三阶段则将构想拟定成系统性的策划书，步骤为：⑨整理策划；⑩臆测策划；⑪选择、取舍策划案的内容。

第四阶段是在组织内提出策划案争取实行机会，并注重后续检讨结果，包括：⑫提出策划案的准备；⑬提出草案；⑭设法争取实行的机会；⑮参考其他策划。

这些策划步骤大致可分为前作业、主作业、后作业：前作业包括主题设定、背景分析、现状分析等三步骤；主作业则是形成新理念或观念，为构成策划案的核心；而在后作业方面，为进行成案的评估与检讨可行性，并实际形成策划书或提案书。

梅泽庄亮与星野匡依目前企业现状提出实战实务型策划步骤，程序为：①了解拟定策划步骤；②掌握、发现课题；③整理相关各项条件；④制订与准备作业计划；⑤搜集与阅读信息；⑥凝思与选择构想；⑦推敲策划构想；⑧制作策划书；⑨提出方案与下决断；⑩付诸实施；⑪反馈；⑫获得新的展望。

图 15-9 为归纳的一般且广泛性的实务型商业策划流程：

15.2.2 问题型策划流程

策划是为组织解决各种问题的学问，从这个意义上来讲，强调问题解决方式的策划流程与一般的策划流程有一定的差别。问题型策划流程有两种类型，第一种类型的主要步骤为：①认清机会的存在：这是策划工作的起点，通常宜先了解市场状况、竞争态势、消费者需求与公司优劣势等，这些信息的收集有助于策划工作实行的有效性；②建立适当目标：策划以建立恰当的目标为重要步骤，并提出欲达成何种目标、欲达成何种境界、欲何时达成等三个问题，以寻求切合实际的目标体系；③考虑策划前提：设想各种假定条件，设想策划执行时的组织内外的预期环境；④拟定各种行动方案：以找寻最有希望达成目标的行动方案；⑤评估各种行动方案：根据策划前提与内容考虑如何以最少成本达成公司目标；⑥选择理想行动方案：选取最有利且可行的方案执行；⑦建立一部衍生的辅助计划：订定辅助计划有助于行动方案的实施；⑧编列策划预算：其考虑项目有销售价格、销售量、营业费用、资本支出等。

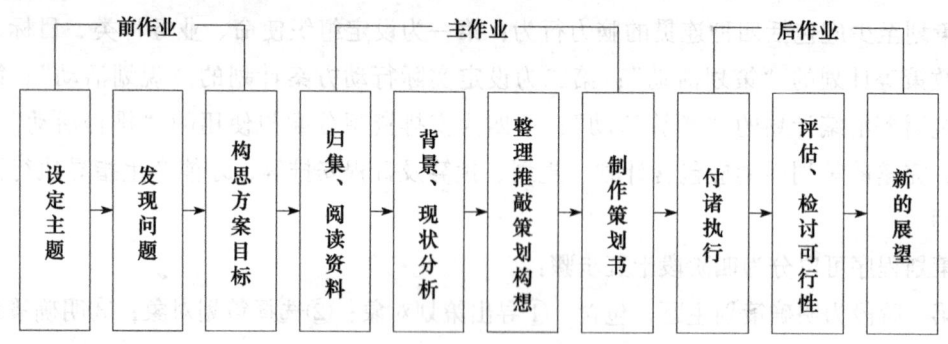

图 15-9　一般商业实务型策划流程

第二种问题型策划流程主要的过程包含：①认识问题与完成计划准备：主要是能彻底了解策划目的并将资料搜集齐全；②建立目标：先由高层级单位指示中心理念，再由单位主管或策划人员设定具体目标；③考虑策划前提：分为外在与内在状况研究分析；④拟定交替方案；⑤评估交替方案：方式为采取成本效益分析或各种方案之比较评价；⑥选择一最佳方案：其由高阶主管决定；⑦制订细部计划：为策划与核定细部计划；⑧策划督导执行：此已是策划执行的阶段，需建立预算控制、督导计划执行、执行成果考核评估与再策划等活动。经比较此两种问题型策划流程，可统整为图 15-10 之流程模式，并发现此类型程序都具有方案拟定、方案评估、方案选择至最后执行实施的流程形式。

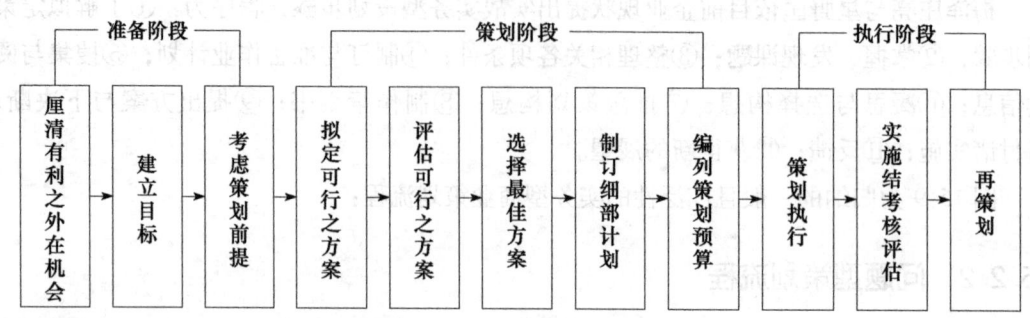

图 15-10　问题型策划流程

15.2.3 创意型策划流程

如果我们注重策划流程的创意层面，其过程为：①决定策划的方向：是策划开始执行的起跑线，明确方向将有利于执行；②建立假想提案：须结合企业现况与业界动向等因素；③搜集信息，调查现状：此是策划方向的理论基础，且更能拓展策划案之创意与构想；④分析情报，界定任务：事实与信息能反映现状，也可预测未来；⑤概念、创意构想：创意阶段是策划致胜关键，且创意需与情报分析相符合，才具说服力；⑥构想、实施计划：归纳策划概要，并确认策划出发点与目的；⑦制作策划书：策划书是一种双向流通的手段，为商场上沟通的方法；⑧说服工作：目的在于让对方认同，对策划产生兴趣。

很多策划人都强调说服的重要性并将说服流程加入策划作业，其包含三个流程：①策划流程；②说服流程；③策划书流程。

大川耕平提到策划是从准备、创造至具体化的过程，大体可分为主题、情报之输入与策划、计划之输出，而其细项另分为：①主题；②策划；③灵感；④点子；⑤新的意见；⑥计划；⑦细部规划等，并特别着重中间创意具体化的部分。由上述各项创意型策划流程项目分析后，归纳创意型策划流程如图15-11所示。

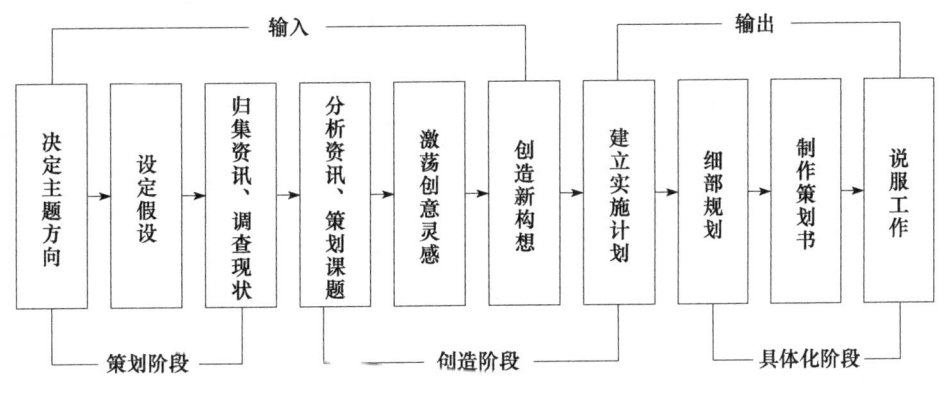

图15-11 创意型策划流程

15.2.4 创意问题型策划流程

将创意点子汇整成策划书的形式，此过程称为"策划化"，策划化是让创意以一种可以说明、实现的形态与可进行的组织架构予以呈现，其主要过程如下：①发想：抓住问题重点，引导出解决问题的创意；②联想：使创意产生连锁反应、相互激荡；③订出策划原点：寻找成为策划根基的创意；④设定策划主干：让策划原点与目的更清楚；⑤思考策划骨架：验证策划可行性；⑥制作策划架构：完成策划组织结构。

从企业实务来看策划的撰写过程大致为十点：①策划案的来源：由来自于董事长、总经理、部门主管或专责策划部门提出；②界定、明确存在问题：唯有厘清问题所在，才能有效寻求解决方案与撰写好的策划案；③架构纲要项目：其有助于撰写方案时预防缺失或不足产生；④搜集资料：分为公司内、外部资料与原始、次级的区分；⑤资料的整理、过滤与应用；⑥提出可行解决方案及创意好点子：此为策划方案核心所在，以解决问题为出发点激发创意；⑦展开跨部门、跨小组讨论：经调整、修正，最后形成共识；⑧向最高决策者提报、讨论、修正及定案：最高决策者具有权威式、民主式以及混合式三种决策风格；⑨展开执行：执行是跨部门的行动，结合不同专长的人才与分工负责，全面落实执行；⑩执行后，随即检讨、分析，并再修正策略与方案：策划案要能面对市场、产业与竞争者的激烈变化，能立即修正调整，即能提高方案的成功率。

郭泰强调创意想法并提出以问题解决为中心的策划流程，其进行的步骤为：①界定问题，简单且明确地抓住中心点；②搜集现成资料，各方的收集积累资源；③市场调查，直接向消费者或同业进行调查；④将资料整理成情报，使信息能活用；⑤产生创意，激荡出新想法；⑥选择可行的方案，使高阶主管认可，并令其他部门配合；⑦实施与检讨，进行检讨评估。以上的策划程序都强调以创意、新颖的构想来解决目标问题，经整理如图 15-12 所示。

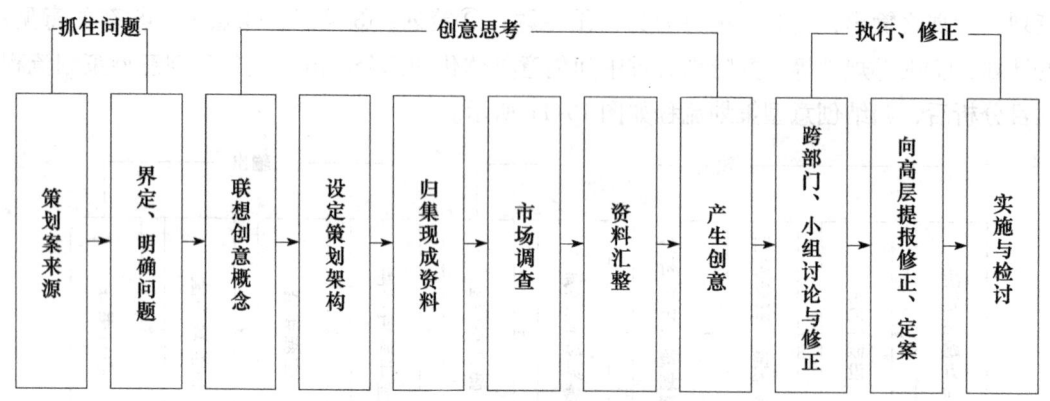

图 15-12 创意问题型策划流程

15.2.5 商品营销型策划流程

着重商品营销的角度进行策划流程，其程序为：①订定组织使命：为了解组织目标和长期承诺、使命等，可用过去所提供的服务、产品，或曾经执行过的活动技术来表达；②产品介绍与分析：包括产品质量、设计、卷标、包装、品牌、产品生命周期、产品销售预测以及产品获利情况等说明；③进行市场情势分析：为探讨公司之优势、劣势、机会、威胁（SWOT）；④外部环境分析：指组织通常无法控制的外部因素，如竞争、经济、社会、文化等；⑤竞争者分析：了解各家竞争者情况，才能知己知彼百战百胜；⑥消费者行为分析：清楚消费者的社会因素与心理因素，方可做出良好的营销策略；⑦区隔市场定位与目标市场：确定主要目标，并定位出切合大众需要与具吸引力之产品；⑧营销组合：此影响市场价格、渠道等变数，若能加以控制便可精准执行策划营销步骤；⑨营销预算的控制：有效地控制预算达到绩效，才是好的营销策划，其流程如图 15-13 所示。

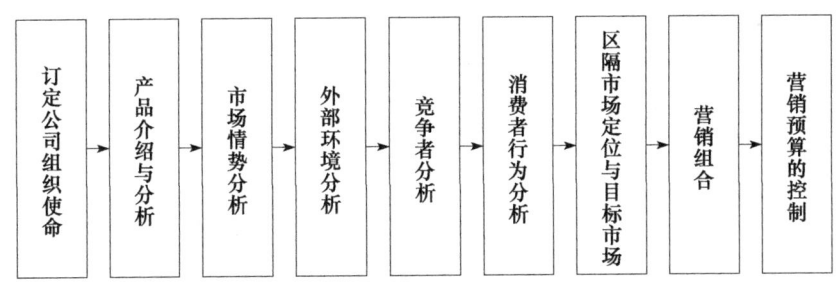

图 15-13　商品营销型策划流程

15.2.6　产品市场型策划流程

为个案、商品与服务下定义，是策划案的基本步骤，一份策划案能明确表达出产品之独特创意，并具体执行方针与作战计划，将可提高策划案之价值，此以商品为策划重点的策划程序，步骤为：①明确订出策划目标；②说明策划案的背景；③定义商品并进行分类；④收集顾客相关资讯；⑤针对顾客进行分析；⑥提出策划案的内容；⑦提出策划案的利益；⑧提出市场评估情况；⑨售后服务等相关事宜。图 15-14 为此型流程模式。

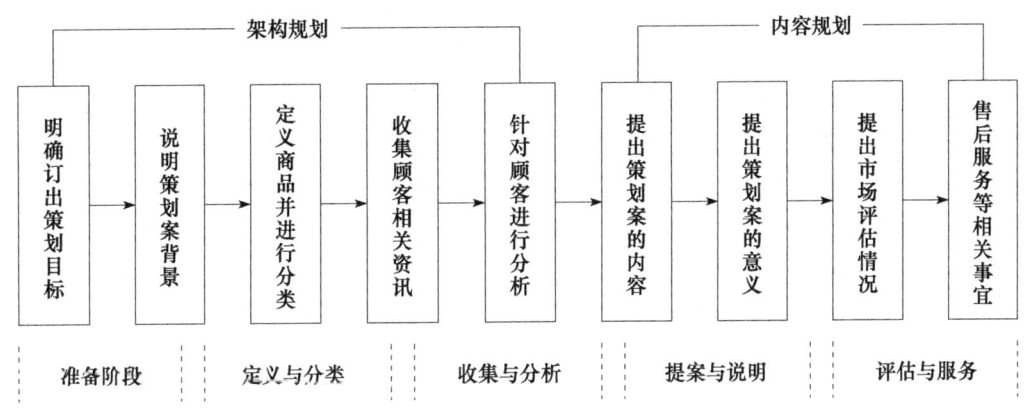

图 15-14　产品市场型策划流程

15.2.7　设计型策划流程

以设计导向为目标的商品策划流程，其发展的流程形式为：①环境分析，包括产品分析、市场分析、消费者分析及竞争对手分析；②寻求问题点与机会点；③产品定位；④设定目标市场；⑤进行设计策略；⑥着手商品造型设计与品牌的开发。上述如图 15-15 所示。

策划的流程区分繁多，有的是以广泛、一般实务型区分，有的是以解决问题型区分，有的着重创意，有的是以营销、产品市场、设计等观点区别。但无论是哪一种形式，其最重要之关键还是在于能明确目标、充分收集资料、良好的机动反应，并能以站在对方立场上思考解决方案，唯有兼顾现实与理想，适时提出因应之道，才能利用差别性和优越性与对手竞争（蒋文，1999）。

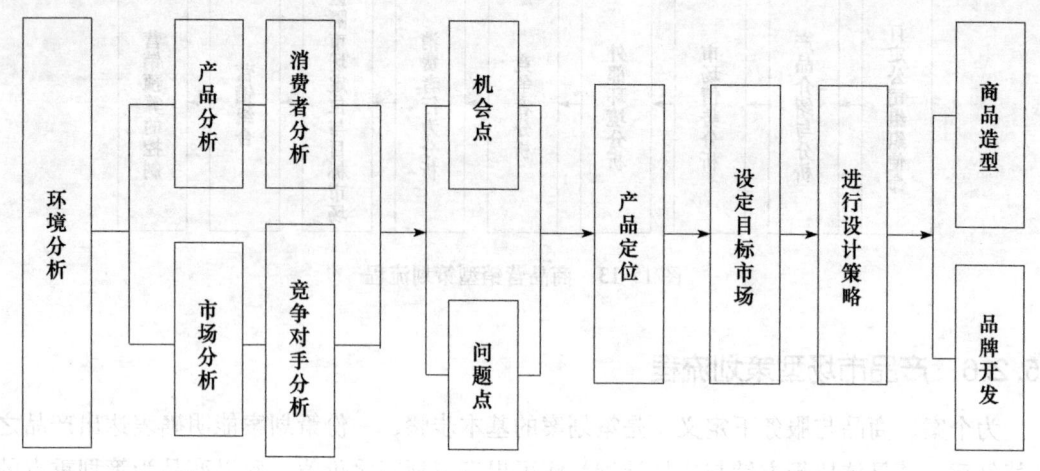

图 15-15 设计型策划流程

本章小结

企业具有优良的策划组织，将有益于公司的策划工作与运作管理的过程。然而没有一种标准的策划组织结构且为最适当的模式可适用于各企业体，各企业内部影响策划组织的因素包含：公司规模的大小、公司集权程度、产品的性质、高层主管个性、公司策划经验以及公司财务情况等。策划部门是企业的最高智囊单位，最主要的工作在协调各部门建立共识，拟定各种类型的策划案，发挥企业整体作战力，达成各阶段的目标。一般而言，策划部门的功能可区分为属较长期战略性工作的企业策略规划与属较短期战术性策划工作的一般性策划两大类。

好的策划不仅仅是一思即得或者灵光一现的简单构想，更是一系列思考步骤的结晶体。策划过程可说是策划制定的流程与步骤，也是策划合理进行的途径，必须经过许多的阶段和程序，是一个思维过程，这个程序也是科学、逻辑的思维程序。

核心概念

商务策划组织　　金字塔型策划组织　　梳子型组织策划组织　　策划流程

思考与练习

1. 以某一企业为例，说明其策划组织架构的类型。
2. 实际参与一个策划项目，并归纳其策划流程。

参 考 文 献

[1] 强海涛. 商务策划原理 [M]. 北京：首都经济贸易大学出版社，2009.
[2] 邓德隆. 2小时品牌素养 [M]. 北京：机械工业出版社，2009.
[3] 张云，王刚. 品类战略 [M]. 北京：机械工业出版社，2014.
[4] 强海涛. 商务策划管理 [M]. 北京：北京大学出版社，2010.
[5] 艾·里斯，杰克·特劳特. 定位 [M]. 北京：机械工业出版社，2013.
[6] 杰克·特劳特，史蒂夫·里夫金. 与众不同：极度竞争时代的生存之道 [M]. 北京：机械工业出版社，2011.
[7] 强海涛，等. 项目策划 [M]. 北京：首都经济贸易大学出版社，2013.
[8] 艾森·拉塞尔. 麦肯锡方法 [M]. 北京：华夏出版社，2001.
[9] 刘志广. 咨询顾问思维技能提升 [M]. 北京：机械工业出版社，2005.
[10] 洛尔，等. 精力管理 [M]. 北京：中信出版社，2003.
[11] 艾·里斯，杰克·特劳特. 22条商规 [M]. 北京：机械工业出版社，2013.
[12] 艾·里斯. 聚焦：决定你企业的未来 [M]. 北京：机械工业出版社，2014.
[13] 胜间和代. 创造商业头脑的7种框架力 [M]. 北京：化学工业出版社，2009.
[14] 中国营销传播网：http://www.emkt.com.cn/.
[15] 商业评论网：http://www.ebusinessreview.cn/.

后 记

算起来，我从事策划理论与实践的研究已经有15个年头。从任商务策划系主任，到任重庆市商务策划行业协会秘书长，再到重庆鼎韬咨询公司董事长、品派创意机构副总裁，其间做了大量的策划理论研究和实践探索，本书就是这些探索的总结。

没有重庆工商大学商务策划学院这个环境和氛围，我想我什么也干不成。全国第一个教育部批准的商务策划管理本科专业就诞生在这里。这里也是培养商务策划人才的摇篮，本书的很多重要思想都在这里产生。

策划学是一门边缘学科，涉及营销学、心理学、管理学、广告学、组织行为学等学科的交叉，因此本书在撰写过程中收集并参阅了大量学者发表的相关研究成果，一时难以全部列明出处，在此一并致谢！

在这里，我要特别感谢以各种方式给予我帮助的靳俊喜教授，靳俊喜教授作为国家级策划专家，也是商务策划学科专业的创始人之一，在我写作过程中给予我非常多的指导。感谢高伟先生和本书的责任编辑程琨女士，在本书的写作过程中，他们给了我很多非常有益的建议。我要感谢我的同人骆东奇、梁云、王燕、杨德慧、程宇宁、黄志贵、李湘蓉、毕勇、白仁春、涂勇、姜玉洁、吴绍波、莫小平等老师，本书的不少观点来自于和他们多次讨论的结果。我也要感谢重庆鼎韬管理咨询有限公司的丁力女士，以及品派创意机构的吕健总裁、冯曦副总裁、陈洪江副总、孙江丽经理、张晏经理、陈海涛经理、刘梅女士，感谢他们的支持和鼓励。最后，感谢我的夫人骆文娟女士，是她的勤劳和包容，给本书的写作创造了良好的环境。

强海涛

shangwucehua@126.com

2015年7月于重庆

普通高等院校
经济管理类应用型规划教材

课程名称	书号	书名、作者及出版时间	定价
商务策划管理	978-7-111-34375-2	商务策划原理与实践（强海涛）（2011年）	34
管理学	978-7-111-35694-3	现代管理学（蒋国平）（2011年）	34
管理沟通	978-7-111-35242-6	管理沟通（刘晖）（2011年）	27
管理沟通	978-7-111-47354-1	管理沟通（王凌峰）（2014年）	30
职业规划	978-7-111-42813-8	大学生体验式生涯管理（陆丹）（2013年）	35
职业规划	978-7-111-40191-9	大学生职业生涯规划与学业指导（王哲）（2012年）	35
心理健康教育	978-7-111-39606-2	现代大学生心理健康教育（王哲）（2012年）	29
概率论和数理统计	978-7-111-26974-8	应用概率统计（彭美云）（2009年）	27
概率论和数理统计	978-7-111-28975-3	应用概率统计学习指导与习题选解（彭美云）（2009年）	18
大学生礼仪	即将出版	商务礼仪实务教程（刘砺）（2015年）	30
国际贸易英文函电	978-7-111-35441-3	国际商务函电双语教程（董金铃）（2011年）	28
国际贸易实习	978-7-111-36269-2	国际贸易实习教程（宋新刚）（2011年）	28
国际贸易实务	978-7-111-37322-3	国际贸易实务（陈启虎）（2012年）	32
国际贸易实务	978-7-111-42495-6	国际贸易实务（孟海樱）（2013年）	35
国际贸易理论与实务	978-7-111-49351-8	国际贸易理论与实务（第2版）（孙勤）（2015年）	35
国际贸易理论与实务	978-7-111-33778-2	国际贸易理论与实务（吕靖烨）（2011年）	29
国际金融理论与实务	978-7-111-39168-5	国际金融理论与实务（缪玉林 朱旭强）（2012年）	32
会计学	978-7-111-31728-9	会计学（李立新）（2010年）	36
会计学	978-7-111-42996-8	基础会计学（张献英）（2013年）	35
金融学（货币银行学）	978-7-111-38159-4	金融学（陈伟鸿）（2012年）	35
金融学（货币银行学）	978-7-111-49566-6	金融学（第2版）（董金玲）（2015年）	35
金融学（货币银行学）	978-7-111-30153-0	金融学（精品课）（董金玲）（2010年）	30
个人理财	978-7-111-47911-6	个人理财（李燕）（2014年）	39
西方经济学学习指导	978-7-111-41637-1	西方经济学概论学习指南与习题册（刘平）（2013年）	22
西方经济学（微观）	978 7 111-48165-2	微观经济学（刘平）（2014年）	25
西方经济学（微观）	978-7-111-39441-9	微观经济学（王文寅）（2012年）	32
西方经济学（宏观）	978-7-111-43987-5	宏观经济学（葛敏）（2013年）	29
西方经济学（宏观）	978-7-111-43294-4	宏观经济学（刘平）（2013年）	25
西方经济学（宏观）	978-7-111-42949-4	宏观经济学（王文寅）（2013年）	35
西方经济学	978-7-111-40480-4	西方经济学概论（刘平）（2012年）	35
统计学	978-7-111-48630-5	统计学（第2版）（张兆丰）（2014年）	35
统计学	978-7-111-45966-8	统计学原理（宫春子）（2014年）	35
经济法	978-7-111-47546-0	经济法（第2版）（葛恒云）（2014年）	35
计量经济学	978-7-111-42076-7	计量经济学基础（张兆丰）（2013年）	35
财经应用文写作	978-7-111-42715-5	财经应用文写作（刘常宝）（2013年）	30
市场营销学（营销管理）	978-7-111-46806-6	市场营销学（李海廷）（2014年）	35
市场营销学（营销管理）	978-7-111-48755-5	市场营销学（肖志雄）（2015年）	35
公共关系学	978-7-111-39032-9	公共关系理论与实务（刘晖）（2012年）	25
公共关系学	978-7-111-47017-5	公共关系学（管玉梅）（2014年）	30
管理信息系统	978-7-111-42974-6	管理信息系统（李少颖）（2013年）	30
管理信息系统	978-7-111-38400-7	管理信息系统：理论与实训（袁红清）（2012年）	35

21世纪高等院校专业课系列

课程名称	书号	书名、作者及出版时间	定价
计算机财务管理	978-7-111-48648-0	公司理财：Excel建模指南（张周）（2014年）	35
财务会计	978-7-111-36072-8	财务会计（第2版）（赵书和）（2011年）	38
财务管理（公司理财）学习指导	978-7-111-30619-1	现代公司理财习题集（姚益龙）（2010年）	38
企业管理	978-7-111-39908-7	现代企业管理（第2版）（周荣辅）（2012年）	35
管理学	978-7-111-33846-8	管理学（王关义）（2011年）	29
管理学	978-7-111-24832-3	管理学：企业的视角（纪成君）（2008年）	28
高级运筹学	978-7-111-24349-6	高级运筹学（马良）（2008年）	30
国际商法	978-7-111-45452-6	国际商法（第2版）（宁烨）（2014年）	35
国际贸易实务	978-7-111-49471-3	国际贸易实务（李雁玲）（2015年）	30
国际贸易理论与实务	978-7-111-39640-6	国际贸易理论与实务（第3版）（卓骏）（2012年）	39
国际经济合作	978-7-111-45488-5	国际经济合作（第2版）（赵永宁）（2014年）	35
审计学	978-7-111-32015-9	审计学（第2版）（刘建军）（2010年）	35
管理会计	978-7-111-37238-7	现代管理会计（第2版）（宋效中）（2012年）	38
投资银行学	978-7-111-24899-6	投资银行学（张志元）（2009年）	36
金融业务综合实验	即将出版	保险类业务综合实验教程（周建胜）（2015年）	55
金融业务综合实验	978-7-111-49043-2	投资类业务综合实验教程（周建胜）（2015年）	30
金融业务综合实验	即将出版	银行类业务综合实验教程（周建胜）（2015年）	35
金融工程	978-7-111-30979-6	金融工程（李飞）（2010年）	38
保险学	978-7-111-25494-2	保险学（黄守坤）（2009年）	36
保险学	978-7-111-30080-9	保险学（王海艳）（2010年）	30
（证券）投资学	978-7-111-29863-2	投资学（朱相平）（2010年）	38
西方经济学（微观）	978-7-111-32919-0	经济学原理（微观）（佟琼）（2011年）	36
西方经济学（微观）	978-7-111-44040-6	微观经济学（第2版）（高扬）（2013年）	35
西方经济学（宏观）	978-7-111-48264-2	宏观经济学（第2版）（周清杰）（2014年）	35
西方经济学（宏观）	978-7-111-36957-8	经济学原理（宏观）（佟琼）（2012年）	29
西方经济学	978-7-111-33476-7	经济学基础（第2版）（李士金）（2011年）	26
统计学	978-7-111-42075-0	统计学（卢小广）（2013年）	35
国际经济关系学	978-7-111-27371-4	国际经济关系学概论（周林）（2009年）	30
财政学	978-7-111-27276-2	财政学（第2版）（李友元）（2009年）	36
组织行为学	978-7-111-33919-9	组织行为学（李爱梅）（2011年）	29.8
品牌管理	978-7-111-27809-2	品牌管理（沈铖）（2009年）	32
服务营销学	978-7-111-39417-4	服务营销学（聂元昆）（2012年）	35
物流经济学	即将出版	物流经济学（第2版）（舒辉）（2015年）	35